会 计 基 础

主　编　彭　芸　李带好　黄雄伟
副主编　罗妙辉　钟志恒
主　审　罗保国

北京理工大学出版社
BEIJING INSTITUTE OF TECHNOLOGY PRESS

内容简介

本教材基于会计核算的工作过程来编写,以"项目—任务—问题"为载体,将会计基础知识和会计核算基本技能有机融合,思路新,结构新,模式新;各项目有导入、目标、小结和阅读资料,正文有丰富的来源于会计实际工作的案例与图表,还穿插小提示、小思考、小资料、做中学等小模块,风格生动,便于理解,实务操作性强。

本教材共九个项目,重点讲解和示范了会计核算工作的七项基本技术。本教材不仅可以作为中职中专财经管理类各专业的教材,还可以作为会计初次从业人员的培训教材。

版权专有　侵权必究

图书在版编目(CIP)数据

会计基础/彭芸,李带好,黄雄伟主编.—北京:北京理工大学出版社,2018.8(2020.9重印)

ISBN 978-7-5682-5885-2

Ⅰ.①会…　Ⅱ.①彭…　②李…　③黄…　Ⅲ.①会计学-中等专业学校-教材　Ⅳ.①F230

中国版本图书馆CIP数据核字(2018)第153694号

出版发行 / 北京理工大学出版社有限责任公司
社　　址 / 北京市海淀区中关村南大街5号
邮　　编 / 100081
电　　话 / (010)68914775(总编室)
　　　　　(010)82562903(教材售后服务热线)
　　　　　(010)68948351(其他图书服务热线)
网　　址 / http://www.bitpress.com.cn
经　　销 / 全国各地新华书店
印　　刷 / 定州市新华印刷有限公司
开　　本 / 787毫米×1092毫米　1/16
印　　张 / 15　　　　　　　　　　　　　　　　　责任编辑 / 王美丽
字　　数 / 346千字　　　　　　　　　　　　　　文案编辑 / 孟祥雪
版　　次 / 2018年8月第1版　2020年9月第2次印刷　责任校对 / 周瑞红
定　　价 / 39.80元　　　　　　　　　　　　　　责任印制 / 边心超

图书出现印装质量问题,请拨打售后服务热线,本社负责调换

前 言
PREFACE

中等职业教育会计专业的培养目标是培养应用型的会计人才。会计专业是应用性、可操作性和规范性很强的专业，不仅要求学生掌握一定的专业知识，而且要求学生掌握实际工作所需的操作技能。为了适应新时期我国市场经济对应用型会计人才的需求，落实教育部《关于进一步深化中等职业教育教学改革的若干意见》和《关于制定中等职业学校教学计划的原则意见》，本着"以就业为主导，以技能为本位，以学生为主体"的原则，为体现"知识够用，技能为重"，由长期从事中职会计专业教学的教师和长期从事会计工作实务的高级会计师共同开发了会计基础课程。本课程是财经管理类各专业的必修课程，也是会计、会计电算化、财务管理及相关专业的专业基础课程和核心课程，全面、系统、科学地阐述了会计基本理论知识和会计核算的基本技术。

教材是教师授课的基本依据，是学生学习的基本材料。教材之于教学，无异于工具之于生产劳动。"工欲善其事，必先利其器。"我们一直在努力编写并提供适合中职学生学习特征的教材。为此，在本教材编写过程中我们力求做到：

1．思路创新。以体现中等职业教育人才培养目标的要求为基本思路，改革学科式教育，强化职业性教育，结合会计岗位技能，基于会计核算的工作过程来编写。

2．结构创新。以基本会计核算工作环节确定项目，以细化项目确定任务，以完成任务确定问题，案例延续，浑然一体。

3．模式创新。以"项目—任务—问题"为载体将会计基础知识和会计核算基本技能有机融合，采用项目导向、任务驱动和问题明确的"教、学、做"一体化教学模式，做中学，学中做。

4．体例创新。各项目有导入、目标、正文、小结和阅读资料，还穿插小提示、小思考、小资料、做中学等小模块，风格生动、形象，便于理解、掌握。

5．形式创新。有丰富的来源于会计实际工作的案例分析、图表样式和实训操作，可以培养学生动手能力、分析问题和解决问题的能力，实务操作性强。

本教材共有九个项目，分别为：走近会计、填制和审核原始凭证、设置会计科目和账户、复式记账、填制和审核记账凭证、登记账簿、成本计算、财产清查和编制财务报告。本教材不仅可以作为中职中专财经管理类各专业的教材，还可以作为会计初次从业人员的培训教材。

本教材由彭芸、李带好、黄雄伟担任主编，由罗妙辉、钟志恒担任副主编，并由高级会计师、会计高级讲师罗保国拟定编写大纲、总撰稿及主审。各项目撰稿分工为：彭芸编写项目三、四；李带好编写项目五、六；黄雄伟编写项目一、二；罗妙辉编写项目九；钟志恒编写项目七、八。本教材在编写过程中参考了《基础会计》《会计基础》《会计基础与实务》等教材，在此一并表示衷心的感谢！

尽管在编写过程中，力求体现中等职业教育的职业能力特色，以满足新一轮职业教育教学改革的需要，但由于水平有限，疏漏之处在所难免，恳请读者朋友们不惜赐教。

编　者

教学建议

教学目标

本课程是财经管理类各专业的必修课程，也是会计、会计电算化、财务管理及相关专业的专业基础课程和核心课程。教学目标是：让学生掌握会计基本知识，掌握会计核算基本技术，能独立完成简单小企业一个月的会计核算。

与后续课程的关系

本课程是会计职业的基础课程，其后续课程有出纳员岗位实务、会计员岗位实务、办税员岗位实务和初级会计电算化等。本课程的学习可以为后续课程的学习奠定坚实的理论基础和技能基础。

教学模式及手段建议

本课程以"项目—任务—问题"为载体，将会计基础知识和会计核算基本技能有机融合，建议采用项目导向、任务驱动和"教、学、做"一体化教学模式，边学边做，边做边学。建议与本课程配套的《会计基础》《会计基础实训》《会计基础练习册》三本教材一起使用，实训所需的会计凭证、账页和报表等教学资源另行配置。

教学课时分布建议

序号	项目与任务	内容与要求	活动与实训	课时安排 理论	课时安排 实践
1	走近会计	1. 知晓会计的概念、特征和职能 2. 明确会计的对象、目标和任务 3. 熟悉会计核算的内容与要求 4. 理解会计基本假设和会计基础 5. 认知会计方法	1. 书写阿拉伯数字 2. 书写汉字大写数字 3. 书写大小写金额 4. 书写大写日期	6	2
2	填制和审核原始凭证	1. 认知会计凭证 2. 认知原始凭证 3. 掌握取得和填制原始凭证的方法 4. 掌握审核原始凭证的方法	1. 参观会计咨询公司 2. 参观企业及财会室 3. 填制和审核原始凭证	4	8
3	设置会计科目和账户	1. 认知会计要素 2. 理解会计要素之间的平衡关系 3. 认知会计科目 4. 认知账户	开设"T"形账户	8	2
4	复式记账	1. 认知复式记账法 2. 认知借贷记账法 3. 掌握会计分录的编制方法 4. 熟悉工业企业主要经济业务的核算	编制会计分录	14	4

续表

序号	项目与任务	内容与要求	活动与实训	课时安排 理论	课时安排 实践
5	填制和审核记账凭证	1．认知记账凭证 2．掌握填制记账凭证的方法 3．掌握审核记账凭证的方法 4．熟悉会计凭证的传递与保管	填制和审核记账凭证	4	6
6	登记账簿	1．认知会计账簿 2．认知账务处理程序 3．掌握建立和登记账簿的方法 4．掌握对账的方法 5．掌握错账的更正方法 6．掌握结账的方法 7．熟悉会计账簿的更换与保管	1．编制科目汇总表 2．建账与记账 3．对账与结账 4．错账更正	10	10
7	成本计算	1．认知成本计算 2．掌握材料采购成本的计算方法 3．掌握产品制造成本的计算方法 4．掌握产品销售成本的计算方法	1．计算材料采购成本 2．计算简单的生产成本 3．计算已销产品成本	4	2
8	财产清查	1．认知财产清查 2．掌握财产清查的方法 3．熟悉财产清查结果的处理	编制银行存款调节表	6	2
9	编制财务报告	1．认知财务报告 2．掌握资产负债表的编制方法 3．掌握利润表的编制方法 4．认知财务报表附注	1．编制资产负债表 2．编制利润表	6	2
考核评价与机动课时				4	
合　　计				66	38

目 录
CONTENTS

项目一　走近会计 ………………………………………………………… 1
    任务一　知晓会计的概念、特征和职能 …………………………………… 1
    任务二　明确会计的对象、目标和任务 …………………………………… 3
    任务三　熟悉会计核算的内容与要求 ……………………………………… 8
    任务四　理解会计基本假设和会计基础 ………………………………… 12
    任务五　认知会计方法 …………………………………………………… 15

项目二　填制和审核原始凭证 ………………………………………… 20
    任务一　认知会计凭证 …………………………………………………… 20
    任务二　认知原始凭证 …………………………………………………… 21
    任务三　掌握取得和填制原始凭证的方法 ……………………………… 25
    任务四　掌握审核原始凭证的方法 ……………………………………… 41

项目三　设置会计科目和账户 ………………………………………… 45
    任务一　认知会计要素 …………………………………………………… 45
    任务二　理解会计要素之间的平衡关系 ………………………………… 55
    任务三　认知会计科目 …………………………………………………… 63
    任务四　认知账户 ………………………………………………………… 68

项目四　复式记账 ……………………………………………………… 73
    任务一　认知复式记账法 ………………………………………………… 73
    任务二　认知借贷记账法 ………………………………………………… 75
    任务三　掌握会计分录的编制方法 ……………………………………… 85
    任务四　熟悉工业企业主要经济业务的核算 …………………………… 87

目录

项目五　填制和审核记账凭证 ································ 119
　　任务一　认知记账凭证 ································ 119
　　任务二　掌握填制记账凭证的方法 ···················· 125
　　任务三　掌握审核记账凭证的方法 ···················· 135
　　任务四　熟悉会计凭证的传递与保管 ·················· 136

项目六　登记账簿 ·· 141
　　任务一　认知会计账簿 ································ 142
　　任务二　认知账务处理程序 ···························· 150
　　任务三　掌握建立和登记账簿的方法 ·················· 155
　　任务四　掌握对账的方法 ······························ 164
　　任务五　掌握错账的更正方法 ·························· 166
　　任务六　掌握结账的方法 ······························ 168
　　任务七　熟悉会计账簿的更换与保管 ·················· 170

项目七　成本计算 ·· 173
　　任务一　认知成本计算 ································ 173
　　任务二　掌握材料采购成本的计算方法 ················ 176
　　任务三　掌握产品制造成本的计算方法 ················ 178
　　任务四　掌握产品销售成本的计算方法 ················ 182

项目八　财产清查 ·· 184
　　任务一　认知财产清查 ································ 184
　　任务二　掌握财产清查的方法 ·························· 188
　　任务三　熟悉财产清查结果的处理 ···················· 193

项目九　编制财务报告 ·· 201
　　任务一　认知财务报告 ································ 201
　　任务二　掌握资产负债表的编制方法 ·················· 206
　　任务三　掌握利润表的编制方法 ······················ 219
　　任务四　认知财务报表附注 ···························· 226

参考文献 ·· 232

项目导入

说起会计,似乎都不陌生,谁还没有与会计打过交道呢?但是,要准确地说出什么是会计,就不那么简单了。有人说会计指一个人,即会计人员;有人说会计指一项工作,即会计工作;有人说会计指一个机构,即会计机构;有人说会计指一门学科,即会计学,等等。那么,什么是会计呢?本项目将帮助你认知会计。

学习目标

1. 知晓会计的概念、特征和职能;
2. 明确会计的对象、目标和任务;
3. 熟悉会计核算的内容与要求;
4. 理解会计基本假设和会计基础;
5. 认知会计方法。

任务一 知晓会计的概念、特征和职能

问题一 什么是会计?

会计是以货币为主要计量单位,以合法的原始凭证为依据,采用一系列的专门方法和程序,对一个单位的经济活动进行连续、系统、综合的核算和监督,并向有关各方提供会

计信息的一种经济管理活动。会计的本质是一种管理活动，其目标是对特定对象的经济活动进行核算和监督，向有关各方提供会计信息。

问题二 会计有哪些基本特征？

会计的基本特征主要包括：

（一）会计以货币为主要计量单位

经济核算通常采用三种量度：劳动量度、实物量度和货币量度。劳动量度以时间为单位（如工时、工作日）计算劳动消耗；实物量度以财产物资的实物数量为计量单位（如千克、米、件、辆）计算；货币量度以价值量为单位（如元、美元、欧元）劳动消耗。货币本身具有价值，既可以代表财富储藏，又可以作为支付手段，还可以作为商品交换媒介。在实际工作中，不同质的财产物资不能直接汇总计算，且不同质的物化劳动和活劳动不能直接相加，只有采用货币量度才便于将活劳动、不同质的财产物资等物化劳动以统一的尺度汇总计算，并进行衡量和比较。因此，货币量度始终是会计的主要计量单位，但不是唯一的计量单位，有时会计也要运用实物量度和劳动量度作为辅助计量单位。

（二）会计以合法的原始凭证为依据

原始凭证是交易或事项的原始记录，是获得真实、可靠、系统经济信息的基础，具有法律效力。因此，无论是手工记账还是计算机记账，都必须以合乎法律规定的原始凭证（如购物时取得的发票，出差时购买的火车票、飞机票和船票等）作为核算的依据。

（三）会计核算具有连续性、系统性和综合性

企业的生产经营活动是连续不断的，会计应该按照交易或事项发生的时间顺序连续、系统、综合地进行确认、计量、记录和报告。连续性表现在会计对发生的全部交易或事项，都按其发生的时间先后顺序不间断地进行确认、计量和记录；系统性表现在会计对各项交易或事项既要相互联系地记录，又要进行必要的科学分类、整理，分门别类地进行确认、计量、记录和报告；综合性是指会计以货币为主要计量单位，对已经连续、系统确认和记录的交易或事项进行最后的确认、计量、记录和汇总，以提供总括的经济信息，实现会计目标。

（四）会计拥有一套比较科学、完整的方法体系

会计从产生、发展到现在，已经形成了一套比较科学、完整的方法体系，通过这些方法不仅能够全面反映交易或事项的内容和结果，而且能够连续、系统、综合地核算和监督经济活动，实现会计管理的目标。会计方法的科学性表现在会计方法符合经济管理的客观要求；会计方法的完整性表现在会计方法能够对经济活动的各项交易、事项的来龙去脉进行全面记录、计量，不会有所遗漏。

任务二　明确会计的对象、目标和任务

问题三　会计的基本职能有哪些？它们之间的关系如何？

会计职能是会计在经济管理中所具有的功能。概括地说，会计职能可以划分为核算职能、监督职能、预测经济前景、参与经济决策和评价经营业绩等，其中：核算职能和监督职能是会计的两个基本职能；预测经济前景、参与经济决策和评价经营业绩是拓展职能。

（一）会计核算

会计核算是指会计以货币为主要计量单位，通过确认、计量、记录和报告等环节，对特定主体的经济活动进行记账、算账和报账，为有关方面提供会计信息的功能。其中，记账是指对特定对象的经济活动采取一定的记账方法，在账簿中登记；算账是指在记账的基础上，对企业一定时期的经营成果和一定日期的财务状况进行计算；报账是指在算账的基础上，对企业的财务状况、经营成果和现金流量情况，以会计报表的形式向有关各方报告。

（二）会计监督

会计监督是指会计人员在进行会计核算的同时，对特定主体经济活动的真实性、合法性和合理性进行审查。其中，真实性审查是指各项经济业务应当以实际发生的交易或事项为依据进行确认、计量和报告，保证会计信息真实可靠、内容完整；合法性审查是指保证各项经济业务符合国家的有关法律法规，遵守财经纪律，执行国家各项方针政策，杜绝违法乱纪行为；合理性审查是指检查各项财务支出是否符合特定对象的财务收入计划，是否有利于预算目标的实现，是否有奢侈浪费行为，是否有违背内部控制制度要求等现象，为增收节支、提高经济效益严格把关。

（三）会计核算与监督职能的关系

会计核算职能和会计监督职能是相互联系、密不可分的。会计核算是进行会计监督的基础，没有会计核算所提供的会计资料、信息，会计监督就没有依据；同时，如果只有会计核算而没有会计监督，就难以保证会计核算所提供信息的真实性、可靠性，会计就不能在经济管理活动中发挥应有的作用。

任务二　明确会计的对象、目标和任务

问题一　会计的对象是什么？

会计对象是指会计核算和监督的内容。凡是特定主体能够以货币表现的经济活动，都是会计核算和监督的内容，也就是会计的对象。以货币表现的经济活动通常称为价值运动或资金运动，也就是说会计对象是指特定主体的资金运动。

社会再生产过程是由生产、交换、分配和消费四个相互关联的环节组成的。生产是人们利用机器设备等劳动手段对劳动对象进行加工、生产和创造物质产品的过程；交换是将产品从生产领域流通到消费领域，以满足社会和人民生活的物质需要；分配是对生产过程中创造的价值在国家、企业、投资者及劳动者个人之间进行分配；消费是指再生产过程中发生的人力、物力、财力等各种消耗。社会再生产过程中充满了各种各样的经济活动，会计所要核算和监督的内容只是能以货币计量的经济活动，如单位用银行存款购买材料、支付工资等。凡是不能以货币计量的经济活动就不能作为会计对象，如单位干部调配等。

社会再生产的链条是由一系列企业、行政事业、机关、团体等单位组成的，每个单位都拥有一定的财产物资，财产物资的货币表现就是资金（包括货币本身）。在市场经济条件下，各单位之间客观地存在着商品交换、资金往来，资金运动贯穿于生产过程中的各个环节，每个单位都会发生资金的收入、支出，财产物资的增加、减少，债权的收回，债务的清偿等，会计将这些发生在各单位之间的价值交换称为交易；发生在单位内部各部门之间的资源转移称为事项。这些能用货币表现的交易或事项就是会计核算和监督的内容。

由于企业、行政事业单位在社会再生产过程中所处的位置不同，担负的任务不同，所以经济活动的方式及内容不同，因此会计对象的具体内容也不尽相同。

（一）企业单位的会计对象

企业是从事生产经营活动、实行独立核算、自负盈亏的经济组织。企业可以分为工业企业、商品流通企业、农业企业、交通运输企业、施工企业、房地产开发企业、饮食服务企业和金融企业等，其中工业企业和商品流通企业的经营活动具有代表性。

1. 工业企业的资金运动

工业企业的主要活动是从事产品生产。为了进行生产经营活动，必须拥有一定数量的资金，用于建造厂房，购买机器设备、原材料和聘请生产工人等；劳动者将自己的劳动通过劳动资料作用于劳动对象，生产出产品，再将产品销售出去收回资金。工业企业生产经营活动最终要借助价值形态，以货币形式表现出来。这些以货币形式表现的生产经营活动就构成了工业企业的资金运动。具体的资金运动程序可分为资金进入、资金周转和资金退出三个基本环节，如图1-1所示。

（1）资金进入企业包括企业所有者投入的资本金和向债权人借入的资金两部分，前者属于所有者（即投资人）的权益，后者属于债权人的权益（即企业的负债）。

（2）资金周转是工业企业的主要环节，具体体现在生产经营活动的三个过程中，即供应过程、生产过程和销售过程。在供应过程中，企业用货币采购为生产产品而储备的原材料，发生材料采购费用，形成材料采购成本，使部分货币资金转化成储备资金。在生产过程中，工人利用机器设备等劳动资料加工劳动对象，即将储备的原材料投入到生产中进行加工，使之变成在产品，继续加工变为产成品。在这个过程中，不仅消耗了材料，磨损了机器设备，还发生了活劳动消耗，需要支付职工薪酬，这些消耗都应该以货币的形式计入产品的成本，构成产品的生产成本，使部分储备资金、货币资金转化成生产资金；随着产成品完工入成品仓库，生产资金又转化成成品资金。在销售过程中，企业销售产品，收回货款，成品资金又转化成货币资金，同时以货币资金支付一定的销售费用和销售税金。为了进行再生产，企业将收回的货币资金的大部分用于补偿生产耗费（包括人力消耗和物力消耗），再进入资金周转，小部分退出企业，用于交纳税金和以利润的形式分配给投资者等。

（3）资金退出包括偿还借入的资金、上缴税金、向所有者分配利润和经法定程序减少资本金等。工业企业的资金运动如图1-1所示。

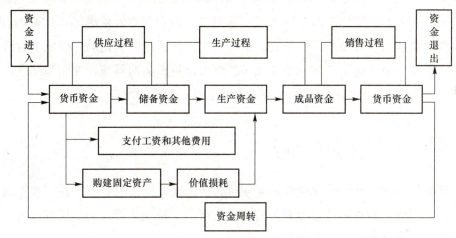

图1-1 工业企业的资金运动

工业企业经营活动中的交易或事项表现在价值方面就是资金运动。资金随着生产经营活动的进行，经过供应过程、生产过程和销售过程，其形态由货币资金开始，依次转化为储备资金、生产资金、成品资金，最后又转化为货币资金，这种周而复始的资金运动称为资金周转。资金运动所引起的各项财产物资和资源的增减变动情况及在生产经营过程中各项费用的支出和成本的形成，就构成了工业企业会计的具体对象。

2. 商品流通企业的资金运动

商品流通企业的主要经营活动是组织商品交易，按照等价交换的原则把商品买进来，然后通过批发、零售环节销售出去，赚取流通环节的利润。商品流通企业经营活动中的主要交易或事项是对购进商品支付采购费用、销售商品、进行货币结算、收回货币资金。

商品售价与进价之间的差额就是商品企业的销售毛利。企业实现了毛利，同样需要交纳税金和进行利润分配。商业企业同样存在资金进入企业和资金退出企业，这也叫资金周转。商品流通企业除了不存在生产环节之外，其他经营活动都与工业企业类同。

商品流通企业资金运动所引起的各项财产物资和资源的增减变动情况及经营过程中各项费用的支出和成本的形成，构成了商品流通企业会计的具体对象。

（二）行政事业单位的会计对象

行政事业单位是非营利组织，包括国家行政单位及各类事业单位。国家行政单位包括各级政府机关及其派出机构，事业单位包括科学、教育、文化、医疗卫生等公益性单位，以及党派、社会团体等单位。这些单位不直接从事物质资料的生产和销售，但是，它们是社会再生产活动的组织者和服务单位，离开它们，社会再生产活动将无法进行。

行政事业单位的经济活动不以营利为目的，所以称为非营利组织。但在市场经济条件下，都必须讲究经济效益，进行独立核算，认真执行国家会计法律制度。行政事业单位为了完成行政和事业任务，也必须具备一定数量的财产物资和资金。行政事业单位资金的主要来源是经费收入，即国家财政按照行政事业单位的预算拨给的经费，有些事业单位还会有一部分事业收入。行政事业单位完成行政和事业任务所耗费的资金称为经费支出或事业支出。

行政事业单位的经费收入、经费支出从价值方面看就是资金运动，构成了行政事业单位的主要交易和事项，这些交易和事项既包括财政预算资金的领拨、使用和结存，又包括一部分事业收入、支出和结存，即行政事业单位会计的具体对象。

问题二　会计的目标是什么？

会计目标是要求会计工作完成的任务或达到的标准，即向财务报告使用者提供与企业财务状况、经营成果和现金流量等有关的会计信息，反映企业管理层受托责任履行情况，有助于财务报告使用者做出经济决策。

会计目标可以划分为满足单位外部需要和满足单位内部需要两个层次。

满足单位外部需要主要是满足投资者、债权人、政府及其有关部门、社会公众等的需要。其中，满足政府及其有关部门的需要，包括满足国家财政、税务、审计、金融和证券监督等部门了解经济活动进行宏观调控的需要。例如，国家财政部门需要依靠会计信息了解和掌握国民经济整体运行情况，以制定合理、有效的调控措施；税务部门需要通过会计信息了解企业依法纳税情况，分析并制定税收政策和计划；证监部门需要通过会计资料分析上市公司的会计核算有没有违规操作，信息是否真实可靠，有没有弄虚作假、误导投资者的情况。

满足单位内部需要主要是及时、准确地提供单位内部资金运用情况、现金流量情况、财务收支情况、成本费用及财务成果情况，以便有效地对单位内部经济活动进行考核、控制、预测和决策，以进一步改善经营管理，提高经济效益。

问题三　会计的任务是什么？

会计任务是指会计应该完成的工作和所要达到的目的要求，是会计职能的发挥和具体化。会计任务是由经济管理的客观要求决定的，在不同的社会制度下、不同的历史阶段，经济管理的要求不同，会计的具体任务也不相同。在我国，现阶段会计的基本任务是：

（一）核算交易或事项，及时提供会计信息

会计是经济管理的组成部分，为了组织管理好经济工作，必须随时掌握经济活动的全面情况。经济活动表现为大量的交易或事项，而交易或事项正是会计的对象，会计应该充分发挥职能作用，对经营活动的过程进行连续、系统、全面的计量记录、汇总和报告，及时为经济管理提供准确、可靠的经济信息。

会计是人们从事商业活动的共同语言，会计提供的经济信息既要满足投资者（如股东）、债权人（如银行）在进行投资决策时对信息的需要，又要满足单位内部经营管理者对信息的需要。

（二）贯彻财经法律、法规，维护财经纪律

为了维护市场经济秩序，加强经济管理，提高经济效益，国家制定了一系列财经法律法规。会计必须按照公认的会计原则进行核算和监督，认真贯彻财经法律法规，维护财经纪律，这是会计工作的一项重要任务。

实际上，各单位从事生产经营或其他经济活动的过程，也是执行财经法律法规和财经纪律的过程。经济活动的每一项交易、事项都会涉及财经法律法规的执行。会计通过对交易、事项的正确核算和监督，做到维护投资者、债权人和社会公众利益，监督企业管理层认真履行受托责任，保护财产物资的安全完整，维护国家利益，使国家宏观调控的环境和谐发展，防止违法违纪行为发生，正确处理国家、集体和个人之间的关系，维护市场经济秩序，推动经济协调发展。

（三）加强经济核算，提供经济效益

提高经济效益是组织生产经营活动的出发点。

公司和企业单位提高经济效益必须通过对经济活动的会计计量、记录和考核，发现问题，找差距，定措施，挖潜力，以改进经营管理，加强经济核算，用尽可能少的人力、物力、财力消耗，取得更多更好的经济效益。

对行政事业单位财务状况的考核主要是计算和比较预算执行和结果，审查预算收支的合法性，以改进和加强预算管理，节约和有效使用资金。

（四）预测经济前景，参与决策

预测经济前景就是要在会计核算的基础上，对会计资料做进一步的分析和研究，根据当期和历史的会计信息，推断未来经济发展变化的趋势，从价值方面对多种方案的效益与风险进行比较，提出建议和措施，协助有关部门选择最佳方案，做出最佳决策。决策方案确定之后，还需要通过制订经济计划、编制预算来实现。经济计划、预算的制订过程同样需要会计提供有关信息，提供的数据越可靠、越真实、越及时，制订出的经济计划和预算越切实可行。

随着改革开放向纵深发展，经济全球化的进程加快，市场竞争越来越激烈，企业要想在瞬息万变的市场竞争中永远立于不败之地，就必须充分发挥会计参与预测、决策的作用。

任务三　熟悉会计核算的内容与要求

问题一　会计核算的具体内容有哪些？

会计核算的具体内容包括：

（一）款项和有价证券的收付

款项是作为支付手段的货币资金，主要包括现金、银行存款和其他货币资金（视同现金和银行存款的银行汇票存款、银行本票存款、外埠存款、信用卡存款和存出投资款等）。

有价证券是指表示一定财产拥有权或支配权的证券，如国库券、股票、企业债券等。

（二）财物的收发、增加和使用

财物是财产、物资的简称。企业的财物是企业进行生产经营活动且具有实物形态的经济资源，一般包括原材料、燃料、包装物、低值易耗品、在产品、库存商品等流动资产，以及房屋、建筑物、机器、设备、设施、运输工具等固定资产。

（三）债权、债务的发生和结算

债权是指企业收取款项的权利，一般包括各种应收和预付款项等。

债务是指企业由于过去的交易事项形成的需要以资产或劳务等偿付的现时义务，一般包括各项借款、应付和预收款项以及应交款项等。

（四）资本的增减

资本是投资者为开展生产经营活动而投入的资金。会计上的资本专指所有者权益中的投入资本。

（五）收入、支出、费用、成本的计算

收入是指企业在日常活动中形成的、会导致所有者权益增加的、与所有者投入资本无关的经济利益的总流入。

支出是指企业实际发生的各项开支以及在正常生产经营活动以外的支出和损失。

费用是指企业在日常活动中发生的、会导致所有者权益减少的、与向所有者分配利润无关的经济利益的总流出。

成本是指企业为生产产品、提供劳务而发生的各种耗费，是按一定的产品或劳务对象

归集的费用，是对象化的费用。

（六）财务成果的计算和处理

财务成果主要是指企业在一定时期内通过从事生产经营活动而在财务上所取得的结果，具体表现为盈利或亏损。财务成果的计算和处理一般包括利润的计算、所得税的计算、利润分配或亏损弥补等。

（七）需要办理会计手续、进行会计核算的其他事项

略。

问题二　会计核算的一般要求有哪些？

根据《中华人民共和国会计法》（简称《会计法》）和国家统一的会计制度的规定，会计核算应遵循的一般要求有：

（1）各单位必须按照国家统一的会计制度的要求设置会计科目和账户、复式记账、填制会计凭证、登记会计账簿、进行成本计算、财产清查和编制财务会计报告。

（2）各单位必须根据实际发生的经济业务事项进行会计核算，编制财务会计报告。实际发生的经济业务是会计核算的依据，是保证会计信息真实性和可靠性的基础。计划的或将要发生的交易或事项不得作为会计核算的依据，虚假的经济业务更不能作为会计核算的依据。

（3）各单位发生的各项经济业务事项应当在依法设置的会计账簿上统一登记、核算，不得违反《会计法》和国家统一的会计制度的规定私设会计账簿登记、核算。

（4）各单位对会计凭证、会计账簿、财务会计报告和其他会计资料应当建立档案，妥善保管。

（5）使用电子计算机进行会计核算的，其软件及其生成的会计凭证、会计账簿、财务会计报告和其他会计资料，也必须符合国家统一的会计制度的规定。

（6）会计记录的文字应当使用中文。在民族自治区，会计记录可以同时使用当地通用的一种民族文字。在中华人民共和国境内的外商投资企业、外国企业和其他外国组织的会计记录，可以同时使用一种外国文字。

问题三　会计信息的质量要求有哪些？

2006年2月15日，财政部颁布了一系列新的会计准则，形成了我国的会计准则体系，这是我国会计史上新的里程碑。新的会计准则把可靠性、相关性、可理解性、可比性、实质重于形式、重要性、谨慎性和及时性作为会计信息的质量要求。

（一）可靠性

可靠性要求企业以实际发生的交易或者事项为依据进行确认、计量和报告，如实反映符合确认和计量要求的各项会计要素及其他相关信息，保证会计信息真实可靠、内容完整。

（二）相关性

相关性要求企业提供的会计信息应当与财务报告使用者的经济决策需要相关，有助于财务报告使用者对企业的过去、现在或者未来的情况做评价或者预测。

会计应尽可能地满足各方面对会计信息质量的要求。例如，投资者要了解企业盈利能力的信息，以决定是否投资或继续投资；银行等金融机构要了解企业的偿债能力，以决定是否对企业贷款；税务部门要了解企业的盈利及生产经营情况，以决定企业的纳税情况是否合理等。

（三）可理解性

可理解性是指会计记录与会计报表应当清晰、明了，便于理解和运用。会计信息从其产生到报表，无疑要经过专业会计人员的加工处理，但处理结果（即会计报表）应当是通俗易懂的。该原则要求基本不懂会计的人都能理解会计信息，即要使会计信息简明易懂，能清晰地反映企业经济活动的来龙去脉，尽量避免出现过分专业且难以理解的名词。

（四）可比性

可比性是指会计核算应当按照法定的会计处理方法进行，会计指标口径一致，提供相互可比的会计信息。

企业提供的会计信息应当具有可比性，具体包括下列要求：

1. 纵向可比

纵向可比是指同一企业不同会计期间发生的相同或者相似的交易或者事项，应当采用一致的会计政策，不得随意变更。

【例1-1】 甲企业第一年财务报告中显示：本年收益800000元，第二年收益1000000元，那么，甲企业第二年的财务成果是否比第一年好呢？不一定。因为这涉及前后会计期间的会计政策是否一致的问题。如果前后会计期间的会计政策一致，则甲企业第二年效益提高；否则，可能没有提高，还有可能下降。

2. 横向可比

横向可比是指不同企业同一会计期间发生的相同或者相似的交易或者事项，应当采用规定的会计政策，确保会计信息口径一致，以便投资者等财务报告使用者评价不同企业的财务状况、经营成果和现金流量及其变动情况。

【例1-2】 甲企业2017年5月的财务报告显示：本月收益400万元，乙企业2017年5月的财务报告显示：本月收益400万元。那么甲、乙企业2017年5月的经济效益一样吗？可能有同学会认为："收益都是400万元，经济效益肯定一样啊！"但实质上却不一定。因为这涉及甲、乙企业的会计政策是否一致的问题。如果甲、乙企业都采用了国家统一规定的同一会计政策，则两者经济效益一样；否则，没有可比性。

（五）实质重于形式

实质重于形式要求企业应当按照交易或者事项的经济实质进行会计确认、计量和报告，不应仅以交易或者事项的法律形式为依据，否则容易导致会计信息失真，其最终结果不仅不会有利于会计信息使用者的决策，反而会误导会计信息使用者的决策。

【例1-3】 以融资租赁的形式租入的固定资产，虽然从法律形式来看，企业并不拥有其所有权，但是租赁合同中规定的租赁期相当长，接近于该资产的使用寿命，租赁期结束时承租企业有优先购买该资产的选择权。在租赁期内，承租企业有权支配资产并从中受益。所以，从实质上看，企业控制了该项资产的使用权及受益权。所以，在会计核算上将融资租赁的固定资产视为企业自己的固定资产进行管理和核算。

（六）重要性

重要性要求企业的财务报告在全面反映企业的财务状况和经营成果的同时，对于重要的经济业务，应重点核算、单独反映；对不重要的经济业务，则可适当简化或合并反映。

【例1-4】 企业购进一台价值200万元的大型设备，该设备如何保管、使用、维护以及设备在使用过程中的损耗如何确认，必将对企业的经营活动和财务成果产生重大的影响。因此，就需要对这种大型设备重点核算并单独反映。但如果办公人员购买一支钢笔或一包复印纸等，价值仅为几元或几十元，显然不论如何进行会计处理，均不会对企业的经营活动与经营成果产生重大影响。因此，在进行会计处理时，就不必单独核算，只需与其他支出作为费用一并反映即可。

（七）谨慎性

大家可能都有这样的体验：当结果比预期好时，经常会感到"意外"的高兴；而当结果比预期坏时，总免不了失望。

【例1-5】 朋友甲欠你5万元，已经2年了，由于甲经济困难，因此尚未归还。现在甲对你说，一个月后一定还你3万元，结果只还了2万元，此时，你肯定会有点失望或恼怒，至少会责怪甲不讲信用等。但如果当初甲说一个月后一定还你1万元，而结果还了你2万元，你肯定很高兴，还不断地夸他是个比较守信用的人。可见，同样是收到了2万元，由于预期不同，对结果的态度也不同。

谨慎性就是基于常人的这样一种心理产生的，又称稳健性，要求企业对交易、事项进行会计确认、计量和报告时，应当保持应有的谨慎，不应高估资产或收益、低估负债或费用。谨慎性即指在会计核算中应当考虑到相关风险，对可能发生的损失和费用，做出合理的预计并入账；对可能取得的收入和收益，则不予预计或入账。这样得出来的会

计信息通常比较保守且十分可靠,因为稳健、慎重,已做最坏估计,而最后的结果往往比预期好。

【例1-6】 甲企业购入1000股某股票,购入价为10元/股。假设年度终了编制财务会计报告时,每股市场价为8元,下跌了32元,但由于股票并未抛出,故并未真正产生损失,然而按照谨慎性原则,这2元应作为损失入账。或者,假设年度终了编制财务会计报告时,每股市场价为13元,上涨了3元,但由于股票并未抛出,即并未真正产生收益,后期有可能继续上涨,也可能下跌,因此按照谨慎性原则,这上涨的3元不能预计为收益入账。

需要注意的是:谨慎性并不意味着企业可以任意设置各种秘密准备,否则属于滥用谨慎性,属于重大会计差错。

(八)及时性

及时性要求企业对于已经发生的交易或事项,应当及时进行确认、计量和报告,不得提前或者延后。及时性有及时处理、及时报送两重含义。及时处理是指对企业发生的经济活动应及时在本会计期间内进行会计处理,而不延至下期。及时报送是指会计资料(如会计报表等)应在会计期间结束后按规定日期及时报送。

任务四 理解会计基本假设和会计基础

问题一 什么是会计基本假设?会计基本假设包括哪些?

会计基本假设是对会计核算所处时间、空间环境等所做的合理假设,是企业会计确认、计量和报告的前提。会计基本假设包括会计主体、持续经营、会计分期和货币计量。

(一)会计主体

会计主体是指会计所核算和监督的特定单位或者组织,是会计确认、计量和报告的空间范围。会计主体与法律主体(法人)并非是对等的同一概念,法人可作为会计主体,但会计主体不一定是法人。例如,总公司与分公司一般都是会计主体,但总公司是法人,而分公司不是法人。

【例1-7】 甲、乙、丙等人准备成立H公司,这家特定的H公司就成了一个会计核算的主体,只有以H公司的名义发生的有关活动,如购进原材料、支付工人的工资、销售产品等,才是H公司会计核算的范围。而作为H公司投资者的甲、乙、丙等人的有关经济活动,不是H公司会计核算的内容;向H公司提供材料的另一些公司的经济活动,也不是H公司的核算范围；借钱给H公司的银行的财务活动，也不是H公司的核算范围。这样，作为H公司的会计，核算的空间范围就界定为H公司，即只核算以H公司名义发生的各项经济活动，从而严格地把H公司与H公司的投资者、借钱给H公司的银行以及与H公司发生或未发生经济往来的其他公司区别开来。

（二）持续经营

持续经营是指在可以预见的将来，会计主体将会按当前的规模和状态持续经营下去，不会停业，也不会大规模消减业务。企业会计确认、计量和报告应当以持续经营为前提。持续经营是会计确认、计量和报告的时间范围。

【例1-8】 企业以30万元购进了一台设备，预计可用6年，每年可以为企业带来收入8万元。按持续经营假设，企业正常的生产经营活动能长期进行下去，即在可以预见的6年内不会破产。因此，这投入的30万元可分6年收回（即企业每年承担5万元的折旧费用，因而，该设备每年可为企业赚3万元）。如果没有这样的假定，那么会计核算就无法正常进行。如果设想企业可能4年后破产，则该设备必须在4年内收回，此时，每年需要承担7.5万元的折旧费。这样，每年就只有0.5万元的利润了。如果企业只能正常经营3年，则每年要承担10万元的折旧费，这样，每年就会亏损2万元。

（三）会计分期

会计分期是指将一个会计主体持续经营的生产经营活动划分为一个个连续的、长短相同的期间，以便分期结算账目和编制财务会计报告。

会计期间分为年度和中期。会计年度一般采用日历年度，即从每年公历1月1日至12月31日为一个会计年度。中期是指短于一个完整的会计年度的报告期间，包括月度、季度和半年度等。

（四）货币计量

货币计量是指会计主体在会计确认、计量和报告时采用货币作为统一的计量单位，反映会计主体的生产经营活动。

单位的会计核算应以人民币作为记账本位币。业务收支以人民币以外的货币为主的单位，可以选定其中一种货币作为记账本位币，但编制的财务会计报告应当折算为人民币反映。在境外设立的中国企业向国内报送的财务会计报告，应当折算为人民币。

问题二　什么是会计基础？会计基础的种类有哪些？

会计基础是指会计确认、计量和报告的基础，包括权责发生制和收付实现制。

（一）权责发生制

权责发生制是指收入、费用的确认应当以收入和费用的实际发生而非实际收支作为确认的标准。为了更加真实、公允地反映特定会计期间的财务状况和经营成果,《企业会计准则——基本准则》规定,企业会计的确认、计量和报告应当以权责发生制为基础。权责发生制基础要求,凡当期已经实现的收入和已经发生或应当负担的费用,无论款项是否收付,都应当为当期的收入和费用,计入利润表;凡是不属于当期的收入和费用,即使款项已在当期收付,也不应当作为当期的收入和费用。

【例1-9】 A公司2017年6月发生如下交易:

1. 本月销售一批甲产品,售价40000元,商品已发出,款项已收到。
2. 本月收到一笔款项60000元,系本年3月本公司赊销给B企业的货款。
3. 本月收到一笔款项30000元,系C企业为购买本公司乙产品预先支付的款项。乙产品本月尚未发出。
4. 本月销售一批丙产品,价款80000元,商品已发出,但本月未收到款项。
5. 本月支付款项3000元,系本月的办公费。
6. 本月支付款项4800元,系本年7—12月的书报费。
7. 本月应负担的财产保险费为400元,该款项已于2016年年末支付。

思考: 在权责发生制基础下,分析A公司2017年6月应确认的收入和费用。

分析:

1. 商品已发出,已获得收取款项的权利,应确认为本月收入。
2. 收取款项的权利在3月,而不在本月,应作为3月的收入,不应确认为本月收入。
3. 尽管实际收到30000元,但尚未获得收取款项的权利,不能确认为本月的收入。
4. 尽管本月未收到款项,但商品已发出,已获得收取款项的权利,应确认为本月收入。
5. 受益期在本月,应确认为本月费用。
6. 尽管款项的支付在本月,但受益期在7—12月,应作为7—12月费用,不确认为本月的费用。
7. 尽管本月未支付款项是2016年年末支付的款项,但受益期在本月,故应确认为本月的费用。

所以,在权责发生制基础下,A公司2017年6月应确认的收入为120000元(40000+80000),应确认的费用为3400元(3000+400)。

(二)收付实现制

收付实现制是与权责发生制相对的一种会计基础,是指以实际收到或支付现金作为确认收入和费用的标准。

在我国,政府会计由预算会计和财务会计构成,其中,预算会计采用收付实现制,国务院另有规定的,依照其规定进行会计职能;财务会计采用权责发生制。

事业单位会计除经营业务可以采用权责发生制以外,其他大部分业务采用收付实现制。

任务五　认知会计方法

问题一　什么是会计方法？

会计方法是指用来核算和监督会计内容、完成会计任务在会计工作中所使用的各种技术手段。会计方法一般包括会计核算方法、会计分析方法和会计检查方法。其中，会计核算方法是基础，会计分析方法和会计检查方法是会计核算方法的延伸和发展。

问题二　会计核算方法有哪些？

会计核算方法有设置会计科目和账户、复式记账、填制和审核会计凭证、登记账簿、成本计算、财产清查和编制财务会计报告七种。

（一）设置会计科目和账户

设置会计科目和账户是对会计对象的具体内容进行分类核算和监督的一种专门方法。由于会计对象的具体内容复杂多样，因此要对其进行系统的核算和经常性的监督，就必须对经济业务进行科学的分类，以便分门别类地、连续地记录，取得多种不同性质、符合经营管理需要的信息和指标。因此，设置会计科目和账户是会计核算方法体系中的基础性方法。

（二）复式记账

复式记账是指对所发生的每项经济业务，以相等的金额，同时在两个或两个以上相互联系的账户中进行登记的一种记账方法。采用复式记账方法，可以全面反映每一笔经济业务的来龙去脉，防止差错和便于检查会计记录的正确性和完整性。

（三）填制和审核会计凭证

会计凭证用于记录经济业务、明确经济责任，是记账依据的书面证明。正确填制和审核会计凭证，是核算和监督经济活动财务收支的基础，是做好会计工作的前提。

（四）登记账簿

登记账簿简称记账，是以审核无误的会计凭证为依据在会计账簿中分类、连续、完整地记录各项经济业务，以便为经济管理提供完整、系统的会计核算资料。账簿记录是重要的会计资料，是进行会计分析、会计检查的重要依据。

（五）成本计算

成本计算是按照一定对象归集和分配生产经营过程中发生的各种费用，以确定各项对象的总成本和单位成本的一种专门方法。产品成本是综合反映企业生产经营活动的一项重要指标。正确地进行成本计算可以考核生产经营过程的费用支出水平，同时是确定企业盈亏和制定产品价格的基础，并为企业经营决策提供重要数据。

（六）财产清查

财产清查是指通过盘点实物、核对账目，查明各项财产物资实有数额的一种专门方法。通过财产清查，可以提高会计记录的正确性，保证账实相符。同时，可以查明各项财产物资的保管和使用情况以及各种结算款项的执行情况，以便及时对积压或损毁的物资和逾期未收到的款项采取措施进行清查，加强对财产物资的管理。

（七）编制财务会计报告

编制财务会计报告是以特定表格的形式，定期并总括地反映企业、行政事业单位经济活动的情况和结果的一种专门方法。会计报表主要以账簿中的记录为依据，经过一定形式的加工整理而产生一套完整的核算指标，用来考核、分析财务计划和预算的执行情况以及为编制下期财务预算提供重要依据。

以上会计核算方法虽各有特定的含义和作用，但并不是独立的，而是相互联系、相互配合的，形成一个完整的会计核算方法体系，如图1-2所示。

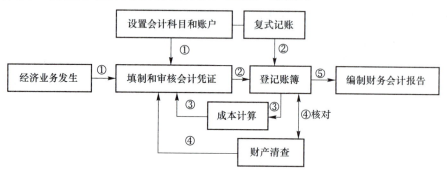

图1-2　会计核算方法体系

上述会计核算方法相互配合运用的程序是：

（1）经济业务发生后，按照有关会计制度和准则进行会计确认，采用货币计量，通过设置会计科目和账户进行分类，运用复式记账，填制会计凭证以进行凭证记录。

（2）根据审核无误的会计凭证，通过设置会计科目和账户，运用复式记账，登记会计账簿，进行连续系统的账簿记录。

（3）根据会计账簿对相关成本费用的归集进行成本计算，并将计算结果填制成会计凭证，再据此凭证登记会计账簿。

（4）通过财产清查对财产物资实有数与有关会计账簿记录数进行核对，若不符，为了保证账实相符，则根据财产清查结果填制会计凭证，登记会计账簿进行调整处理。

（5）根据账簿记录定期编制财务会计报告。

项目小结

　　会计是以货币为主要计量单位，以合法的原始凭证为依据，采用一系列的专门方法和程序，对一个单位的经济活动进行连续、系统、综合的核算和监督，并向有关各方提供会计信息的一种经济管理活动。会计的基本特征主要包括：以货币作为主要计量单位；以合法的原始凭证为依据；具有连续性、系统性、综合性；拥有一套比较科学、完整的方法体系。会计职能可以划分为核算职能、监督职能、预测经济前景、参与经济决策和评价经营业绩等，其中，核算职能和监督职能是会计的两个基本职能。

　　会计的对象是社会再生产过程中的资金运动。会计目标是指要求会计工作完成的任务或达到的标准，即向财务报告使用者提供与企业财务状况、经营成果和现金流量等有关的会计信息，反映企业管理层受托责任履行情况，有助于财务报告使用者做出经济决策。我国现阶段会计的基本任务是：核算交易或事项，及时提供会计信息；贯彻财经法律法规，维护财经纪律；加强经济核算，提供经济效益；预测经济前景，参与决策。

　　会计核算的具体内容包括：款项和有价证券的收付；财物的收发、增加和使用；债权、债务的发生和结算；资本的增减；收入、支出、费用、成本的计算；财务成果的计算和处理；需要办理会计手续、进行会计核算的其他事项。会计信息的质量要求包括：可靠性、相关性、可理解性、可比性、实质重于形式、重要性、谨慎性和及时性。

　　会计基本假设包括会计主体、持续经营、会计分期和货币计量。会计基础分为权责发生制和收付实现制两种。

　　会计核算方法有设置会计科目和账户、复式记账、填制和审核会计凭证、登记账簿、成本计算、财产清查和编制财务会计报告七种。

阅读资料

会计职业的成功之路

　　传统眼光来看，入了会计门，似乎一切都会成为定式：每天你要填写、审核各种凭证，登录每笔账；月末你要结账、报账、编报表；向上司汇报工作。日复一日，年复一年，每日的生活似乎都在这种平淡无奇中度过。对会计来讲，成功是奢望，拥有的只是平淡。

项目一 走近会计

可现代成功的思维,不允许我们用一种凝固的眼光看待一切。成功存在于任何领域,当然也包含会计。要想真的获取成功,就必须改变各种传统思维,必须从一种全新的角度来重新审视每一个事物,哪怕是最传统的事物。

要想在会计领域获取成功,一般地,有以下几条路供参考,如图1-3所示。

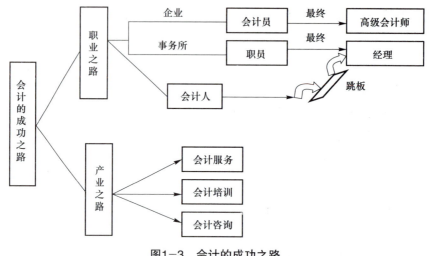

图1-3 会计的成功之路

1. 会计职业之路

此路的起点可能是某个企业、公司、工厂或小作坊,也可能是某个会计师事务所、会计公司等中介咨询机构。

你可能从底层的会计员做到会计师直至高级会计师;或者在事务所中,从底层的会计做到高层的经理,这是一条纯职业化的成功之路。这条路的特点是一直不脱离你的专业,你将一直"忠诚"地演好你"绅士"的角色,这也是最传统的会计成功之路。此路总体来讲会走得很辛苦,但也会比较稳定。这是目前大多数职业会计人员所走的成功之路。

你也可能从会计员干起,然后脱离财务部,而走向领导岗位(政府或公司);或者从事务所底层直至做到事务所的合伙人,这是一条半职业化的成功之路。这条路的特点就是以原专业为基奠,为将来转向综合管理工作奠定基础,这也是一条传统的会计成功之路。此路对个人的能力和素质要求较高,除具备一定的会计素质以外,还要具备一定的综合素质,如人际交往沟通能力等,当然,机遇也很重要。

2. 会计产业之路

此路的起点很难讲,你不一定要有专业基础,"门外汉"只要经过不懈努力,也能胜任。其成功路径大致有如下几条:

(1)会计服务之路。

你可以创办一个会计师事务所或会计公司,提供会计服务和审计服务。例如,代客户交税、代客户记账、代客户编制财务会计报告、为客户审计等。当然这种专业服务,要求你最好有一定的会计基础知识和能力。在当今中国,许多中小企业缺少会计部门和专业会计人员,这种会计服务产业有非常广阔的市场。

（2）会计培训之路。

你可以开办各种培训班,对各级、各类会计人员进行系统培训,以提高他们的执业能力;你也可以组织出版各类会计书籍,制作各类读写载体,甚至可以通过创办专门网络来培训会计人员,提高他们的工作能力。中国目前的会计培训行业刚刚起步,总体水平不高。要搞好会计培训,必须有长远的战略眼光,越是不规范的市场,越有发展的机会。会计培训市场是一个很大的市场。

（3）会计咨询之路。

你可以创办一家咨询公司,解答有关会计方面的各种"疑难杂症":企业的会计人员碰到头疼的难题时会向你求教;企业的领导对投资项目举棋不定时会向你咨询;投资人对企业的业务有所疑问时会找你帮忙;税务机关在与企业的税务有争议而又没有足够证据时,可能要找你出点子。

总之,会计咨询行业可做的事有很多,这个市场在中国目前仍不规范,同样存在发展机遇。

走好这条路的关键在于拥有一大批"知本家",他们要通晓各种相关知识,并且具备职业敏感性和良好的判断能力。

以上,我们从职业和产业角度分析了会计与成功的关系。综上所述,从事会计工作,要想成功一般有两条路可供选择:一是"终身从业,矢志不改";二是"以此为跳板,转行改业"。不管走哪条路,只要你有功底、有信心,一定会达到成功的彼岸。

项目二 填制和审核原始凭证

项目导入

任何一项经济业务的发生或完成都要取得或填制相应的凭证，否则空口无凭。我们都曾在商店、商场或超市买过东西。当我们购买日常生活用品时，通常不会索要发票；而当我们购买价值贵重的大件商品时，就会索要发票。为什么呢？因为发票是证明我们买了东西的凭据，是日后商品因质量等问题需要更换、维修或退货的凭证。发票是一种比较典型的原始凭证。你见过吗？你还记得发票是什么样的吗？填制和审核原始凭证是会计核算工作的起点，是会计工作的基本环节，也是会计核算的一项基本技能。本项目将帮助我们认知原始凭证，并教会我们填制和审核原始凭证的方法。

学习目标

1. 认知会计凭证；
2. 认知原始凭证；
3. 掌握取得和填制原始凭证的方法；
4. 掌握审核原始凭证的方法。

任务一 认知会计凭证

问题一 什么是会计凭证？

会计凭证简称凭证，是记录经济业务发生或完成情况的、明确经济责任的书面证明，是登记账簿的依据。

任务二 认知原始凭证

任何会计主体发生的经济业务，都会产生各种各样的经济利益关系或经济责任关系。为正确处理这些关系，必须由经办经济业务的有关人员取得或填制会计凭证，并记录经济业务的具体内容，如时间、金额、经手人等，从而明确经济责任。所有会计凭证必须严格审核，只有经过审核无误的会计凭证，才能作为登记会计账簿的依据。因此，填制和审核会计凭证是会计核算的方法之一，是会计工作的起点，是会计对经济业务进行核算和监督的重要环节。

问题二　会计凭证的作用有哪些？

会计凭证的作用概括起来有如下三点：
（1）记录经济业务，提供记账依据。任何会计主体对所发生的经济业务，都必须按照规定的程序和要求办理会计手续，做好会计凭证的填制和审核工作。
（2）明确经济责任，确保经济运行。从经济业务的执行、会计凭证的取得或填制到会计凭证的传递等一系列活动，相关部门和经办人员都必须在凭证上签名或盖章，以明确责任，确保经济运行。
（3）监督经济活动，强化内部控制。通过对会计凭证的审核，可以检查经济业务的发生是否合法、合理，从而强化内部控制。

问题三　会计凭证的种类有哪些？

会计凭证按照其填制程序和作用不同，可分为原始凭证和记账凭证两大类。

任务二　认知原始凭证

问题一　什么是原始凭证？

原始凭证又称单据，是在经济业务发生或完成时取得或填制的，用以记录、证明经济业务发生或完成情况的文字凭据。它不仅是进行会计核算的原始资料和重要依据，而且是具有法律效力的书面证据。

问题二 原始凭证的种类有哪些？

如图2-1所示，原始凭证按照其来源、填制手续和格式不同，可作以下分类：

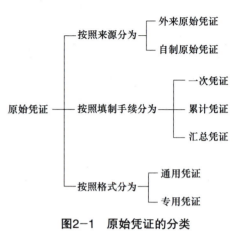

图2-1 原始凭证的分类

（一）按照来源不同分类

（1）外来原始凭证。外来原始凭证是指在经济业务发生或完成时，从外单位或个人直接取得的原始凭证。例如，从供货单位处取得的增值税专用发票、增值税普通发票，运输部门的机票、车票和轮船票以及对外支付款项时所取得的各种凭据等。

（2）自制原始凭证。自制原始凭证是指由本单位内部具体经办业务的部门和人员，在执行或完成某项经济业务时填制的、仅供本单位内部使用的原始凭证。例如，材料入库时填制的收料单、材料出库时填制的领料单、产成品入库时填制的入库单、发工资时填制的工资结算单以及职工出差回来报销差旅费时填制的差旅费报销单。

（二）按照填制手续不同分类

（1）一次凭证。一次凭证是指一次填制完成、只记录一笔经济业务的原始凭证。一次凭证是一次有效的凭证。外来原始凭证一般都是一次凭证，自制原始凭证大多是一次凭证。如收料单（见图2-2）、领料单、入库单、工资结算单、现金收据、发货票等。

收 料 单

材料编号：2235　　　　2017年3月20日　　　　No：0902
供应单位：云浮昌华公司　　发票号码：0005592　　材料类别：原材料　　仓库：1-23

材料编号	材料名称	规格	计量单位	数量		实际成本/元				
				应收	实收	单价	金额	运费	其他	合计
	A材料		件	180	180	650	117000.00			117000.00
	B材料		件	100	100	400	40000.00			40000.00

第三联 记账联

仓库主管：伍全　　验收：王强　　核算：严燕妮　　交料人：张笔天　　制单：王强　　仓库（章）：王强

图2-2 收料单

（2）累计凭证。累计凭证是指在一定时期内多次记录发生的同类型经济业务的原始凭证。其特点是在一张凭证内可以连续登记相同性质的经济业务，随时结出累计数及结余数，并按照费用限额进行费用控制，期末按实际发生额记账。累计凭证是多次有效的原始凭证，一般为自制原始凭证，如图2-3所示的限额领料单。

任务二　认知原始凭证

限额领料单

材料编号：1021　　　　　　　　　2017年9月　　　　　　　　　　　　No：0906
领料单位：二车间　　　　用途：乙产品　　　计划产量：4000台　　　消耗定额：0.5千克/台

材料名称	材料规格	计量单位	单价	全月领用限额	全月实领	
					数量	金额
圆钢	30毫米	千克	4.00	2000	1900	7600.00

2017年		请领		实发		退库		限额结余
月	日	数量	领料单位负责人	数量	发料人	领料人	数量	退库号	
9	2	400	李立三	400	张山	王开			1600
	7	300	李立三	300	张山	李行			1300
	12	300	李立三	300	张山	李行			1000
	15	300	李立三	300	张山	李行			700
	22	400	李立三	400	张山	王开			300
	28	200	李立三	200	张山	李行			100
合计		1900		1900					—

生产计划部门负责人：王保强　　供应部门负责人：张德远　　仓库主管：伍全　　材料核算员：严燕妮

图2-3　限额领料单

（3）汇总凭证。汇总凭证是指对一定时期内反映经济业务内容相同的若干张原始凭证，按照一定标准综合填制的原始凭证。如收料凭证汇总表、发出材料汇总表（见图2-4）、工资结算汇总表、差旅费报销单、销售日报等。

> **小提示：**
> 原始凭证所汇总的内容只能是相同类型的经济业务。

发出材料汇总表

2017年9月1-10日

会计科目	领料部门及用途	甲材料		乙材料		合计/元
		数量/千克	金额/元	数量/千克	金额/元	
生产成本	生产A产品	4000	40000.00	5000	30000.00	70000.00
	生产B产品	2000	20000.00	3000	18000.00	38000.00
制造费用	车间耗用	500	5000.00			5000.00
管理费用	厂部耗用			200	1200.00	1200.00
合计/元		6500	65000.00	8200	49200.00	114200.00

复核：伍全　　　　　　　　　　　　　　　　　　　　　　　　　　编制：严燕妮

图2-4　发出材料汇总表

（三）按照格式不同分类

（1）通用凭证。通用凭证是指由有关部门统一印制，在一定范围内使用的具有统一格式和使用方法的原始凭证。如增值税专用发票、增值税普通发票、银行转账结算凭证等。

（2）专用凭证。专用凭证是指由单位自行印制，仅在本单位内部使用的原始凭证。如收料单、领料单、工资费用分配表、制造费用分配表、固定资产折旧计提表等。

原始凭证的分类方法是相互依存、密切联系的。如增值税专用发票对于开具方（销货单位）来讲是自制原始凭证，对于接受方（购货单位）来讲则是外来原始凭证。同时，它又是一次凭证和通用凭证。

问题三　原始凭证的基本内容包括哪些？

原始凭证种类繁多，各式各样，但不论何种原始凭证，都必须包括如下基本内容：

（1）原始凭证的名称和编号。如发票、收据、收料单、领料单等，每张凭证应有编号。

（2）原始凭证的日期。即取得或填制原始凭证的日期。

（3）接受原始凭证的单位名称。俗称"抬头"，如北京××有限责任公司。

（4）经济业务的内容。如物品名称、规格、计量单位、数量、单价、金额等。

（5）填制单位签章。俗称"落款"，如有关责任人签名或盖章。

问题四　原始凭证的填制要求有哪些？

原始凭证是记载经济业务发生或完成的有效证明，是进行会计核算的依据，必须认真填写。

（一）填制原始凭证的基本要求

（1）记录真实。原始凭证所填列的经济业务内容和数字必须真实可靠，符合实际情况。

（2）内容完整。原始凭证所要求填列的项目必须逐项填列齐全，不得遗漏和省略。

（3）手续完备。单位自制的原始凭证必须有经办单位领导人或者其他指定人员的签名盖章；对外开出的原始凭证必须加盖本单位公章；从外部取得的原始凭证，必须盖有填制单位的公章；从个人取得的原始凭证，必须有填制人员的签名盖章。

（4）书写规范。原始凭证要按规定填写，文字要简要，字迹要清楚、易于辨认，不得使用未经国务院公布的简化汉字。大小写金额必须相符且填写规范，小写金额用阿拉伯数字逐个书写，不得写连笔字。在金额前要填写人民币符号"￥"，人民币符号"￥"与阿拉伯数字之间不得留有空白。金额数字一律填写到角、分，无角、分的，写"00"或符号"—"；有角无分的，分位写"0"，不得用符号"—"。大写金额用汉字壹、贰、叁、肆、伍、陆、柒、捌、玖、拾、佰、仟、万、亿、元、角、分、整等，一律用正楷或行书字书写。大写金额前未印有"人民币"字样的，应加写"人民币"三个字。"人民币"字样和大写金额之间不得留有空白。大写金额到元或角为止的，后面要写"整"或"正"字；有分的，不写"整"或"正"字。如小写金额为￥1008.00，大写金额应写成"壹仟零捌元整"。

（5）编号连续。如果原始凭证已预先印定编号，那么在写坏作废时，应加盖"作废"戳记，妥善保管，不得撕毁。

（6）填制及时。各种原始凭证一定要及时填写，并按规定的程序及时送交会计机构、会计人员进行审核。

（7）不得涂改、刮擦、挖补。原始凭证金额有错误的，应当由出具单位重开，不得在原始凭证上更正。

（二）自制原始凭证的要求

自制原始凭证有经办单位指定人员的签名或盖章视为有效。自制原始凭证除了必须满足填制原始凭证的基本要求外，还应注意以下问题：

（1）一次凭证的填制。一次凭证虽不一定加盖公章，但一定要有完备的手续。经办人、负责人、审核人、签领人一定要签名或盖章。

（2）累计凭证的填制。填制累计凭证时，除了满足一次凭证的填制要求，由于可能涉及多个部门，因此必须由相关部门责任人审核签章。

（3）汇总凭证的填制。填制汇总凭证时，编号、填制日期、经济业务内容、数量、单价、金额、制证人、审核人、收款人、所附原始凭证张数必须填写。按经济业务发生的先后顺序号登记，最后加以合计。这些原始凭证如果数量不太多，则可以附在汇总表后面；如果数量太多，则应单独编号装订，妥善保管备查。

（三）外来原始凭证的填制要求

从外单位取得的原始凭证，必须盖有填制单位的公章。

任务三　掌握取得和填制原始凭证的方法

问题一　如何取得和填制资金筹集业务的原始凭证？

资金筹集是企业经营资金运动全过程的起点。因为设立企业必须拥有一定数量的资本金，而生产经营过程中充足的资金也是企业所必需的，所以企业必须为设立和正常的生产经营筹措足够的资金，其主要来源于投资者投入的资本金和向债权人借入的资金。

（一）投入资本金涉及的原始凭证

资本金是指企业在工商行政管理部门登记的注册资金，是投资者投入的。投资者可以用银行存款、实物、无形资产等形式向企业投资。因此，投入资本金涉及的原始凭证有银行进账单、收款收据、固定资产验收单等。

【例2-1】 2017年12月1日，兴云家具有限公司收到神华有限公司（开户银行：中国建设银行股份有限公司云浮市城区支行，账号445300691022）追加投资210万元。其中，款项150万元存入银行；不需安装的车床1台，该机床经中介评估及双方协商价值60万元（见图2-5、图2-6、图2-7）。

中国建设银行　进账单（回单）1

2017年12月01日　　　　　　　　　　　　　　　　　XV 16479888

付款人	全称	神华有限公司	收款人	全称	兴云家具有限公司
	账号	445300691022		账号	445300686208
	开户银行	建行城区支行		开户银行	建行城区支行
金额	人民币（大写）	壹佰伍拾万元整			亿千百十万千百十元角分 ¥ 1 5 0 0 0 0 0 0 0
票据种类	转账支票	票据张数	壹张		
票据号码	38914305				
		复核　　　　记账			

（此联是开户银行交给持（出）票人的回单）

盖章：中国建设银行股份有限公司 云浮市城区支行 2017.12.01 转讫

图2-5　进账单

固定资产验收单

2017年12月01日

名称及规格型号	单位	数量	总价值	预计使用年限	预计残值	存放地点	固定资产卡账号
车床YZ-205	台	1	600000.00	10	6000.00	生产车间	16010102035
备注							

验收部门负责人：王祺　　　　　　　　　　验收人：张磊　　　　　　　　　　制单：陈梅

图2-6　固定资产验收单

任务三 掌握取得和填制原始凭证的方法

广东省统一财务收款收据

票据代码：4100010001
粤财综IB[2008]
2017年12月01日
No122344566701

第三联 记账联

今收到	神华有限公司
交　来	追加投资款，其中：货币资金150万元；固定资产60万元。
人民币（大写）贰佰壹拾万元整	￥2100000.00
说明	1.本收据用于收费和基金以外的单位与单位之间、单位内部各部门之间及单位与个人之间发生的各项资金往来结算业务。 2.本收据禁止用于收取行政事业性收费和政府性基金，否则按违反"收支两条线"予以处罚。

收款单位（章）：　　　　　开票人：陈梅　　　　收款人：刘梦

图2-7　收款收据

（二）借入资金涉及的原始凭证

企业在生产经营过程中，为解决资金周转问题，可以通过发行债券筹措资金，也可以向银行等金融机构借款。企业向银行借款，在签订借款合同后，根据借款合同内容与银行订立借款借据，银行按照借据划入资金，完成借款手续。这里，借款合同不是原始凭证，只有加盖了借款银行公章的借款借据才能证明款项已入账，才是对借款进行账务处理的原始凭证。

【例2-2】　2017年12月1日，兴云家具有限公司从中国建设银行股份有限公司云浮市城区支行借入为期半年的生产周转资金借款500000元，用于生产周转，年利率10.8%，借款账号：445300668151，款项已入账，如图2-8所示。

中国建设银行　借款凭证　（回单）1

2017年12月01日　　　　　　　　　　　　　第 005 号

借款人	全　称	兴云家具有限公司	收款人	全　称	兴云家具有限公司
	账　号	445300668151		账　号	445300686208
	开户银行	建行城区支行		开户银行	建行城区支行

借款金额人民币（大写）	伍拾万元整	千百十万千百十元角分 ￥5 0 0 0 0 0 0 0
借款用途	生产周转资金	上述借款已转入你单位账户，借款到期时应按期归还。 此致 中国建设银行股份有限公司 云浮市城区支行 2017.12.01（银行盖章） 业务办理章
借款年利率	10.8%	
借款期限	从2017年12月1日至2018年5月31日	
单位主管：王珊　　会计：黎曼　　复核：罗辑　　记账：龚正		

图2-8　借款借据

企业借款需为此付出代价，表现为支付借款利息。借款利息支付方式通常有两种：

（1）当月支付，当月核算费用。支付借款利息取得的银行借款利息通知单，如图2-9所示。

中国建设银行　计收利息清单（支款通知）

2017年12月31日

户　　名	兴云家具有限公司				账号	445300686208	
计息起止时间	从 2017 年 12 月 1 日至 2017 年 12 月 31 日				备注		
贷款种类	贷款账号	贷款余额	计息积数	日利率	计收利息金额		计收利息合计
	445300668151	500000.00	15500000.00	0.03%	4650.00		4650.00

人民币		亿	千	百	十	万	千	百	十	元	角	分
（大写）肆仟三百元整						￥	4	6	5	0	0	0

单位主管：王珊　　　　会计：黎曼　　　　复核：罗辑　　　　记账：龚正

图2-9　银行借款利息通知单

（2）先每月计提利息，核算当月费用，再按季度或半年一次支付。每月核算当月利息费用，需要填制利息费用计提表，如图2-10所示。

利息费用计提表

2018年01月31日

借款用途	计息起止时间	计息天数/天	借款本金/元	利率/%	应计利息/元
生产周转	从2018年01月01日 至2018年01月31日	31	500000.00	10.8	4650.00
合计					￥4650.00

审核：陈梅　　　　　　　　　　　　　　制单：刘梦

图2-10　利息费用计提表

问题二　如何取得和填制物资采购业务的原始凭证？

工业企业的供应过程是工业企业生产经营的第一步，其主要经济业务是采购生产经营所需的原材料等作为生产的储备。在材料采购过程中，企业应按规定与供货方办理货款结算手续，如支付货款，支付运输费、装卸费等。材料采购后，企业要计算材料采购的实际成本，办理材料的验收入库手续，填制材料入库单。常见的原始凭证有增值税专用发票、普通发票、货物运输发票、银行付款的支票、材料采购成本计算表、收料单等。

【例2-3】 2017年12月5日，兴云家具有限公司向华美家具配件公司购入弹簧和海绵，取得增值税专用发票（见图2-11），材料尚未入库，货款开转账支票（见图2-12）支付。

广东增值税专用发票　No 01616888

开票日期 2017 年 12 月 05 日

购货单位	名称：兴云家具有限公司 纳税人识别号：445300512345678 地址、电话：云浮市城区星云路6号　0766-3180813 开户行及账号：建行城区支行　445300686208	密码区	（略）

货物或应税劳务名称	规格型号	单位	数量	单价	金额	税率	税额
弹簧		个	5000	1.50	7500.00	17%	1275.00
海绵		厘米	10000	15.00	150000.00	17%	25500.00
合计					￥157500.00		￥26775.00

价税合计（大写）	人民币壹拾捌万肆仟贰佰柒拾伍元整	（小写）￥184275.00

销货单位	名称：华美家具配件公司 纳税人识别号：445300512345585 地址、电话：云浮市城区育华路8号　0766-3180783 开户行及账号：建行城区支行　445300686877	备注	（华美家具配件公司 445530012345585 发票专用章）

收款人：王华　　复核：李萌　　开票人：罗星　　销货单位（章）

图2-11　增值税专用发票

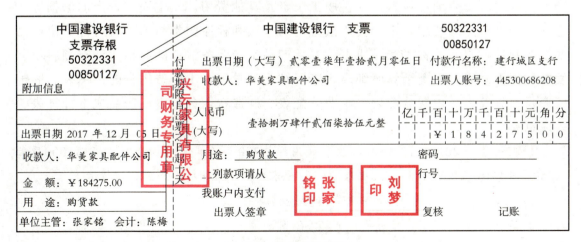

图2-12　转账支票

项目二 填制和审核原始凭证

【例2-4】 2017年12月6日，兴云家具有限公司用现金在笔友文具商场购买打印机纸，取得增值税普通发票（见图2-13）。

广东增值税普通发票

No 59223891

开票日期 2017 年 12 月 06 日

购货单位	名　　　称：兴云家具有限公司 纳税人识别号：445300512345678 地址、电话：云浮市城区星云路6号　0766-3180813 开户行及账号：建行城区支行　445300686208	密码区	（略）				
货物或应税劳务名称	规格型号	单位	数量	单价	金额	税率	税额
打印机纸	A4	包	1	48.54	48.54	3%	1.46
合　计					￥48.54		￥1.46
价税合计（大写）	人民币伍拾元整				（小写）￥50.00		
销货单位	名　　　称：笔友文具商场 纳税人识别号：445300512345123 地址、电话：云浮市城区育华路18号　0766-3180783 开户行及账号：建行城区支行　445300686878	备注				

收款人：王鑫　　　　　复核：李阳　　　　　开票人：李阳　　　　　销货单位（章）

图2-13　普通发票

问题三　如何取得和填制产品生产业务的原始凭证？

工业企业的生产过程是从投入材料到产品完工并验收入库的全过程。企业在生产产品的过程中要消耗材料，支付职工工资及其他费用，发生固定资产的磨损等，这些耗费就是生产费用。生产费用按一定的方法和程序归集与分配就可计算出产品的生产制造成本（简称"产品成本"）。产品生产业务常见的原始凭证有领料单、发料凭证汇总表、工资结算明细表、工资结算汇总表、工资费用分配汇总表、固定资产折旧计算表、电费分配表、水费分配表、制造费用分配表、产品成本计算表、入库单等。

【例2-5】 2017年12月8日，生产领用弹簧200个（单价1.60/个）、海绵1000厘米（250厘米按16元/厘米计价，750厘米按15元/厘米计价）。领料单如图2-14所示。

领 料 单

领料部门：生产车间　　用途：生产产品　　2017年12月08日　　凭证编号：785

材料编号	材料名称	规格	计量单位	数量		单价/元	金额/元
				请领	实发		
	弹簧		个	200	200	1.60	320.00
	海绵		厘米	1000	250	16.00	4000.00
	海绵		厘米		750	15.00	11250.00
备注：						金额合计	￥15570.00

领料部门负责人：陈明　　　　发料：孙明亮　　　　领料：杨红英　　　　记账：

第三联 记账联

图2-14　领料单

【例2-6】　2017年12月31日，计算工资（尚未发放），工资结算汇总如图2-15所示。

工资结算汇总

2017年12月31日　　　　　　　　　　　　　　　　　　　　　　　　单位：元

职工类别	基本工资	奖金	津贴	应发工资	代扣款项		实发工资
					保险	个人所得税	
生产工人	12000.00	1400.00	1600.00	15000.00	380.00	2105.00	12515.00
车间管理人员	4000.00	500.00	500.00	5000.00	100.00	625.00	4275.00
行政管理人员	11000.00	300.00	700.00	12000.00	500.00	1500.00	10000.00
合　计	27000.00	2200.00	2800.00	32000.00	980.00	4230.00	26790.00

会计主管：陈梅　　　　　　复核：何依　　　　　　制单：武旭

图2-15　工资结算汇总

【例2-7】　2017年12月31日，计提本月固定资产折旧，如图2-16所示。

固定资产折旧

2017年12月31日

固定资产类别	原值/元	月折旧率/%	月折旧额/元
生产用固定资产	814867.00	0.4	3259.49
非生产用固定资产	283691.00	0.4	1134.76
合　计	1098558.00		4394.25

会计主管：陈梅　　　　　　复核：卢明　　　　　　制单：武旭

图2-16　固定资产折旧

【例2-8】　2017年12月31日，分配电费，如图2-17所示。

电费分配

2017年12月31日

使用部门	分配标准/千瓦·时	分配率/%	分配金额/元
生产车间	31746		19999.98
行政部门	1143		720.09
合计	32889	0.63	20720.07

会计主管：陈梅　　　　　　　　　复核：卢明　　　　　　　　　制单：武旭

图2-17　电费分配

【例2-9】 2017年12月31日，结转本月制造费用，结转完工产品成本（期末全部完工，无在产品），产品成本计算单如图2-18所示；产成品入库单如图2-19所示。

产品成本计算单

2017年12月31日

产品名称：沙发　　　　　　　　　　　　　　　　　　　　　完工产品数量：50套

成本项目	期初在产品成本/元	本月发生成本/元	生产成本合计/元	完工产品总成本/元	完工产品单位成本/元	期末在产品成本/元
直接材料		15570.00	15570.00	15570.00	311.40	
直接人工		15000.00	15000.00	15000.00	300.00	
制造费用		28259.47	28259.47	28259.47	565.19	
合计		58829.47	58829.47	58829.47	1176.59	

会计主管：陈梅　　　　　　　　　复核：卢明　　　　　　　　　制单：武旭

图2-18　产品成本计算单

产成品入库单

2017年12月31日

产品名称	计量单位	数量	单位成本/元	总成本/元
沙发	套	50	1176.59	58829.47
合计				58829.47

会计主管：陈梅　　　　　　　　　验收人：孙明亮　　　　　　　　　交库人：杨红英

图2-19　产成品入库单

问题四　如何取得和填制产品销售业务的原始凭证？

企业在销售过程中的主要业务是将产品按销售价格出售给购货方。在这个过程中，企业出售产品并通过货款结算取得营业收入，收回货币资金，为顺利地实现产品的销售，还会发生包装、运输、广告等销售费用。同时，企业应向国家交纳有关税金。产品销售业务

任务三 掌握取得和填制原始凭证的方法

常见的原始凭证有增值税专用发票、出库单、进账单、主营业务成本计算表、广告业专用发票、应交增值税计算表、营业税金及附加计算表等。

【例2-10】 2017年12月15日，兴云家具有限公司向联兴家具商城销售沙发150套，单价3000元/套，货款已进账。公司开出增值税专用发票如图2-20所示；进账单如图2-21所示。

广东增值税专用发票

No 02626888

此联不作报销、扣税凭证使用　　　　开票日期2017年12月15日

购货单位	名　　称：	联兴家具商城		密码区	（略）
	纳税人识别号：	445300512543876			
	地址、电话：	云浮市城区河滨路8号　0766-8988321			
	开户行及账号：	建行城区支行　445300888666			

货物或应税劳务名称	规格型号	单位	数量	单价	金额	税率	税额
沙　发		套	150	3000.00	450000.00	17%	76500.00
合　计					¥450000.00		¥76500.00

价税合计（大写）	人民币伍拾贰万陆仟伍佰元整	（小写）¥526500.00

销货单位	名　　称：	兴云家具有限公司		备注	兴云家具有限公司 445300512345678 发票专用章
	纳税人识别号：	445300512345678			
	地址、电话：	云浮市城区星云路6号　0766-3180813			
	开户行及账号：	建行城区支行　445300686208			

收款人：刘梦　　　复核：陈梅　　　开票人：武旭　　　销货单位（章）

第一联　记账联　销货方记账凭证

图2-20　增值税专用发票

中国建设银行　进账单（回单）1

2017年12月15日　　　　　　　　　　　　　　　　XV 16479789

付款人	全　称	联兴家具商城	收款人	全　称	兴云家具有限公司
	账　号	445300888666		账　号	445300686208
	开户银行	建行城区支行		开户银行	建行城区支行

金额	人民币（大写）	伍拾贰万陆仟伍佰元整	亿 千 百 十 万 千 百 十 元 角 分
			¥ 5 2 6 5 0 0 0 0

票据种类	转账支票	票据张数	壹张
票据号码	38914333		

中国建设银行股份有限公司
云浮市城区支行
2017.12.15
转讫

复核　　　记账

此联是开户银行交给持（出）票人的回单

图2-21　进账单

【例2-11】 2017年12月31日，结转本月已销产品成本。产品出库单如图2-22所示；产品销售成本计算单如图2-23所示。

产品出库单

2017年12月31日

品名	计量单位	发出数量	备注
沙发	套	150	

记账：武旭　　　　　　　发货人：孙明亮　　　　　　　经办人：王启

图2-22　出库单

产品销售成本计算单

2017年12月31日

产品名称	计量单位	月初结存		本月入库		加权平均成本/元	月末结存数量	月末结存成本/元	本月销售成本/元
		数量	金额/元	数量	金额/元				
		①	②	③	④	⑤=（②+④）÷（①+③）	⑥	⑦=⑤×⑥	⑧=②+④－⑦
沙发	套	240	272550.63	50	58829.47	1142.69	140	159976.60	171403.50
合计			¥272550.63		¥58829.47			¥159976.60	¥171403.50
备注	1. 加权平均成本和销售成本均保留到分位。 2. 由于加权平均成本除不尽，因此为了保持账面数字之间的平衡关系，销售成本采用倒挤法计算。								

会计主管：陈梅　　　　　　　复核：卢明　　　　　　　制单：武旭

图2-23　产品销售成本计算单

【例2-12】 2017年12月31日，计算本月应交增值税、应交城市维护建设税、应交教育费附加。应交增值税计算如图2-24所示；应交城建税教育费附加计算如图2-25所示。

应交增值税计算

2017年12月31日

项目	行次	金额/元
本月销项税额	1	76500.00
本月进项税额	2	26775.00
本月进项税额转出	3	0
上期留抵税额	4	0
本月应交增值税额	5	49725.00

会计主管：陈梅　　　　　　　复核：卢明　　　　　　　制单：武旭

图2-24　应交增值税计算

应交城建税教育费附加计算

2017年12月31日

税（费）种	计税基数/元	税（费）率/%	税（费）额/元
城市维护建设税	49725.00	7	3480.75
教育费附加	49725.00	3	1491.75
合计			4972.50

会计主管：陈梅　　　　　　复核：卢明　　　　　　制单：武旭

图2-25　应交城建税教育费附加计算

问题五　如何取得和填制资金退出业务的原始凭证？

资金退出企业是资金运动的终点。工业企业的资金，经历了供、产、销三个环节以后，部分资金会退出企业，不再参加企业经营资金的循环与周转，如交纳企业所得税、向投资者分配并支付现金股利、按期归还借款等。资金退出业务的原始凭证有企业所得税计算表、企业所得税交纳凭证、现金股利支付凭证、银行借款归还凭证等。

【例2-13】 2017年12月6日，交纳上月应交企业所得税16500元，交税凭证如图2-26所示。

支行名称：云浮市城区支行　　　　　　　　　　　　　　　　　网点号：432490892

云浮电子交税系统回单

扣款日期：2017.12.06　　　　　　　　　　　　　　　清算日期：2017.12.06
付款人名称：　兴云家具有限公司　　　　　收款人名称：云浮市云城区地方税务局
付款人账号：　445300686208　　　　　　　收款人账号：　087654321
付款人开户银行：建行城区支行　　　　　　收款人开户银行：国家金库云浮支库
款项内容：　代扣（地税）税款　　　　　　电子税票号：711002188
大写金额：　壹万陆仟伍佰元整　　　　　　小写金额：¥16500.00
纳税人编码：　445300512345678　　　　　　纳税人名称：兴云家具有限公司

税种	所属时期	纳税金额	备注
企业所得税	2017.11.01 — 2017.11.30	¥16500.00	地税

经办：　　　　　　复核：　　　　　打印次数：1　　　　打印日期：2017.12.06

（盖章：中国建设银行股份有限公司 云浮市城区支行 2017.12.06 业务办理章）

图2-26　交税凭证

【例2-14】 2017年12月31日，兴云家具有限公司向中国建设银行股份有限公司云浮市城区支行归还已到期的生产周转资金借款500000元。银行借款还款凭证如图2-27所示。

35

项目二　填制和审核原始凭证

中国建设银行　还款凭证　（回单）1

2017年12月31日　　　　　　　　　　　　　　　　　　　　　第 089 号

借款人	全　称	兴云家具有限公司	收款人	全　称	兴云家具有限公司
	账　号	445300668151		账　号	445300686208
	开户银行	建行城区支行		开户银行	建行城区支行
借款金额人民币（大写）		伍拾万元整	千百十万千百十元角分 ￥ 5 0 0 0 0 0 0 0 0		
借款用途		生产周转资金	上述借款已从你单位账户转账还款。此致		
借款年利率		10.8%			
借款期限		从2017年 7月 1日至2018年 12月 31日			
单位主管：王珊　　会计：黎曼　　复核：罗辑　　记账：龚正					

（银行盖章：中国建设银行股份有限公司 云浮市城区支行 2017.12.31 业务办理章）

图2-27　银行借款还款凭证

问题六　如何取得和填制其他经济业务的原始凭证？

企业进行生产经营的同时，会发生各种其他的日常活动，如从银行提取现金、将超过限额多余的现金存入银行、企业员工出公差的差旅费预借和归来报销差旅费等。其他经济业务所涉及的主要原始凭证有现金支票存根联、现金存款凭证、借支单、差旅费报销单、收款收据等。

（一）库存现金送存银行涉及的原始凭证

企业将库存现金送存银行时，应填制现金存款凭证。

【例2-15】　2017年12月25日，兴云家具有限公司出纳员将超过库存现金限额的现金存入银行，其中：100元券15张，50元券10张。现金存款凭证如图2-28所示。

中国建设银行　现金存款凭证

2017年12月25日　　　　　　　　　　　　　　　　　　　　　粤 A04657866

存款人	全　称	兴云家具有限公司		
	账　号	445300686208	款项来源	超过限额的现金
	开户行	建行城区支行	交款人	刘梦
金额大写：人民币贰仟元整			金额小写	￥2000.00
票面	张数	票面	张数	票面	张数
100元券	15张				
50元券	10张				

经办：李梦　复核：罗辑

（银行盖章：中国建设银行股份有限公司 云浮市城区支行 2017.12.25 业务办理章）

图2-28　现金存款凭证

（二）从银行提取现金涉及的原始凭证

企业需要使用现金时，应开出现金支票并从开户银行提取。现金支票一律为记名式，用于提取现金，但不得流通转让。出纳员签发支票时，必须使用碳素墨水或墨汁填写，也不要使用红色或易褪色的墨水，字体不要潦草。现金支票签发好后，用剪刀沿虚线剪开，左联为支票存根联，是支票签发单位记账的原始凭证；右联为支票联，背面加盖银行预留印签，并签上取款人的姓名及身份证号，经银行工作人员审核后方可提取现金。

【例2-16】2017年12月3日，兴云家具有限公司出纳员签发现金支票一张，从银行提取备用金3100元。现金支票如图2-29所示。

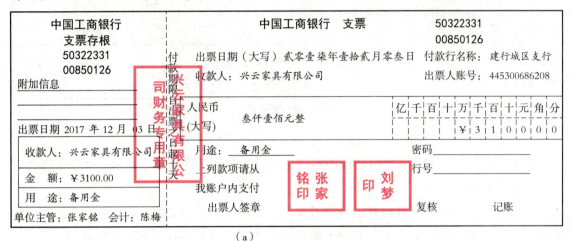

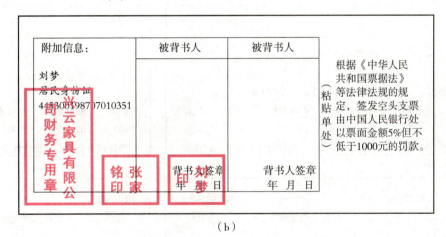

图2-29 现金支票
（a）现金支票的正面；（b）现金支票的背面

（三）职工出差涉及的原始凭证

企业生产经营过程中，职工会因业务洽谈等原因到外地出差。出差前，一般先填写借支单向企业财务部门预借资金；出差回来后，及时填写差旅费报销单到企业财务部门进行报销。

1. 预借差旅费涉及的原始凭证

职工出差前,可填写借支单向企业财务部门出纳员预借资金。

【例2-17】 2017年12月11日,兴云家具有限公司行政办公室职工王平出差前向企业财务部门出纳员预借差旅费1000元。借支单如图2-30所示。

借 支 单

2017年12月11日　　　　　　　　　　　　　　　　　No

借支单位	行政办公室		借支人		王平
借支事由	因公出差				
借支金额（大写）：人民币壹仟元整					￥1000.00
领导意见： 同意借支。张家铭	财务主管核批： 同意。陈 梅		部门负责人意见： 同意。沈元飞		借支人（签章） 王 平

图2-30 借支单

2. 差旅费报销涉及的原始凭证

出差回来后,及时填写差旅费报销单到企业财务部门进行报销。若预借资金有剩余,则应交还给企业财务部门。

【例2-18】2017年12月15日,兴云家具有限公司行政办公室职工王平和张冰兵共同出差回来报销差旅费938元,余款交回财务部门。相关单据如图2-31～图2-36所示。

中国公路　　　　　　　广客A6739062
广东省汽车客票
云浮　　　至　　　广州
票价（全）：￥70.00
售票员　乘车日期　开车时间　车次　座位号
401　2017.12.11　14：30　835　36
当日当次有效,票价含保险和附加,检好、过作废
(a)

中国公路　　　　　　　广客A6739063
广东省汽车客票
云浮　　　至　　　广州
票价（全）：￥70.00
售票员　乘车日期　开车时间　车次　座位号
401　2017.12.11　14：30　835　37
当日当次有效,票价含保险和附加,检好、过作废
(b)

中国公路　　　　　　　广客B8639086
广东省汽车客票
广州　　　至　　　云浮
票价（全）：￥70.00
售票员　乘车日期　开车时间　车次　座位号
202　2017.12.14　10：45　746　12
当日当次有效,票价含保险和附加,检好、过作废
(c)

中国公路　　　　　　　广客B8639087
广东省汽车客票
广州　　　至　　　云浮
票价（全）：￥70.00
售票员　乘车日期　开车时间　车次　座位号
202　2017.12.14　10：45　746　13
当日当次有效,票价含保险和附加,检好、过作废
(d)

图2-31 车票

任务三　掌握取得和填制原始凭证的方法

广东增值税普通发票　　　　　　No 12365491

开票日期 2017 年 12 月 14 日

购货单位	名　　　称：兴云家具有限公司 纳税人识别号：445300512345678 地址、电话：云浮市城区星云路6号　0766-3180813 开户行及账号：建行城区支行　445300686208	密码区	（略）

货物或应税劳务名称	规格型号	单位	数量	单价	金额	税率	税额
住宿费	8103	天	3	106.80	320.39	3%	9.61
合　　计					￥320.39		￥9.61

价税合计（大写）	人民币叁佰叁拾元整	（小写）￥330.00

销货单位	名　　　称：广州天城宾馆 纳税人识别号：230105512345588 地址、电话：广州市城区天河路118号　0233-3180783 开户行及账号：建行城区支行　445300686877	备注	

收款人：梁燕　　复核：王丹　　开票人：王丹　　销货单位（章）

第二联　发票联　购货方记账凭证

图2-32　住宿发票

广州市出租车统一发票	广州市出租车统一发票
发票联	发票联
244010911441	344010911552
此发票手写无效	此发票手写无效
电话　87371222	电话　86299336
车号　粤A37555	车号　粤A37888
证号　——	证号　——
日期　2017-12-11	日期　2017-12-14
上车　17：25	上车　09：00
下车　17：45	下车　09：22
单价　2.60元	单价　2.60元
里程　5.77千米	里程　5.02千米
候时　00：01：30	候时　00：02：01
金额　￥15.00元	金额　￥13.00元
卡号	卡号
166056　广州新华印务公司	166056　广州新华印务公司
（a）	（b）

图2-33　市内出租车票

领 款 单

2017年12月11日　　　　　　　　No

领款单位	行政办公室		领款人	王 平　张冰兵
领款事由	出差补助［3天×2人×50元/（人·天）］			
领款金额（大写）：人民币叁佰元整			￥300.00	
领导意见： 同意借支 张家铭	财务主管核批： 同意 陈 梅		部门负责人意见： 同意 沈元飞	借支人（签章） 王 平　张冰兵

图2-34　领款单

差旅费报销单

2017年12月15日

出差人：王 平　张冰兵　　职务：职员　　部门：行政办公室　　出差事由：赴广州进行业务洽谈

起止日期及地点					交通费			住宿费			出差补贴				合计金额
月	日	起点	月	日	终点	交通工具	单据张数	金额	标准	天数	金额	人数	天数	补贴标准	金额	
12	11	云浮	12	11	广州	汽车	2	140								140
12	11		12	13	广州	市内	2	28	3	330	2	3	50	300	658
12	14	广州	12	14	云浮	汽车	2	140								140
合计（大写）：人民币玖佰叁拾捌元整														￥938.00	
预支金额		1000.00	退回金额			62.00		补领金额					附单据8张		

单位负责人：张家铭　　会计：陈梅　　部门负责人：沈元飞　　出差：王 平　张冰兵

图2-35　差旅费报销单

票据代码：4100010001

广东省统一财务收款收据

粤财综IB[2008]

2017年12月15日　　　　　　　　No122344566702

今收到	王 平
交　来	借支还款，其中：报销差旅费938.00元，退回现金62.00元。
人民币（大写）壹仟元整	￥1000.00
说明	1.本收据用于收费和基金以外的单位与单位之间、单位内部各部门之间及单位与个人之间发生的各项现金往来结算业务。 2.本收据禁止用于收取行政事业性收费和政府性基金，否则按违反"收支两条线"予以处罚。

收款单位（章）　　　　　开票人：陈梅　　　　　收款人：刘梦

第三联　记账联

图2-36　收据

任务四　掌握审核原始凭证的方法

问题一　如何审核原始凭证？

（1）审核原始凭证的真实性。包括原始凭证的日期、业务内容、数据的真实性。各种原始凭证都必须有相关人员的签名盖章。

（2）审核原始凭证的合法性。审核原始凭证是否违反了国家法律法规，是否符合规定的审核权限，是否履行了规定的凭证传递和审核程序，是否有贪污腐败行为。

（3）审核原始凭证的合理性。审核原始凭证所记录的经济业务是否符合企业生产经营活动的需要，是否符合企业的有关计划和预算。

（4）审核原始凭证的完整性。审核原始凭证各项基本要素是否齐全，是否有漏项，日期是否完整，文字是否工整，有关人员的签章是否齐全，凭证联次是否完整。

（5）审核原始凭证的正确性。审核原始凭证各项金额的计算及填写是否正确，包括阿拉伯数字分位填写，不得连写，小写金额中间不能留空位等。

（6）审核原始凭证的及时性。审核时要注意审核凭证的填制日期是否符合及时性要求。

问题二　经审核的原始凭证如何处理？

经审核的原始凭证应根据不同情况处理：

（1）对于完全符合要求的原始凭证，应及时据以编制记账凭证入账；

（2）对于真实、合法、合理但内容不够完整、填写有错误的原始凭证，应退回给有关经办人员，由其负责找填制原始凭证的当事人将原始凭证补充完整、更正错误或重开后，再办理正式会计手续；

（3）对于不真实、不合法的原始凭证，会计机构和会计人员有权不予接收，并向单位负责人报告。

【例2-19】　审核如图2-37所示的普通发票。

项目二 填制和审核原始凭证

广东增值税普通发票

No 12365491

开票日期：2018年01月06日

购货单位	名　　　称：								密码区	（略）				第二联 发票联 购货方记账凭证
	纳税人识别号：													
	地址、电话：													
	开户行及账号：													
货物或应税劳务名称		规格型号		单位		数量		单价	金　　额		税率		税　额	
钢　笔						10		11.65	116.50		3%		3.50	
圆珠笔						20		1.46	29.20		3%		0.88	
笔记本						20		1.94	38.80		3%		1.16	
合　计									￥184.50				￥5.54	
价税合计（大写）		人民币壹佰玖拾元零肆分							（小写）　￥190.04					
销货单位	名　　　称：	笔友文具商场							备注					
	纳税人识别号：	445300512345123												
	地址、电话：	云浮市城区育华路18号　0766-3180783												
	开户行及账号：	建行城区支行　445300686878												

收款人：李阳　　　　　复核：王鑫　　　　　开票人：李阳　　　　　销货单位（章）

图2-37　普通发票

1. 存在的问题

经审核，图2-37所示的普通发票存在以下几处问题：

（1）没有填写发票的抬头，即没有填写接收原始凭证单位的名称；

（2）经济内容中没有填写所购货物或应税劳务的规格型号和计量单位；

（3）销货收款单位没有盖章，即填制原始凭证的单位没有签章。

2. 处理方法

此发票属内容不完整的原始凭证，应退回给有关经办人员，由其负责找填制原始凭证的当事人将原始凭证补充完整后，再办理正式会计手续。

项目小结

会计凭证简称凭证，是记录经济业务发生或完成情况的、明确经济责任的书面证明，是登记账簿的依据。其作用概括起来有：记录经济业务，提供记账依据；明确经济责任，确保经济运行；监督经济活动，强化内部控制。会计凭证按照其填制程序和作用不同，可分为原始凭证和记账凭证两大类。

原始凭证又称单据，是在经济业务发生或完成时取得或填制的，用以记录、证明经济

任务四　掌握审核原始凭证的方法

业务发生或完成情况的文字凭据。它不仅是进行会计核算的原始资料和重要依据，而且是具有法律效力的书面证据。原始凭证按照来源不同可分为外来原始凭证和自制原始凭证；按照填制手续及内容不同可分为一次凭证、累计凭证和汇总凭证；按照格式不同可分为通用凭证和专用凭证。

原始凭证的基本内容有：原始凭证的名称和编号、填制日期、接收单位名称、经济业务的内容、填制单位签章及有关责任人签名或盖章。原始凭证填制的基本要求有记录真实，内容完整，手续完备，书写规范，编号连续，填制及时，不得涂改、刮擦、挖补等。自制原始凭证由经办单位负责人指定人员签名或盖章视为有效；从外单位取得的原始凭证，必须盖有填制单位的公章。

审核原始凭证就是审核其六性，即真实性、合法性、合理性、完整性、正确性和及时性。经审核的原始凭证，若完全符合要求，则及时据以编制记账凭证入账；若真实、合法、合理但内容不完整、填写有误，则退回给有关经办人员，由其负责找填制原始凭证的当事人将原始凭证补充完整、更正或重开后，再办理正式会计手续；若不真实、不合法，则会计机构和会计人员有权不予接收，并向单位负责人报告。

本项目还通过例题展示了工业企业资金筹集、物资采购、产品生产、产品销售、资金退出和其他业务所涉及的常见原始凭证。

阅读资料

你适合当会计吗？

通过上面介绍，你是不是对会计职业产生了兴趣？是不是有点动心，想当会计？

别着急，光有美好憧憬还不够，你还要对会计所应具备的素质和能力有必要的了解，看看自己够不够资格。

会计业作为一个专业性很强的行业，自然对专业素质有较高的要求，不过，这也没关系，没有人天生什么都会，专业知识，只要你肯学，就一定可以学会！

不过，我们还是需要先对会计职业有必要的了解：

1．会计的职责

（1）进行会计核算。说白了，会计核算就是要会算账，要以实际发生的交易或事项为依据，记账、算账、报账；要讲究程序，做账要求手续完备，内容真实，账目清楚，数字准确；要日清月结，按期报账，如实反映经济业务情况，最大限度地满足会计主体需要。

（2）实行会计监督。会计监督就是要各司其职，发挥好"经济警察"的功能。会计人员对不真实、不合法的原始凭证，不予受理；对记载不准确、不完整的原始凭证，予以退回；账簿记录与实物、款项不符的时候，应按有关规定处理；无权自行处理的，应立即向领导报告；对违反有关财经制度和财务政策的事项，不予办理。

项目二　填制和审核原始凭证

（3）拟定本企业会计制度。如建立岗位责任制、内部牵制和稽查制度等；拟定分级核算、分级管理的办法；拟定费用开支报销办法等。

（4）参与经济计划制订。

（5）考核经济计划的执行。

（6）办理其他相关事务。

总之，会计人员的职责主要有四大块：会计核算、会计监督、会计决策和会计控制。

2．会计的职业素质

明确了会计职责后，接下来讲一讲会计的职业素质：

首先，从专业素质上讲，会计人员应具备下列能力或素质：

（1）熟悉国家财经政策、制度、法令。

（2）精通专业知识，掌握技术方法，善于钻研会计业务。

（3）具备继续学习的能力，在实践中不断提高专业素质，尽可能掌握计算机技术和一门外语。

其次，从职业判断能力上讲，会计人员应具备下列能力：

（1）经验老到——主要针对各种业务处理方法，能应对自如。

（2）应对得当——主要针对个别突发事件，能恰当处理，有自己的思维习惯和作风，有自己的主见并能正确坚持。

（3）协同"作战"——主要是考虑问题时，不局限于会计部门本身，善于从整体利益出发，协同其他部门应对，以寻求解决问题的最佳途径。

讲了那么多，你也许会觉得自己怎么一点也不具备这些素质呢？

没关系，对于一个刚刚涉及会计的人自然不会要求如此苛刻，其实现在你只要培养相关素质的心态并为之努力就足够了。

最后，在正式走进会计行业之前，我们还有一句嘱咐：

遇事切不可心烦，要平心静气；不要过多责备自己，要学会厚待自我。

项目三 设置会计科目和账户

项目导入

通过项目一的学习,我们知道了什么是会计,了解了会计对象,明确了会计目标是向信息使用者提供与其决策有关的会计信息。会计为了实现其目标,提供会计信息,核算和监督会计对象,那么,会计对象具体包括哪些内容?如何分类?会计对实际工作中发生的大量交易和事项如何进行核算?本项目将帮助我们了解和掌握会计核算基本技术——设置会计科目和账户。

学习目标

1. 认知会计要素;
2. 理解会计要素之间的平衡关系;
3. 认知会计科目;
4. 认知账户。

任务一 认知会计要素

问题一 什么是会计要素?会计要素如何分类?

(一)会计要素的概念

会计对象是指会计核算和监督的内容。为了具体实施会计核算,还应对会计对象进行分类。会计要素是对会计对象进行的基本分类,是会计核算对象的具体化,是用于反映会计主体财务状况,确定经营成果的基本单位。从企业会计来说,其核算的对象是反映企业生产经营情况的资金运动,实质上就是企业各种经济资源的来源与运用,也就是各种经济资源的来龙去脉。为此,要表明企业的财务状况,就需要按照一定的标准对资金的来源与占用进行分类,分门别类地将其反映在财务报表中。正是在这一意义上将会计要素称为财务报表的要素,将其作为财务报表的基本构件。

(二)会计要素的分类

《企业会计准则——基本准则》规定,企业应当按照交易或事项的经济特征确定会计要素,我国的会计要素包括:资产、负债、所有者权益、收入、费用和利润六大项。其中,资产、负债和所有者权益三项会计要素,在资金运动过程中属于存量指标,反映企业一定时期的财务状况,构成资产负债表的主要内容,是资金运动的静态表现;收入、费用和利润三项会计要素,属于流量指标,说明交易或事项在一定期间对企业的影响,反映企业一定时期的经营成果,构成利润表的主要内容,是资金运动的动态表现。

会计要素按反映的经济内容可以划分为两大类,如图3-1所示。

图3-1 会计要素的分类

小 资 料

会计要素与人生

◆资产——人生的积累或取得的成绩;

◆负债——人生的过失或所犯的错误;

◆所有者权益——人生在某一特定日期所显现的自我实现的价值;

◆收入、费用和利润——几分耕耘,几分收获。

问题二 什么是资产?资产如何分类?

(一)资产的概念

资产是指企业过去的交易或者事项形成的,由企业现在拥有或控制的,预期会给企业带来经济利益的资源。具体来讲，企业从事生产经营活动必须具备一定的物质资源，如货币资金、厂房场地、机器设备、原材料等实物形态的资产。除了这些有形资产外，还有像专利权、非专利技术以及商标权等不具有物质形态，但却有助于生产经营活动进行的无形资产，其他单位的投资等也属于资产。

（二）资产的特征

（1）资产是由企业过去的交易或者事项形成的。过去的交易或者事项包括购买、生产、建造行为或者其他交易或事项。也就是说，只有过去的交易或者事项才能产生资产，企业预期在未来发生的交易或者事项不形成资产。例如，企业有购买某存货的意愿或者计划，但是购买行为尚未发生，就不符合资产的定义，不能因此而确认存货资产。

（2）资产是企业现在拥有或者控制的资源。其具体是指企业享有某项资源的所有权，或者虽然不享有某项资源的所有权，但该资源能被企业控制。通常在判断资产时，首先判断企业对经济资源是否拥有所有权。在有些情况下，资产虽然不为企业所拥有，即企业并不享有其所有权，但企业控制了这些资产，同样表明企业能够从资产中获取经济利益，符合会计上对资产的定义。如果企业既不拥有也不控制资产所能带来的经济利益，就不能将其作为企业的资产予以确认。

（3）资产预期会给企业带来经济利益的流入。即资产是直接或者间接导致现金和现金等价物流入企业的潜力。这种潜力可以来自企业日常的生产经营活动，也可以来自非日常的生产经营活动；带来的经济利益可以是现金和现金等价物，也可以是能转化为现金和现金等价物的形式，还可以是能减少现金和现金等价物流出的形式。资产预期能否为企业带来经济利益是资产的重要特征。例如，企业采购的原材料、购置的固定资产等可以用于生产经营过程，制造商品或者提供劳务，对外出售后收回货款，货款即为企业所获得的经济利益。如果某一项目预期不能给企业带来经济利益，那么不能将其确认为企业的资产。前期已经确认为资产的项目，如果不能再为企业带来经济利益，那么不能再确认为企业的资产。

（三）资产的分类

资产按流动性可划分为：流动资产和非流动资产。

（1）流动资产。流动资产是指可以在一年内或者超过一年的一个正常营业周期内变现、出售或者耗用，或者主要为交易目的而持有的资产，主要包括库存现金、各种存款、交易性金融资产、应收及预付款项、存货等。

库存现金是指存放在企业保险柜由出纳人员保管的现钞，包括人民币和各种外币。

各种存款是指企业存放在银行或其他金融机构的各种款项。

交易性金融资产是指企业持有的以公允价值计量，且其变动计入当期损益的交易性金融资产，包括为交易目的所持有的债券投资、股票投资、基金投资等。

应收及预付款项是指企业在日常生产经营过程中发生的各种债权，包括应收账款、其他应收款和预付账款等。

存货是指企业在日常活动中为生产或出售而储存的各种材料、在产品、产成品等，它们一般可以在一年内耗用或售出，包括各类原材料、在产品库存商品（半成品、产成品）等。

（2）非流动资产。非流动资产是指流动资产以外的资产，主要包括持有至到期投资、长期股权投资、固定资产、无形资产、商誉、长期待摊费用等。

持有至到期投资是指企业持有至到期的债券投资。

长期股权投资是指各种股权性质的投资。

固定资产是指为生产商品、提供劳务、出租或经营管理而持有的，使用期限超过1年，单位价值较高的有形资产，包括房屋、建筑物及设备、运输设备、工具器具等。

无形资产是指企业拥有或者控制的没有实物形态的可辨认的非货币性资产，包括专利权、非专利技术、商标权、著作权、土地使用权等。

商誉是指企业获得超额收益的能力，其价值通常表现在该企业的获利能力超过了一般企业的获利水平。

长期待摊费用是指企业已经发生，但应当由本期和以后各期负担的摊销期在一年以上的各项费用，例如企业以经营租赁方式租入的固定资产发生的改良支出等。

资产的分类如图3-2所示。

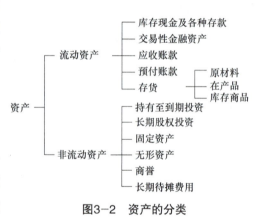

图3-2 资产的分类

（四）资产的确认

一项资源在符合资产定义的情况下，并不一定能够确认为资产。该资源要确认为资产，还应该满足两个条件：一是与该资源有关的经济利益必须是很可能流入企业的；二是该资源的成本或价值能够可靠计量。

> **小 知 识**
>
> ◆专利权是指发明人对其发明成果提出申请，经国家专利机关审查批准，在一定期限内依法享有的专有权，包括发明专利权、实用新型专利权和外观设计专利权。
>
> ◆非专利技术是指先进的、未公开的、未申请专利的，可以带来经济效益的技术及诀窍。非专利技术可以自创，也可以外购。
>
> ◆商标权是指专门在某类指定的商品或产品上使用特定名称或图案的权利。商标权可以自创，也可以外购。

问题三 什么是负债？负债如何分类？

（一）负债的概念

负债是指企业过去的交易或者事项形成的，预期会导致经济利益流出企业的现时义务。

（二）负债的特征

（1）负债是由企业过去的交易或者事项形成的。也就是说，只有过去的交易或者事项才形成负债，企业将在未来发生的承诺、签订的合同等交易或者事项，不形成负债。例如，某企业已向银行借款，该借款即属于过去的交易或者事项所形成的负债；同时该企业还与银行达成了两个月后的借款意向书，该交易就不属于过去的交易或者事项，不应形成企业的负债。

（2）负债是企业承担的现时义务。它是负债的一个基本特征。其中，现时义务是指企业在现行条件下已承担的义务。未来发生的交易或者事项形成的义务，不属于现时义务，不应当确认为负债。

（3）负债预期会导致经济利益流出企业。这也是负债的一个本质特征，只有企业在履行义务时会导致经济利益流出企业的，才符合负债的定义。在履行现时义务清偿负债时，导致经济利益流出企业的形式多种多样，例如，用现金偿还或以实物资产形式偿还或以提供劳务形式偿还等。

（三）负债的分类

负债按其流动性可以划分为流动负债和非流动负债。

（1）流动负债。流动负债是指将在1年（含1年）或者超过1年的一个正常营业周期内清偿，或者主要为交易目的而持有的债务。主要包括短期借款、应付账款、预收账款、应付职工薪酬、应付股利、应交税费、应付利息和其他应付款等。

短期借款是指企业向银行或者其他金融机构借入的、偿还期在一年以内（含一年）的各种借款。

应付账款是指企业因购买材料、商品或者接受劳务等而发生的债务。

预收账款是买卖双方根据协议的规定，由销货方预先向购货方收取的一部分货款而产生的一种负债。

应付职工薪酬是指企业根据有关规定应付职工的各种薪酬，包括工资、职工福利、社会保险费、职工教育经费等。

应付股利是企业应付给投资者的现金股利。

应交税费是指企业按照税法规定计算应交纳的各种税费所形成的一种负债，包括应交税金、应交教育费附加等。

应付利息是指企业按照合同约定应支付的各种利息。

其他应付款是指以上各项之外的企业暂收或应付款。

（2）非流动负债。非流动负债是指偿还期在1年或者超过1年的一个营业周期以上的债务，包括长期借款、应付债券、长期应付款等。

长期借款是指企业向银行或者其他金融机构借入的，偿还期在一年以上的借款。

应付债券是企业为筹集长期资金而对外发行债券所形成的一种负债。

长期应付款是企业除长期借款、应付债券之外的其他一切长期应付款，包括应付融资租赁款等。

负债的分类如图3-3所示。

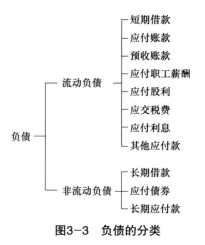

图3-3　负债的分类

（四）负债的确认

一项义务在符合负债定义的情况下，并不一定能够确认为负债。该义务要确认为负债，还应该满足两个条件：一是与该义务有关的经济利益必须是很可能流出企业的；二是未来履行该义务流出经济利益的金额能够可靠计量。

问题四　什么是所有者权益？所有者权益如何分类？

（一）所有者权益的概念

所有者权益是指企业资产扣除负债后，由所有者享有的剩余权益。公司的所有者权益又称为股东权益。所有者权益是所有者对企业资产的剩余索取权，它是企业资产中扣除债权人权益后应由所有者享有的部分。

对于任何企业而言，其资产形成的资金来源不外乎两个：一个是债权人；另一个是所有者。债权人对企业资产的要求权形成企业负债，所有者对企业资产的要求权形成企业的所有者权益。因此，所有者权益就是所有者在企业资产中所享有的经济利益，其金额为资产减去负债后的余额。

（二）所有者权益的特征

所有者权益具有以下特征：

（1）所有者权益随投资者的投资行为产生，其数额的大小取决于投资额及企业经营状况。

（2）所有者权益一般不需要企业偿还给投资者，除非发生减资、清算或分派现金股利的情况。

（3）企业清算时，只有在清偿所有负债后，所有者权益才可还给所有者。

（4）投资者能够凭借其在所有者权益中的份额比例参与利润分配。

（三）所有者权益的分类

所有者权益的来源包括所有者投入的资本、其他综合收益、留存收益等，通常由实收资本、资本公积（含资本溢价或股本溢价、其他资本公积）、其他综合收益、留存收益（盈余公积和未分配利润）等构成。

所有者权益的分类如图3-4所示。

实收资本是指投资者按照企业章程或合同、协议的约定，实际投入企业的资本，它表现为企业的注册资本。

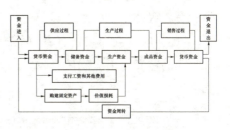

图3-4　所有者权益的分类

资本公积是指企业收到的投资者出资额超出其在注册资本（或股本）中所占份额的部分，以及其他资本公积等。资本公积包括资本溢价（或股本溢价）和其他资本公积等。

其他综合收益是指企业根据会计准则规定未在当期损益中确认的各项利得和损失。

留存收益分为盈余公积和未分配利润。

盈余公积是指企业按照法律法规规定从净利润中提取的留存收益，包括法定盈余公积和任意盈余公积等。其可用于弥补亏损、转增资本、发放现金股利或利润。

未分配利润是指企业本年期末未分配出的利润，该利润待下年度再分配，也属于企业的留存收益。

（四）所有者权益的确认

所有者权益体现的是所有者在企业中的剩余权益，因此，所有者权益的确认主要依赖于其他会计要素的确认，尤其是资产和负债的确认；所有者权益金额的计量也主要取决于资产和负债的计量。

问题五　什么是收入？收入如何分类？

（一）收入的概念

收入是指企业在日常活动中形成的，会导致所有者权益增加的，但与所有者投入资本无关的经济利益的总流入。

（二）收入的特征

收入具有以下特征：

（1）收入是企业在日常活动中形成的。日常活动是指企业为完成其经营目标所从事的经常性活动以及与之相关的活动。例如，工业企业制造并销售产品、商业企业销售商品等，均属于企业的日常活动。

（2）收入是与所有者投入资本无关的经济利益的总流入。经济利益的流入有时是所有者投入资本的增加导致的，所有者投入资本的增加不应当确认为收入，应当将其直接确认

为所有者权益。

（3）收入会导致所有者权益的增加。不会导致所有者权益增加的经济利益的流入不符合收入的定义，不应确认为收入。

（三）收入的分类

收入按性质不同，可分为商品销售收入、提供劳务收入、让渡资产使用权收入等。商品销售收入是指企业对外销售商品而取得的收入；提供劳务收入是指企业提供各种劳务服务而取得的收入；让渡资产使用权收入包括利息收入、使用费收入等，如出租固定资产、包装物等所取得的租金收入。

收入按企业经营业务的主次，可分为主营业务收入和其他业务收入。主营业务收入是指企业在销售商品、提供劳务等主要日常经济活动中所产生的收入。不同的企业主营业务收入有所不同，如工业企业的产品销售收入、饭店的客房收入、施工企业的建筑工程收入等分别属于不同企业的主营业务收入。其他业务收入是指主营业务收入以外的其他日常经济活动中所产生的收入，如出租包装物收入、剩余材料的销售收入等。

（四）收入的确认

收入的确认至少应当符合以下条件：一是与收入相关的经济利益应当很可能流入企业；二是经济利益流入企业的结果会导致资产的增加或者负债的减少；三是经济利益的流入额能够可靠计量。

小思考

与收入相关的另外一个概念是利得。利得是企业在非日常经济活动中形成的，会导致所有者权益增加的，与所有者投入资本无关的经济利益的流入。如企业偶然获得的捐赠收入或政府补贴收入等。

想一想：父母的工资收入对于家庭来说是收入还是利得？你偶然捡到的50元钱是收入还是利得？

问题六　什么是费用？费用如何分类？

（一）费用的概念

费用是指企业在日常活动中发生的、会导致所有者权益减少的、与向所有者分配利润无关的经济利益的总流出。

（二）费用的特征

费用具有以下特征：

（1）费用是企业在日常活动中形成的。这与收入定义中涉及的日常活动的界定相一致。日常活动产生的费用通常包括销售成本（营业成本）、职工薪酬、折旧费、无形资产摊销费等。企业非日常活动所形成的经济利益的流出不能确认为费用，而应当计入损失。

（2）费用是与所有者分配利润无关的经济利益的总流出。其表现形式包括现金或者现金等价物的流出，存货、固定资产和无形资产等的流出或者消耗等。

（3）费用会导致所有者权益的减少。不会导致所有者权益减少的经济利益流出不符合费用的定义，不应确认为费用。

（三）费用的分类

费用按照其是否直接计入产品成本，可以分为计入产品成本的费用和期间费用。

计入产品成本的费用分为直接费用和间接费用。其中，直接费用包括直接材料费、直接人工费等。间接费用即制造费用，如车间管理人员的工资、一般耗材、车间办公费等。

期间费用是指企业发生的、不产生经济利益的，或者即使能够产生经济利益但不符合或者不再符合资产确认条件的支出，应当在发生时确认为费用，计入当期损益，包括销售费用、管理费用和财务费用。销售费用是指企业在销售商品过程中发生的各种费用；管理费用是指企业为组织和管理企业生产经营活动所发生的费用；财务费用是指企业为筹集生产经营所需资金而发生的借款利息和手续费等。

费用的分类如图3-5所示。

（四）费用的确认

费用只有在经济利益很可能流出企业，从而导致企业资产减少或者负债增加，且经济利益的流出金额能够可靠计量时才能予以确认。

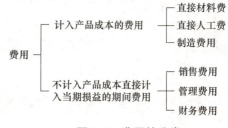

图3-5　费用的分类

问题七　什么是利润？利润如何分类？

（一）利润的概念

利润是指企业在一定会计期间的经营成果，包括收入减去费用后的净额、直接计入当期利润的利得和损失等。其中，收入减去费用后的净额反映的是企业日常活动的业绩；直接计入当期利润的利得和损失反映的是企业非日常活动的业绩。直接计入当期利润的利得和损失，是指应当计入当期损益、最终会引起所有者权益发生增减变动的、与所有者投入资本或向所有者分配利润无关的利得与损失。企业应当严格区分收入和利得、费用和损失的区别，以便更加全面地反映企业的经营业绩。

（二）利润的特征

通常情况下，如果企业实现了利润，则表明企业的所有者权益将增加，业绩得到了提升；反之，如果企业发生了亏损（即利润为负数），则表明企业的所有者权益将减少，业绩下滑。

（三）利润的分类

利润有营业利润、利润总额和净利润之分。

营业利润是企业利润的主要来源，是指营业收入减去营业成本、营业税费、期间费用、资产减值损失，加上投资净收益后的金额。

利润总额是指营业利润加上营业外收入，减去营业外支出后的金额。

营业外收入和营业外支出是指企业发生的与日常活动没有直接关系的根据会计准则规定在当期损益中确认的各项利得和损失。

净利润是指利润总额减去所得税费用后的金额。

（四）利润的确认

利润反映的是收入减去费用、利得减去损失后的净额的概念，因此，利润的确认主要依赖于收入和费用以及利得和损失的确认，其金额的确定也主要取决于收入、费用、利得和损失金额的计量。

小思考

企业销售产品所取得的收入属于直接计入当期利润的利得吗？而企业处置固定资产、无形资产等所发生的净损失是否属于直接计入当期利润的损失？

问题八　会计要素如何计量？

会计计量是为了将符合确认条件的会计要素登记入账并列报于财务报表而确定其金额的过程。企业在将符合确认条件的会计要素登记入账并列报于会计报表及其附注（又称财务报表）时，应当按照规定的会计计量属性进行计量，确定金额。会计计量属性主要包括历史成本、重置成本、可变现净值、现值和公允价值。

（一）历史成本

历史成本又称实际成本，就是取得或制造某项财产物资时所实际支付的现金或者其他等价物。在历史成本计量下，资产按照购置时支付的现金或现金等价物的金额，或者按照购置资产时所付出的对价的公允价值计量。负债按照其因承担现时义务而实际收到的款项或者资产的金额，或者承担现时义务的合同金额，或者按照日常活动中为偿还负债预期需要支付的现金或者现金等价物的金额计量。

任务二 理解会计要素之间的平衡关系

（二）重置成本

重置成本又称现行成本，是指按照当前市场条件，重新取得同样一项资产所需支付的现金或者现金等价物的金额。在重置成本计量下，资产按照现在购买相同或者相似资产所需支付的现金或者现金等价物的金额计量。负债按照现在偿付该项债务所需支付的现金或者现金等价物的金额计量。

（三）可变现净值

可变现净值是指在正常经营过程中，已预计售价减去进一步加工成本和销售所必需的预计税金、费用后的净值。在可变现净值计量下，资产按照其正常对外销售所能收到现金或者现金等价物的金额扣减该资产至完工时估计将要发生的成本、估计的销售费用以及相关税金的金额计量。

（四）现值

现值是指对未来现金流量以恰当的折现率进行折现后的价值，是考虑货币时间价值因素等的一种计量属性。在现值计量下，资产按照预计从持续使用和最终处置中所产生的未来净现金流入量的折现金额计量。负债按照预计期限内需要偿还的未来净现金流出量的折现金额计量。

（五）公允价值

公允价值是指在公平交易中，熟悉交易情况的交易双方自愿进行资产交换或者债务清偿的金额。在公允价值计量下，资产和负债按照在公平交易中，熟悉情况的交易双方自愿进行资产交换或者债务清偿的金额计量。

在各种会计要素计量属性中，历史成本通常反映的是资产或负债过去的价值，而重置成本、可变现净值、现值以及公允价值通常反映的是资产和负债的现值成本和现时价值，是与历史成本相对应的计量属性。企业在对会计要素进行计量时，一般应当采用历史成本。企业可以采用重置成本、可变现净值、现值、公允价值计量，但应当保证所确定的会计要素金额能够取得并可靠计量。

任务二　理解会计要素之间的平衡关系

问题一　资金的两个方面是指什么？

资金的两个方面是指资产与权益。任何企业要从事生产经营活动，都需要拥有或控制一定数量和结构的资产，如固定资产、流动资产等。资产无论以什么具体形态存在，都要有其相应的来源或形成渠道，它们来自两个方面：一是所有者提供的；二是债权人提供的。由于债权人和所有者为企业提供了资产的来源，故他们对企业的资产享有一定的权利，这种权利在会计上称为权益。其中，属于债权人的部分称为债权人权益，即负债；属于所有者（投资者）部分称为业主权益，即所有者权益。

资产与权益各自具有特定的经济含义，它们分别反映经济活动过程中的不同现象。资产表明企业拥有什么经济资源和拥有多少经济资源；权益则体现的是这些经济资源是怎么形成的。资产与权益是同一资金的两个方面，二者相互依存，互为条件，没有权益的存在就不会有资产；同样，没有资产的存在就不会产生有效的权益。从数量关系看，一定量的资产必然有与其等量的权益；反之，一定量的权益也必然有与其等量的资产；每个单位的资产总量与权益总量必然相等，即会计恒等式：资产＝权益。

问题二　什么是会计等式？

会计等式又称会计方程式，是反映会计要素之间平衡关系的计算公式，揭示了各个会计要素之间的内在联系，是各项会计核算技术的理论基础。

（一）资产＝负债＋所有者权益

资产、负债和所有者权益三要素在资金运动静态情况下，存在着平衡关系。这种平衡关系是客观存在的，它不受交易和事项变化的影响，即在企业生产经营活动中，无论资产和权益如何变化，都破坏不了资产与权益之间的平衡关系。资产的各个项目反映了资金的分布和存在形态；负债和所有者权益的各个项目反映了资金的取得和形成来源，其平衡公式为：

$$资产＝负债＋所有者权益$$

这一等式是国际通用的会计等式，既反映了企业在某一时点上资产、负债和所有者权益要素之间的数量平衡关系，又反映了资产的归属关系，它是会计核算基本技术中设置会计科目和账户、复试记账及编制资产负债表的基本依据。因此，会计上称之为基本会计等式（或称之为标准会计等式）。

（二）收入－费用＝利润

企业的资产投入营运，在一定的会计期间内发生收入和费用，两者比较，收入大于费用，形成利润；收入小于费用，形成亏损，即负利润。也就是说，资金运动在循环周转过程中会发生一些收入和费用，两者相抵后为利润。因此，收入、费用和利润三要素在资金动态情况下也存在平衡关系，公式表示为：

$$收入－费用＝利润$$

这一等式反映了企业在一定会计期间内收入、费用和利润三要素之间的数学关系，是企业编制利润表的理论依据。

（三）会计等式的扩展

企业在生产经营活动中，在取得收入的同时，也发生费用，通过收入与费用的比较，形成企业一定会计期间的利润。由于企业是所有者投资而成的，因此利润属于所有者，所以，利润表现为所有者权益的增加；反之，企业经营亏损表现为所有者权益的减少。如果将六大会计要素综合在一起，即将资金运动的静态考察与资金运动的动态考察有机结合起来，会计等式可扩展为：

$$资产＝负债＋所有者权益＋（收入－费用）$$

至期末，将收入和费用结转到利润后，上述会计等式的扩展又恢复到标准形式：

$$资产＝负债＋所有者权益$$

会计等式表明会计主体的财务状况与经营成果之间的相互联系。财务状况是指企业一定日期资产的来源与占用情况，反映一定日期资产的存量情况及资金的来源情况。经营成果是指企业生产经营一定期间收入减去费用的结果，反映一定期间净资产的增加（或减少）。企业的经营成果最终会影响企业的财务状况，企业实现利润，将使企业资产增加，或负债减少；企业发生亏损，将使企业资产减少，或负债增加。

【例3-1】 三位同学毕业后合开一家财税咨询有限公司，每人各出资10000元，另向其他朋友借款10000元，办理工商执照，购买计算机、传真机等办公设备，聘请专家和业务员，开始接纳财税咨询业务。该公司开业初，资产总额为40000元，负债10000元，所有者权益为30000元。这三个静态会计要素之间的关系如下：

$$资产＝负债＋所有者权益$$
$$40000＝10000＋30000$$

该公司经营一个月后，取得咨询业务收入60000元，发生的各项费用35000元，那么，当期实现的净利润为25000元。这三个动态会计要素之间的关系如下：

$$利润＝收入－费用$$
$$25000＝60000－35000$$

期末，将这六个会计要素综合在一起，会计等式最终表现为：

$$40000＋25000＝10000＋30000＋（60000－35000）$$
$$65000＝10000＋55000$$
$$资产＝负债＋所有者权益$$

问题三　经济业务对会计等式的影响是怎样的？

（一）经济业务的概念

经济业务又称交易或事项，是指使企业会计要素发生增减变动的交易或事项。所谓交易，是指企业与外部单位之间发生的价值交换，如企业向银行借款、企业与供货单位结算货款等。所谓事项,是指企业内各部门之间发生的资源转移,如车间从仓库领用原材料、产成品入库等。

(二)经济业务对会计等式的影响

随着企业生产经营活动的开展,交易或事项不断发生,必然会引起会计要素的增减变化。但是,交易或事项的发生,无论引起会计要素如何变化,都不会改变会计等式的数量平衡关系,即企业资产总额总是等于权益总额。一个企业在经营过程中所发生的交易或事项是多种多样的,但从其对资产和权益的影响方式来划分,不外乎以下九种类型:

(1)一项资产增加,另外一项资产同时减少,增减金额相等。

(2)一项负债增加,另外一项负债同时减少,增减金额相等。

(3)一项资产和一项负债同时增加,增加金额相等。

(4)一项资产和一项负债同时减少,减少金额相等。

(5)一项资产和一项所有者权益同时增加,增加金额相等。

(6)一项负债减少,一项所有者权益增加,增减金额相等。

(7)一项所有者权益增加,另外一项所有者权益减少,增减金额相等。

(8)一项资产和一项所有者权益同时减少,减少金额相等。

(9)一项负债增加,一项所有者权益减少,增减金额相等。

【例3-2】 某企业2018年1月1日资产、负债和所有者权益的平衡关系如表3-1所示。

表3-1　某企业2018年1月1日资产、负债和所有者权益的平衡关系　　　单位:元

资产	金额	负债和所有者权益	金额
银行存款	230000	短期借款	30000
原材料	170000	应付账款	170000
固定资产	800000	长期借款	150000
		实收资本	550000
		盈余公积	300000
合计	1200000	合计	1200000

假定2018年1月份发生下列交易或事项:

(1)5日,企业以银行存款购进30000元原材料。

如表3-2所示,该交易的发生,使企业的银行存款减少了30000元,即由原来的230000元减少到200000元,同时使企业的原材料增加了30000元,即由原来的170000元增加到200000元,该交易或事项使企业的一项资产(原材料)增加,另一项资产(银行存款)减少,增减金额相等,因此企业总资产金额不会发生变化。另外,该交易或事项没有涉及负债和所有者权益项目,不会引起权益总额发生变化。所以,该交易或事项的发生不会改变会计等式的平衡关系。

任务二 理解会计要素之间的平衡关系

表3-2 某企业2018年1月5日资产、负债和所有者权益的平衡关系　　单位：元

资产	金额	负债和所有者权益	金额
银行存款	200000	短期借款	30000
原材料	200000	应付账款	170000
固定资产	800000	长期借款	150000
		实收资本	550000
		盈余公积	300000
合计	1200000	合计	1200000

（2）10日，企业向银行借入短期借款偿还之前欠A单位的货款120000元。

该交易的发生，使企业的短期借款增加了120000元，即由原来的30000元增加到150000元，同时使企业的应付账款减少了120000元，即由原来的170000元减少到50000万元。该交易或事项使企业的一项负债（短期借款）增加，另一项负债（应付账款）减少，增减金额相等。因此，企业的权益总额不会发生变化。另外，该交易或事项没有涉及资产项目，不会引起资产总额发生变化，所以，该交易或事项的发生不会改变会计等式的平衡关系，如表3-3所示。

表3-3 某企业2018年1月10日资产、负债和所有者权益的平衡关系　　单位：元

资产	金额	负债和所有者权益	金额
银行存款	200000	短期借款	150000
原材料	200000	应付账款	50000
固定资产	800000	长期借款	150000
		实收资本	550000
		盈余公积	300000
合计	1200000	合计	1200000

（3）15日，企业再向A单位赊购一批原材料，价值20000元。

该交易的发生，使企业原材料增加了20000元，即由原来的200000元增加到220000元，同时使企业的应付账款增加了20000元，即由原来的50000元增加到70000元。该交易或事项使企业的资产（原材料）和负债（应付账款）同时增加，双方增加金额相等。因此，会计等式的平衡关系不会改变，如表3-4所示。

表3-4 某企业2018年1月15日资产、负债和所有者权益的平衡关系　　单位：元

资产	金额	负债和所有者权益	金额
银行存款	200000	短期借款	150000
原材料	220000	应付账款	70000
固定资产	800000	长期借款	150000
		实收资本	550000
		盈余公积	300000
合计	1220000	合计	1220000

（4）20日，企业以银行存款归还银行短期借款60000元。

该交易的发生，使企业的银行存款减少了60000元，即由原来的200000元减少到140000元，同时使企业的短期借款减少了60000元，即由原来的150000元减少到90000元。该交易或事项使资产（银行存款）和负债（短期借款）同时减少，双方减少金额相等。因此，会计等式的平衡关系不会改变，如表3-5所示。

表3-5　某企业2018年1月20日资产、负债和所有者权益的平衡关系　　　　单位：元

资产	金额	负债和所有者权益	金额
银行存款	140000	短期借款	90000
原材料	220000	应付账款	70000
固定资产	800000	长期借款	150000
		实收资本	550000
		盈余公积	300000
合计	1160000	合计	1160000

（5）21日，企业收到所有者投入固定资产100000元。

该交易的发生，使企业的固定资产增加了100000元，即由原来的800000元增加到900000元，同时使企业的实收资本增加了100000元，即从原来的550000元增加到650000元。该交易或事项使企业的资产（固定资产）和所有者权益（实收资本）同时增加，双方增加金额相等。因此，会计等式的平衡关系不会改变，如表3-6所示。

表3-6　某企业2018年1月21日资产、负债和所有者权益的平衡关系　　　　单位：元

资产	金额	负债和所有者权益	金额
银行存款	140000	短期借款	90000
原材料	220000	应付账款	70000
固定资产	900000	长期借款	150000
		实收资本	650000
		盈余公积	300000
合计	1260000	合计	1260000

（6）22日，企业将长期借款50000元转作投入资本。

该交易的发生，使企业的实收资本增加了50000元，即由原来的650000元增加到700000元，同时使企业的长期借款减少了50000元，从原来的150000元减少到100000元。该交易或事项使企业的一项所有者权益（实收资本）增加，一项负债（长期借款）减少，增减金额相等。因此，企业的权益总额不会发生变化。另外，该交易或事项没有涉及资产项目，不

会引起资产总额发生变化,所以,该交易或事项的发生不会改变会计等式的平衡关系,如表3-7所示。

表3-7　某企业2018年1月22日资产、负债和所有者权益的平衡关系　　单位:元

资产	金额	负债和所有者权益	金额
银行存款	140000	短期借款	90000
原材料	220000	应付账款	70000
固定资产	900000	长期借款	100000
		实收资本	700000
		盈余公积	300000
合计	1260000	合计	1260000

(7) 30日,企业用盈余公积90000元转作资本。

该事项的发生,使企业的实收资本增加了90000元,即由原来的700000元增加到790000元,同时使企业的盈余公积减少了90000元,从原来的300000元减少到210000元。该交易或事项使企业的一项所有者权益（实收资本）增加,另一项所有者权益（盈余公积）减少,增减金额相等。因此,企业的权益总额不会发生变化。另外,该交易或事项没有涉及资产项目,不会引起资产总额发生变化。所以,该交易或事项的发生不会改变会计等式的平衡关系,如表3-8所示。

表3-8　某企业2018年1月30日资产、负债和所有者权益的平衡关系　　单位:元

资产	金额	负债和所有者权益	金额
银行存款	140000	短期借款	90000
原材料	220000	应付账款	70000
固定资产	900000	长期借款	100000
		实收资本	790000
		盈余公积	210000
合计	1260000	合计	1260000

(8) 30日,经批准,企业用银行存款归还所有者李成的股金80000元。

该交易的发生,使企业的银行存款减少了80000元,即由原来的140000万元减少到60000元,同时使企业的实收资本减少了80000元,即由原来的790000万元减少到710000元。该交易或事项使企业的一项资产（银行存款）和所有者权益（实收资本）同时减少,双方减少金额相等。所以,该交易或事项的发生不会改变会计等式的平衡关系,如表3-9所示。

表3-9 某企业2018年1月30日资产、负债和所有者权益的平衡关系   单位：元

资产	金额	负债和所有者权益	金额
银行存款	60000	短期借款	90000
原材料	220000	应付账款	70000
固定资产	900000	长期借款	100000
		实收资本	710000
		盈余公积	210000
合计	1180000	合计	1180000

（9）30日，企业决定用盈余公积分配现金股利30000元。

该事项的发生，使企业的应付股利增加了30000元，即由原来的0增加到30000元，同时使企业的盈余公积减少了30000元，即由原来的210000元减少到180000元。该交易或事项使企业的一项负债（应付股利）增加，一项所有者权益（盈余公积）减少，增减金额相等。因此，企业的权益总额不会发生变化。另外，该交易或事项没有涉及资产项目，不会引起资产总额发生变化，所以，该交易或事项的发生不会改变会计等式的平衡关系，如表3-10所示。

表3-10 某企业2018年1月30日资产、负债和所有者权益的平衡关系   单位：元

资产	金额	负债和所有者权益	金额
银行存款	60000	短期借款	90000
原材料	220000	应付账款	70000
固定资产	900000	应付股利	30000
		长期借款	100000
		实收资本	710000
		盈余公积	180000
合计	1180000	合计	1180000

负债属于债权人权益，与所有者权益一样都是反映资金来源的，统称为权益，上述九种经济业务类型可以概括为四种基本类型，如图3-6所示，即：

图3-6 经济业务的四种基本类型

（1）资产与权益同时增加，增加金额相等。

（2）资产与权益同时减少，减少金额相等。

（3）资产内部有增有减，增减金额相等。

（4）权益内部有增有减，增减金额相等。

企业每发生一项交易或事项都会使某一具体的会计要素发生增减变动，并会同时引起相关的会计要素发生等量的增减变动。交易或事项的发生对会计等式的影响不外乎两种情况：一种是引起会计等式一边内部项目有增有减，增减金额相等，相互抵消后，其总额保持原来的不变；另一种是引起会计等式两边对应项目同增同减，增减金额相等，双方变动后的总额保持相等关系。因此，任何一项交易或事项的发生，无论引起各项会计要素发生什么样的增减变动，都不会改变会计等式的平衡关系。

任务三　认知会计科目

问题一　什么是会计科目？

会计科目是指对会计要素的具体内容进行分类核算的项目。尽管会计对象已经分为资产、负债、所有者权益、收入、费用和利润六大要素，但是由于企业日常发生的经济业务多种多样，因此这样的分类对于具体的核算和管理仍显得比较粗略，不能满足需要，特别是不能满足对会计最终信息的要求。为了较详细地、分门别类地核算和监督各会计事项的发生情况以及由此引起的资金增减变化，需要设置会计科目。

会计科目是进行各项会计记录和提供各项会计信息的基础，在会计核算中具有重要意义。其主要表现在：

（1）会计科目是复式记账的基础。复式记账要求每一笔经济业务在两个或两个以上相互联系的账户中进行登记，以反映资金运动的来龙去脉。

（2）会计科目是编制记账凭证的基础。记账凭证是确定所发生的经济业务应计入何种会计科目及分门别类登记账簿的凭据。

（3）会计科目为成本计算与财产清查提供了前提条件。会计科目的设置，有助于成本核算，使成本计算成为可能；而账面记录与财产物资实际结存的核对又为财产清查、保证账实相符提供了必备的条件。

（4）会计科目为编制会计报表提供了方便。会计报表是提供会计信息的主要手段，为了保证会计信息的质量及其提供的及时性，会计报表中的许多项目与会计科目是一致的，并根据会计科目的本期发生额或余额填列。

问题二　会计科目如何分类？

（一）按提供信息的详细程度分类

会计科目按所提供信息的详细程度及统驭关系不同，可分为总分类科目和明细分类科目。

（1）总分类科目。它又称一级科目或总账科目，是对会计要素具体内容进行总括分类、提供总括信息的会计科目，如"应收账款""应付账款""原材料"等。总分类科目反映各种经济业务的概括情况，是进行总分类核算的依据。

（2）明细分类科目。它又称明细科目，是对总分类科目做进一步分类、提供更详细更具体会计信息的科目。如"应收账款"科目按债务人名称或姓名设置明细科目，反映应收账款的具体对象；"应付账款"科目按债权人名称或姓名设置明细科目，反映应付账款的具体对象；"原材料"科目按原料及材料的类别、品种和规格等设置明细科目，反映各种原材料的具体构成内容。对于明细科目较多的总账科目，可在总分类科目与明细科目之间设置二级或多级科目，如表3-11所示。

表3-11　原材料的明细科目

总分类科目 （一级科目）	明细分类科目	
	二级科目（子目）	明细科目（细目）
原材料	原料及主要材料	甲材料
		乙材料
	辅助材料	润滑油
		油漆
	燃料	焦炭
		汽油

对于明细科目，企业可以比照《企业会计准则》中的规定自行设置。虽然明细科目可以提供详细信息，但并不是说科目分得越细越好，有的一级会计科目就不需要设置明细科目，如"累计折旧"科目和"本年利润"科目等。

（二）按会计要素的归属分类

会计科目按所归属的会计要素不同进行分类，可分为资产类、负债类、所有者权益类、成本类、损益类五大类。对于执行《企业会计准则》（2018年2月财政部颁布）的企业，会计科目可分为资产类、负债类、所有者权益类、成本类、损益类、共同类六大类。

（1）资产类科目。其是指用于核算资产增减变化、提供资产类项目会计信息的会计科目。如反映流动资产项目的"库存现金""银行存款""应收票据""应收账款""原材料""库存商品"等科目；反映非流动资产项目的"长期股权投资""固定资产""无形资产""长期待摊费用"等科目。

（2）负债类科目。其是指用于核算负债增减变化，提供负债类项目会计信息的会计科目。如反映流动负债项目的"短期借款""应付票据""应付账款""应付职工薪酬"等科目；反映长期负债项目的"长期借款"等科目。

（3）所有者权益类科目。其是指用于核算所有者权益增减变化，提供所有者权益类项目会计信息的会计科目。如反映企业资本金项目的"实收资本""资本公积"等科目；反映留存收益项目的"盈余公积""本年利润""利润分配"等科目。

（4）成本类科目。其是指用于核算成本的归集与分配情况，提供成本相关会计信息的会计科目。如反映生产制造成本的"生产成本"科目和"制造费用"科目。

（5）损益类科目。其是指用于核算收入、费用的发生或归集，提供一定期间损益会计信息的会计科目。损益类科目又可分为损类会计科目和益类会计科目。其中，损类会计科目是指用于核算费用的发生或归集，如反映日常生产经营的"主营业务成本""其他业务成本""税金及附加""销售费用""管理费用""财务费用"等科目，反映损失的"营业外支出"科目；益类会计科目是指用于核算收入的发生或归集，如反映日常生产经营的"主营业务收入""其他业务收入"等科目，反映利得的"营业外收入"科目。

（6）共同类科目。其是指可能具有资产性质，也可能具有负债性质的科目，其性质取决于科目核算的结果，当其核算结果出现借方余额时，作为资产科目；而当其核算结果出现贷方余额时，则作为负债科目。

财政部2006年颁布的《企业会计准则——应用指南》附录中列示了六大类共156个会计科目，涵盖了各类企业的交易或事项。表3-12所示为工业企业常用会计科目。

表3-12　工业企业常用会计科目

序号	编号	会计科目名称	序号	编号	会计科目名称
一、资产类			二、负债类		
1	1001	库存现金	1	2001	短期借款
2	1002	银行存款	2	2201	应付票据
3	1015	其他货币资金	3	2202	应付账款
4	1101	交易性金融资产	4	2205	预收账款
5	1121	应收票据	5	2211	应付职工薪酬
6	1122	应收账款	6	2221	应交税费
7	1123	预付账款	7	2231	应付利息
8	1131	应收股利	8	2232	应付股利
9	1132	应收利息	9	2241	其他应付款
10	1231	其他应收款	10	2601	长期借款
11	1241	坏账准备	11	2602	长期债券

续表

序号	编号	会计科目名称	序号	编号	会计科目名称
12	1401	材料采购	12	2801	长期应付款
13	1402	在途物资			
14	1403	原材料			
15	1404	材料成本差异			
16	1406	库存商品			
17	1431	周转材料			
18	1461	存货跌价准备			
19	1524	长期股权投资			
20	1525	长期股权投资减值准备			
21	1531	长期应收款			
22	1601	固定资产	三、所有者权益类		
23	1602	累计折旧	1	4001	实收资本
24	1603	固定资产减值准备	2	4002	资本公积
25	1604	在建工程	3	4101	盈余公积
26	1606	固定资产清理	4	4103	本年利润
27	1701	无形资产	5	4104	利润分配
28	1702	累计摊销			
29	1703	无形资产减值准备			
30	1901	待处理财产损益			
四、成本类					
1	5001	生产成本			
2	5101	制造费用			
五	1. 损类		2. 益类		
1	6401	主营业务成本	1	6001	主营业务收入
2	6402	其他业务成本	2	6051	其他业务收入
3	6405	税金及附加	3	6101	公允价值变动损益
4	6601	销售费用	4	6111	投资收益
5	6602	管理费用	5	6301	营业外收入
6	6603	财务费用			
7	6701	资产减值损失			
8	6711	营业外支出			
9	6801	所得税费用			

小资料

会计科目的编号

会计科目的编号是根据会计科目的分类和排列顺序确定的。一般采用四位数字编号,即第一位数字表示科目的大类,第二位数字表示科目的小类,第三、四位数字表示各小类之下科目的顺序号。会计科目的编号除了表明它们的类别和具体名称外,还有助于填制会计凭证、登记账簿以及实现会计电算化。会计人员在填制会计凭证、登记账簿时,应填制会计科目的名称,或者同时填列会计科目的名称和编号,但不应只填科目编号,不填科目名称。

问题三 会计科目设置的原则有哪些?

确定会计科目必须符合会计准则的要求,内涵明确,界限清楚,每一个会计科目反映一个特定的内容,不能遗漏。会计科目的设置必须符合以下原则:

(一)合法性原则

合法性原则是指所设置的会计科目应符合国家统一的会计制度的规定,以保证各单位的会计信息真实、可比。

(二)相关性原则

相关性原则是指会计科目的设置应满足对外报告和对内管理的要求,向会计信息使用者提供相关信息。

(三)实用性原则

实用性原则是指应根据各单位的组织形式、所处行业、经营内容及业务种类等实际情况,在不违反会计准则中确认、计量和报告规定的前提下,各单位可自行增设、分拆、合并会计科目,以满足本单位的实际需要。

小资料

会计科目与人生

读书是长期投资;本人是固定资产;年龄是累计折旧;吵架是坏账准备;气质是无形资产。

项目三　设置会计科目和账户

任务四　认知账户

问题一　什么是账户?

账户是根据会计科目设置的,具有一定格式和结构,用于分类反映会计要素增减变动情况及其结果的载体和工具。设置账户是会计核算的重要技术之一。

会计科目只是对会计对象具体内容进行分类的项目和名称,没有一定的格式和结构,并不能把发生的经济业务连续、系统地记录下来以取得经营管理所需的信息资料。因此,必须根据规定的会计科目来设置账户,利用账户来记账,这样有利于分门别类地、连续系统地记录和反映各项经济业务以及由此而引起的有关会计要素具体内容的增减变化及其结果。

账户是用来记录经济业务的,它有三个作用:一是分门别类地记载各项经济业务;二是提供日常会计核算资料和数据;三是为编制会计报表提供依据。为此,账户不但要有明确的核算内容,而且应该具有一定的格式,即结构。

问题二　账户和会计科目的关系如何?

账户和会计科目是既有联系又有区别的两个不同概念。

两者的联系是:会计科目和账户所反映的会计对象的具体内容相同,两者口径一致,性质相同,都是体现会计要素具体内容的分类。会计科目是账户的名称,也是设置账户的依据;账户是根据会计科目开设的,是会计科目的具体运用。没有会计科目,账户便失去了设置的依据;没有账户,会计科目就无法发挥作用。

两者的区别是:会计科目仅仅是账户的名称,不存在结构;账户则具有一定的格式和结构。会计科目仅说明反映的经济内容是什么,而账户不仅说明反映的经济内容是什么,而且系统地反映和控制其增减变化及结余情况。会计科目主要是为开设账户、填制会计凭证所运用;而账户的作用主要是提供某一具体会计对象的会计资料,为编制财务报告所运用。

在实际工作中,账户和会计科目这两个概念已不加严格区别,往往相互通用。

问题三　账户如何分类?

账户的分类与会计科目的分类是对应的,可以根据多种标准进行分类。

（一）账户按其提供信息的详细程度分类

账户按其所提供信息的详细程度及其统驭关系不同，可分为总账账户和明细账账户。

（1）总账账户又称一级账户，简称总账。它是根据总分类科目设置的，是提供总括分类核算资料指标的账户，在总账账户中使用货币计量单位来反映经济业务。它可以提供概括核算资料和指标，是对其所属明细账账户资料的综合。总账账户以下的账户称为明细账账户。

（2）明细账账户又称明细账户，简称明细账。它是根据明细分类科目设置的，提供明细核算资料和指标，是对其总账资料的具体化和补充说明。对于明细账的核算，除用货币计量反映经济业务外，必要时还需用实物计量或劳动计量单位从数量和时间上进行反映，以满足经营管理的需要。

总账与其所属的明细账的核算内容相同，都是核算和反映同一事物，只不过在反映内容的详细程度上有所不同：总账反映总括情况；明细账反映具体详细情况。两者相互补充，相互制约，相互核对。总账统驭和控制明细账，是明细账的统驭账户；明细账从属于总账，对其总账进行补充和说明，是总账的从属账户。

（二）账户按其所反映的经济内容分类

账户按其所反映的经济内容进行分类，可分为资产类账户、负债类账户、所有者权益类账户、成本类账户和损益类账户。

（三）账户按其与会计报表的关系分类

账户按其与会计报表的关系进行分类，可以分为资产负债表账户和利润表账户。资产负债表账户是指为资产负债表的编制提供资料的账户，包括资产类账户、成本类账户、负债类账户和所有者权益类账户，分别与资产负债表中的项目对应，如应收账款、生产成本、应付账款和实收资本等。利润表账户是指为利润表的编制提供资料的账户，包括损类（费用类）账户和益类（收入类）账户。

问题四　账户的基本结构是怎样的？

账户所记载的各项经济业务，它们所引起会计要素在数量上的变化，不外乎是增加和减少两种情况。为了全面地、清楚地反映和监督这种变化，在每一账户上都应当分开登记数量的增加和减少，这就形成了账户的基本结构。账户分为左方和右方两个方向：一方登记增加，另一方登记减少。账户的基本结构，还应具有以下内容：

（1）账户名称，即会计科目。

（2）日期，即记载经济业务的日期。

（3）凭证编号，即说明记载账户记录的依据。

(4)摘要,即用简明扼要的语言描写经济业务的内容。

(5)增加或减少金额,即经济业务发生,引起会计要素增加或减少的数额。

(6)余额,即经济业务发生,引起会计要素在数量上增减变化后的结果。

我国于2018年2月颁布的《企业会计准则——基本准则》中明确规定:企业应当采用借贷记账法记账。借贷记账法下账户的基本格式如表3-13所示。

表3-13　总　账

账户名称:　　　　　　　　　　　　　　　　　　　　　　　　　　　　　　　　　第1页

年		凭证号数	摘要	借方	贷方	借或贷	余额
月	日						

在会计实务中,账户是根据以上的基本内容来设计账簿格式的。为了说明的方便,上述账户的基本结构,通常简化为"T形"账户或称为"丁字形"账户,T形账户如表3-14所示。

表3-14　"T形"账户

借方	×××账户	贷方

上述T形账户格式分为左右两方,分别用来记录经济业务发生所引起的会计要素的增加额和减少额。增加额和减少额相抵后的差额,形成账户的余额,余额按照表示的时间不同,分为期初余额和期末余额。为此,通过账户记录的金额可以提供期初余额、本期增加额、本期减少额和期末余额四个会计核算指标。登记本期增加的金额,称为本期增加发生额;登记本期减少的金额,称为本期减少发生额。本期发生额是一个动态指标,说明资产或权益的增减变动情况;余额是一个静态指标,说明资产或权益在某一时日增减变动的结果。本期的期末余额就是下期的期初余额。

上述四个会计核算指标的关系为:

本期期初余额+本期增加发生额-本期减少发生额=本期期末余额

本期增加发生额和本期减少发生额是登记在账户的左方还是右方,账户的余额是反映在左方还是右方,取决于账户的性质和类型。此内容将在下一个项目——复式记账中介绍。

项目小结

会计要素是对会计对象进行的基本分类,是会计核算对象的具体化,是用于反映会计主体财务状况,确定经营成果的基本单位。我国的会计要素包括:资产、负债、所有者权益、收入、费用和利润六大项。其中,资产、负债和所有者权益三项会计要素,属于存量指标,反映企业一定时日的财务状况,构成资产负债表的主要内容,是资金运动的静态表现;收入、费用和利润三项会计要素,属于流量指标,反映企业一定时期的经营成果,构成利润表的主要内容,是资金运动的动态表现。本项目分别介绍了六大会计要素的概念、特征、分类及确认。会计计量是为了将符合确认条件的会计要素登记入账并列报于财务报表而确定其金额的过程,主要包括历史成本、重置成本、可变现净值、现值和公允价值。企业一般应当采用历史成本进行会计计量。

资金的两个方面是指资产与权益。会计等式又称会计方程式,是反映会计要素之间平衡关系的计算公式,揭示了各个会计要素之间内在的联系,是各项会计核算技术的理论基础。国际通用的会计等式为"资产=负债+所有者权益",是基本会计等式,或称为标准会计等式,反映了企业在某一时点上资产、负债和所有者权益要素之间的数量平衡关系,是会计核算基本技术中设置会计科目和账户、复试记账及编制资产负债表的基本依据。会计等式"收入-费用=利润"反映了企业在一定会计期间内收入、费用和利润三要素之间的数学关系,是企业编制利润表的理论依据。会计等式可扩展为"资产=负债+所有者权益+(收入-费用)"。经济业务是指使企业会计要素发生增减变动的交易或事项。交易是指企业与外部单位之间发生的价值交换;事项是指企业内各部门之间发生的资源转移。一个企业在经营过程中所发生的交易或事项是多种多样的,但从其对资产和权益的影响方式来划分,不外乎九种类型,可概括为四种基本类型。无论一项交易或事项的发生引起各项会计要素发生什么样的增减变动,都不会改变会计等式的平衡关系。因此,称"资产=权益"为会计恒等式。

会计科目是指对会计要素的具体内容进行分类核算的项目。其按所提供信息的详细程度及其统驭关系不同,可分为总分类科目和明细分类科目;其按所归属的会计要素不同进行分类,可分为资产类、负债类、所有者权益类、成本类、损益类五大类。会计科目的设置必须符合合法性、相关性和实用性原则。

账户是根据会计科目设置的,具有一定格式和结构,用于分类反映会计要素增减变动情况及其结果的载体和工具。设置账户是会计核算的重要技术之一。账户和会计科目是既有联系又有区别的两个不同概念,在实际工作中,往往不加严格区别,相互通用。账户的分类与会计科目的分类是对应的,可以根据多种标准进行分类。账户的基本结构一般由账户名称、日期、凭证编号、摘要、增加或减少金额和余额六项内容构成,可以提供期初余额、本期增加额、本期减少额和期末余额四个会计核算指标,其关系为:本期期初余额+本期增加发生额-本期减少发生额=本期期末余额。

阅读资料

企业喜欢什么样的会计

在我国，绝大多数中职学校都有会计专业，人才市场上大约有1/10的求职者都希望求得一份普通会计人员的工作。会计从业市场似乎已经严重饱和了，然而事实是，这么庞大的会计队伍依然不能满足当前企业对会计人才的需求。问题在于在众多的会计求职人员中，真正符合企业用人标准的会计人员并不多。那么，企业喜欢什么样的会计人员呢？结合我国的实际情况，在当前形势下，具备以下素质的会计人员比较受企业的欢迎：

（1）丰富的从业经验。会计是一项操作性很强的技术工作，会计人员既要掌握财税、金融以及计算机方面的理论知识，又要具备一定的实际工作经验。例如，国家规定注册会计师必须有两年以上的实际工作经验，才能单独受理业务。在实际中，具有几年的会计工作经验，并取得一定会计职称的中高级会计人才较受欢迎。

（2）较好的学习能力和适应能力。随着网络技术的发展和科学技术的进步，会计工作从内容到形式也在发生着深刻变化，企业会计电算化和ERP、ASP等系统的推广应用，对会计人员的学习能力和适应能力提出了更高的要求。适应能力是每个企业都很看重的，会计人员不但要将所学的理论知识很快地应用到实际工作中，还要在短时间内融入企业，融洽地协调人际关系。

（3）诚实的品行和踏实的态度。诚实是做人的基本素质，对于会计行业来说更是如此。会计工作每天与金钱打交道，掌管着企业的财务权力，并负责为会计信息使用者提供会计信息，所有这些都需要会计工作者具备端正的品行。此外，会计工作要经常处理一些很烦琐的细节性问题，这就要求会计工作者要有踏实的工作态度，具有一个良好的心态，能够并愿意把一点一滴的小事做好。

（4）良好的与人沟通能力。财务会计部门一般是企业的一个综合性管理部门，要和企业内外方方面面的人进行接触交流，因此，会计人员必须学会如何与人沟通协调。良好的语言表达、逻辑思维和待人热情周到也是对会计人员的基本素质要求。

"知己知彼，百战不殆。"对于准备从事会计工作的同学们来说，没有做不到的，只有想不到的。如果你想要向此方向努力，那么你离成功就不远了。

项目四 复式记账

项目导入

企业在发生经济业务之后，必然会引起会计要素发生增减变化，账户能够全面、系统地反映有关项目的增减变化情况及结果，但是如何将所发生的经济业务记录到有关账户中，就需要采用一定的记账方法。所谓记账方法是指在账簿中登记经济业务的方法。按照记录经济业务的方式不同，可将记账方法划分为单式记账法和复式记账法两种方法。本项目将重点介绍一种复式记账法——借贷记账法。

学习目标

1. 认知复式记账法；
2. 认知借贷记账法；
3. 掌握会计分录的编制方法；
4. 熟悉工业企业主要经济业务的核算。

任务一 认知复式记账法

问题一 什么是单式记账法？其优点和缺点有哪些？

在复式记账法产生之前，人们采用单式记账法。所谓单式记账法，是指对所发生的每一项经济业务，只在一个账户中进行登记的一种记账方法。

一般地，在单式记账法下，只登记现金和银行存款的收付金额以及债权债务的结算金额，不登记实物的收付金额。单式记账法的记账手续简单，这是其优点。但是，正因为其对所发生的经济业务没有进行系统、完整的记录，账户之间不能形成相互对应关系，所以不能全面地反映出经济业务的来龙去脉，也不利于检查账户记录是否正确和完整，这是其缺点。因此，单式记账法是一种不科学、不完整的记账方法，目前已被淘汰。

问题二　什么是复式记账法？其优点和缺点有哪些？

随着商品经济的迅猛发展，单式记账法越来越不能满足记账的需要，故产生了复式记账法。复式记账法是以资产与权益平衡关系作为记账基础，对于每一笔经济业务，都要在两个或两个以上相互联系的账户中进行登记，系统地反映资金运动变化结果的一种记账方法。例如，企业用银行存款10000元购买原材料。对于这笔经济业务复式记账法是如何记录的呢？在采用复式记账法下，一方面要反映银行存款增减变动及其结果，即要在"银行存款"账户中记录减少10000元及减少后的余额；另一方面要反映原材料增减变动及其结果，即要在"原材料"账户中记录增加10000元及增加后的结存情况，从而全面地反映该项经济业务所引起资金变化的来龙去脉，反映经济业务的全貌。

与单式记账法相比，复式记账法具有不可比拟的优越性，其特点有：

（一）设置账户完整，账户体系完善

复式记账法不仅要反映每一笔经济业务，而且要在账户中登记每笔经济业务所涉及的所有方面，因此必须设置一套完整的账户体系。例如，设置反映资金处于静态下的资产、负债和所有者权益类账户，还需设置反映资金处于运动过程中所形成的收入和费用类账户。

（二）反映和记录每一笔经济业务具有必要性和可能性

复式记账法下，对每一笔经济业务都进行反映和记录既必要也可能。其必要性在于复式记账法要求全面反映企业的经济活动；其可能性在于复式记账法设置了一套完整的账户体系，能够反映和记录每一笔经济业务。

（三）反映每笔经济业务所涉及的全部内容

因为复式记账法账户体系完善，全面反映每笔经济业务的所有内容，所以通过复式记账法能够反映每笔经济业务资金的来龙去脉。

（四）对一定时期内的账户记录能进行综合试算平衡

因复式记账法在记录经济业务时，都是以相等的金额在两个或两个以上的账户中进行登记的，故依据一定的平衡原理就能进行所有账户记录的综合试算平衡，这也是前三个特点的必然结果。

概括起来，复式记账法虽然记账手续复杂，但是其优点多，既可以全面、清晰地反映经济业务的来龙去脉，也可以通过会计要素的增减变动情况，来全面、系统地反映经济活

动的过程和结果,还能够对账户记录的结果进行试算平衡,以便进一步检查账户记录的正确性。因为复式记账法的优点显著,所以被人们公认是一种科学的记账方法,为世界各国广泛采用。

问题三　复式记账法的种类有哪些?

我国在1992年会计制度改革以前,曾采用的复式记账法主要有借贷记账法、收付记账法和增减记账法。收付记账法是以"收"和"付"为记账符号的一种复式记账方法;增减记账法是以"增"和"减"为记账符号的一种复式记账方法。实践证明,收付记账法和增减记账法各有不足之处,最科学的记账方法是借贷记账法。借贷记账法无论是在国外还是在我国都是应用最广泛的一种记账方法。因此,在我国2006年颁布的《企业会计准则——基本准则》中明确规定:采用借贷记账法记账。

任务二　认知借贷记账法

问题一　什么是借贷记账法?

借贷记账法是以"借"和"贷"为记账符号,以"资产＝负债＋所有者权益"为理论依据,以"有借必有贷,借贷必相等"为记账规则,全面反映会计要素增减变动情况的一种复式记账方法。

问题二　借贷记账法的借贷符号表示什么?

记账符号是会计上用来表示经济业务的发生所涉及的金额应该计入有关账户的左方金额栏还是右方金额栏。借贷记账法以"借"和"贷"为记账符号,分别作为账户的左方和右方。

借贷记账法作为一种复式记账方法最早起源于13世纪的意大利。"借"和"贷"两字的含义,最初是从借贷资本家的角度来解释的,借贷资本家把收进的存款记在贷主的名下,表示债务;把付出的放款记在借主的名下,表示债权。当时,"借"和"贷"二字反映的是债权、债务的变化。现在"借"和"贷"二字已失去了原有的含义,演变成纯粹的记账符号,成为会计上的专门术语,用来标明记账方向。

项目四　复式记账

经济业务发生后所引起的账户金额变化，无外乎增加和减少两种情况，究竟在账户的"借方"登记增加还是在账户的"贷方"登记增加，或者在账户的"借方"登记减少还是在账户的"贷方"登记减少，取决于账户的性质及结构。

账户按反映的经济内容的不同来划分，可分为资产类账户、负债类账户、所有者权益类账户、成本类账户和损益类账户五类。负债类账户和所有者权益类账户可统称为权益类账户。损益类账户可分为收入类账户和费用类账户。资产类账户、成本类账户和费用类账户性质相同，统称为资产、成本和费用类账户；权益类账户和收入类账户性质相同，统称为权益和收入类账户。所以，账户按性质不同来划分，可分为资产、成本和费用类账户与权益、收入类账户。

借贷记账法的"借"和"贷"符号具体含义如表4-1所示。

表4-1　借贷记账法的"借"和"贷"符号具体含义

账户借方登记（或借方表示）	账户贷方登记（或贷方表示）
资产、成本和费用的增加	资产、成本和费用的减少
负债、所有者权益和收入的减少	负债、所有者权益和收入的增加
资产、成本的余额	负债、所有者权益的余额

问题三　借贷记账法下的账户结构如何？

（一）资产、成本和费用类账户的结构

在借贷记账法下，资产、成本和费用类账户的借方登记增加额，贷方登记减少额。在一定的会计期间内发生的增加额和减少额都称为本期发生额，在借方登记的增加额合计数称为本期借方发生额合计，贷方登记的减少额合计数称为本期贷方发生额合计。资产类账户期末一般有余额，在借方反映期末资产的实有数。成本类账户中，"制造费用"账户期末一般无余额，因为在期末，要将本期发生的制造费用分配结转到"生产成本"账户中；"生产成本"账户期末若有余额，则在借方表示期末在产品的价值。费用类账户期末一般无余额，因为在期末，要将本期发生的费用全部结转到"本年利润"账户中。

登记资产、成本和费用类账户时，首先，期初若有借方余额，则将期初余额登记在账户中，并标明"借"方；然后，按照交易或事项发生的时间顺序进行登记，本期发生的增加额登记在借方，本期发生的减少额登记在贷方；最后，期末计算本期借方发生额合计和贷方发生额合计，并计算期末余额。账户期末借方余额与本期发生额的关系用如下公式表示：

期初借方余额＋本期借方发生额－本期贷方发生额＝期末借方余额

资产、成本和费用类账户的结构如图4-1所示。

任务二　认知借贷记账法

借方	资产、成本和费用类账户		贷方
期初余额	×××	减少额	×××
增加额	×××		×××
	×××		
本期借方发生额合计	×××	本期贷方发生额合计	×××
期末余额	×××		

图4-1　资产成本和费用类账户

做中学：

某企业原材料账户期初余额为45000元，本期共购入23000元，本期共领用55000元，则原材料账户期末余额有多少？

（二）权益、收入类账户的结构

权益、收入类账户的结构与资产、成本和费用类账户的结构刚好相反，即负债、所有者权益和收入类账户的借方登记减少额，贷方登记增加额。权益类账户期末一般有余额，其余额的方向与记录增加的方向一致，所以权益类账户期末余额一般在贷方。收入类账户期末一般无余额，因为在期末，要将本期发生的收入全部结转到"本年利润"账户中。

登记权益、收入类账户时，首先，期初若有贷方余额，则将期初余额登记在账户中，并标明贷方；然后，按照交易或事项发生的时间顺序进行登记，本期发生的增加额登记在贷方，本期发生的减少额登记在借方；最后，期末计算本期借方发生额合计和贷方发生额合计，并计算期末余额。账户期末贷方余额与本期发生额的关系用如下：

期初贷方余额－本期借方发生额＋本期贷方发生额＝期末贷方余额

权益、收入类账户的结构如图4-2所示。

借方	权益、收入类账户		贷方
减少额	×××	期初余额	×××
	×××	增加额	×××
			×××
本期借方发生额合计	×××	本期贷方发生额合计	×××
		期末余额	×××

图4-2　权益、收入类账户

做中学：

某企业应付账款账户期初余额为25600元，本期因购材料而未付A企业货款20000元，偿还了B企业的上期货款15000元，则应付账款账户期末余额为多少？

项目四　复式记账

问题四　借贷记账法的记账规则如何？

借贷记账法的记账规则：有借必有贷，借贷必相等。即对于每一笔经济业务都要在两个或两个以上相互联系的账户中进行登记，且借方和贷方要以相等的金额进行登记。具体地说，对于企业发生的每一笔经济业务，如果在一个账户的借方登记了，则必须同时在另一个或几个账户的贷方登记；或者反过来说，在一个账户的贷方登记了，就必须同时在另一个或几个账户的借方登记。并且，登记在借方和贷方的总金额必须相等。

运用借贷记账法的记账规则登记经济业务时，可按下列步骤进行：

（1）找到经济业务所涉及的全部账户，并判断账户的性质。

（2）判断经济业务的发生引起账户的金额是增加，还是减少。

（3）根据账户的性质和增减变化确定记账符号是借方，还是贷方。

（4）确定借方各账户的金额、贷方各账户的金额，且借方和贷方的总金额必须相等。

下面举例说明借贷记账法的记账规则：

【例4-1】 大明公司2017年8月份发生以下经济业务：

（1）8月6日，大明公司收到日星公司追加投资50000元，并存入银行。

该经济业务的发生，涉及"银行存款"账户和"实收资本"账户，"银行存款"账户属于资产类账户，"实收资本"账户属于所有者权益账户。该经济业务属资产和所有者权益同时增加，即"银行存款"账户的金额增加50000元，同时"实收资本"账户的金额增加50000元。"银行存款"账户属于资产类账户，增加计入借方；"实收资本"账户属于所有者权益账户，增加计入贷方。记账如图4-3所示。

图4-3　借记"银行存款"，贷记"实收资本"

（2）8月9日，大明公司购入原材料一批，价值30000元，货款未付，原材料已验收入库。

该经济业务的发生，涉及"原材料"账户和"应付账款"账户，"原材料"账户属于资产类账户，"应付账款"账户属于负债类账户。该经济业务属资产和负债同时增加，即"原材料"账户的金额增加30000元，同时"应付账款"账户的金额增加30000元。"原材料"账户属于资产类账户，增加计入借方；"应付账款"账户属于负债类账户，增加计入贷方。记账如图4-4所示。

图4-4　借记"原材料"，贷记"应付账款"

(3) 8月12日，大明公司以银行存款支付前欠货款30000元。

该经济业务的发生，涉及"银行存款"账户和"应付账款"账户，"银行存款"账户属于资产类账户，"应付账款"账户属于负债类账户。该经济业务属资产和负债同时减少，即"银行存款"账户的金额减少30000元，同时"应付账款"账户的金额减少30000元。"银行存款"账户属于资产类账户，减少计入贷方；"应付账款"账户属于负债类账户，减少计入借方。记账如图4-5所示。

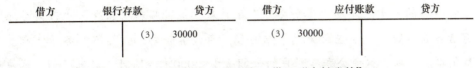

图4-5　贷记"银行存款"，借记"应付账款"

(4) 8月20日，按法定程序减少注册资本100000元，用银行存款向所有者支付。

该经济业务的发生，涉及"银行存款"账户和"实收资本"账户，"银行存款"账户属于资产类账户，"实收资本"账户属于所有者权益类账户。该经济业务属资产和所有者权益同时减少，即"银行存款"账户的金额减少100000元，同时"实收资本"账户的金额减少100000元。"银行存款"账户属于资产类账户，减少计入贷方；"实收资本"账户属于所有者权益类账户，减少计入借方。记账如图4-6所示。

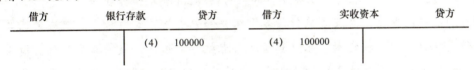

图4-6　贷记"银行存款"，借记"实收资本"

(5) 8月25日，大明公司支付银行存款90000元购入生产用设备一台。

该经济业务的发生，涉及"银行存款"账户和"固定资产"账户，"银行存款"账户属于资产类账户，"固定资产"账户也属于资产类账户。该经济业务属资产内部有增有减，即"银行存款"账户的金额减少90000元，同时"固定资产"账户的金额增加90000元。"银行存款"账户属于资产类账户，减少计入贷方；"固定资产"账户属于资产类账户，增加计入借方。记账如图4-7所示。

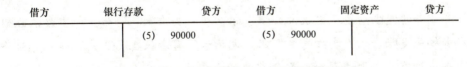

图4-7　贷记"银行存款"，借记"固定资产"

(6) 8月27日，大明公司向银行借入短期借款50000元，直接用于归还前欠货款。

该经济业务的发生，涉及"短期借款"账户和"应付账款"账户，"短期借款"账户属于负债类账户，"应付账款"账户也属于负债类账户。该经济业务属负债内部有增有减，即"短期借款"账户的金额增加50000元，同时"应付账款"账户的金额减少50000元。"短期借款"账户属于负债类账户，增加计入贷方；"应付账款"账户属于负债类账户，减少计入借方。记账如图4-8所示。

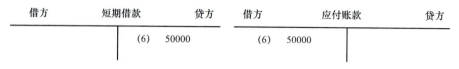

图4-8 贷记"短期借款"，借记"应付账款"

（7）8月31日，以盈余公积80000元向所有者分配现金股利。

该经济业务的发生，涉及"盈余公积"账户和"应付股利"账户，"盈余公积"账户属于所有者权益类账户，"应付股利"账户属于负债类账户。该经济业务属所有者权益减少同时负债增加，即"盈余公积"账户的金额减少80000元，同时"应付股利"账户的金额增加80000元。"盈余公积"账户属于所有者权益类账户，减少计入借方；"应付股利"账户属于负债类账户，增加计入贷方。记账如图4-9所示。

图4-9 借记"盈余公积"，贷记"实付股利"

（8）8月31日，经批准将企业原发行的应付债券20000元转作资本。

该经济业务的发生，涉及"应付债券"账户和"实收资本"账户，"应付债券"账户属于负债类账户，"实收资本"账户属于所有者权益类账户。该经济业务属负债减少同时所有者权益增加，即"应付债券"账户的金额减少20000元，同时"实收资本"账户的金额增加20000元。"应付债券"账户属于负债类账户，减少计入借方；"实收资本"账户属于所有者权益类账户，增加计入贷方。记账如图4-10所示。

图4-10 借记"应付债券"，贷记"实收资本"

（9）8月31日，经批准企业用盈余公积70000元转增资本。

该经济业务的发生，涉及"盈余公积"账户和"实收资本"账户，"盈余公积"账户属于所有者权益类账户，"实收资本"账户也属于所有者权益类账户。该经济业务属所有者权益内部有增有减，即"盈余公积"账户的金额减少70000元，同时"实收资本"账户的金额增加70000元。"盈余公积"账户属于所有者权益类账户，减少计入借方；"实收资本"账户属于所有者权益类账户，增加计入贷方。记账如图4-11所示。

图4-11 借记"盈余公积"，贷记"实收资本"

从上述例子可以看出，在借贷记账法下，无论何种类型的经济业务，其账务处理都是"有借必有贷，借贷必相等"。

在上述举例的每一笔经济业务中，所涉及账户只有一个借方账户和一个贷方账户的经济业务。但实际工作中，有的经济业务往往比较复杂，可能同时涉及一个借方账户和几个贷方账户，或者是一个贷方账户和几个借方账户，或者是几个借方账户和几个贷方账户。无论一笔经济业务多么复杂，在借贷记账法下，都会遵循"有借必有贷，借贷必相等"的记账规则。

【例4-2】 大明公司购入材料一批，价款60000元，以银行存款支付40000元，余款尚未支付，材料已验收入库。

这笔经济业务涉及"原材料""银行存款""应付账款"三个账户，其中："原材料"账户属资产类账户，增加60000元，记借方；"银行存款"账户属资产类账户，减少40000元，记贷方；"应付账款"账户属负债类账户，增加20000元，记贷方。即此笔经济业务涉及一个借方账户（"原材料"账户）和两个贷方账户（"银行存款"账户和"应付账款"账户）。在记账时，"原材料"账户的借方登记60000元，"银行存款"账户的贷方登记40000元，"应付账款"账户的贷方登记20000元，借贷两方金额相等。记账如图4-12所示。

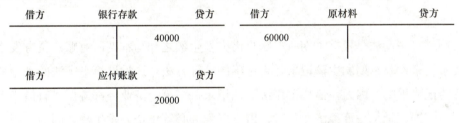

图4-12 贷记"银行存款""应付账款"，借记"原材料"

【例4-3】 大明公司收到A公司投入的资本，其中30000元是货币资金，款项已存入银行，另外40000元是材料，已验收入库。

这笔经济业务涉及"实收资本""银行存款""原材料"三个账户，其中："实收资本"属所有者权益类账户，增加70000元，记贷方；"银行存款"属资产类账户，增加30000元，记借方；"原材料"属资产类账户，增加40000元，记借方。即此笔经济业务，涉及一个贷方账户（"实收资本"账户）和两个借方账户（"银行存款"账户和"原材料"账户）。在记账时，"实收资本"账户的贷方登记70000元，"银行存款"账户的借方登记30000元，"原材料"账户的借方登记40000元，借贷两方金额相等。记账如图4-13所示。

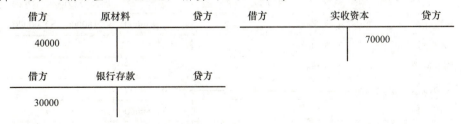

图4-13 借记"原材料""银行存款"，贷记"实收资本"

项目四　复式记账

在借贷记账法下，发生的每一笔经济业务，都要记录在一个或几个账户的借方与另一个或另几个账户的贷方。在记录每一笔经济业务时，使有关账户之间形成一种应借应贷关系，这种应借应贷关系称为账户的对应关系；存在这种对应关系的账户称为对应账户。如【例4-3】中，"实收资本"为贷方账户，"银行存款"和"原材料"两个为借方账户，则"实收资本"账户和"银行存款"账户、"实收资本"账户和"原材料"账户之间形成了应借应贷的对应关系，它们在此笔经济业务中互为对应账户；但"银行存款"账户和"原材料"账户都在借方，不具有应借应贷的对应关系，因而"银行存款"账户和"应付账款"账户在此笔经济业务中不是对应账户。

问题五　借贷记账法的试算平衡是怎样的？

试算平衡法是指根据"资产＝负债＋所有者权益"的会计恒等关系以及借贷记账法的记账规则，检查和验证所有账户记录是否正确的一种方法。试算平衡法包括发生额试算平衡法和余额试算平衡法两种。

（一）发生额试算平衡法

发生额试算平衡法是根据本期所有账户借方发生额之和与本期所有账户贷方发生额之和相等的关系，来检验本期发生额记录是否正确的一种方法。这种试算平衡法的理论依据是借贷记账法的记账规则。因为在借贷记账法下，记录每一笔经济业务都遵循"有借必有贷，借贷必相等"，即记录每一笔经济业务时，借方发生额必等于贷方发生额。因此，当一定会计期间的全部经济业务都按此记账规则登记入账后，所有账户本期借方发生额之和必等于所有账户本期贷方发生额之和。借贷记账法下，发生额试算平衡法的公式表达如下：

所有账户本期借方发生额之和＝所有账户本期贷方发生额之和

为前面【例4-1】大明公司2017年8月份发生的9笔经济业务编制本期发生额试算平衡表，如表4-2所示。

表4-2　本期发生额试算平衡表

2017年8月31日

会计科目	本 期 发 生 额	
	借方	贷方
银行存款	（1）50000	（3）30000　（4）100000　（5）90000
原材料	（2）30000	
固定资产	（5）90000	
短期借款		（6）50000
应付股利		（7）80000
应付账款	（3）30000　（6）50000	（2）30000

续表

会计科目	本期发生额	
	借方	贷方
应付债券	(8) 20000	
实收资本	(4) 100000	(1) 50000 (8) 20000 (9) 70000
盈余公积	(7) 80000 (9) 70000	
合　　计	520000	520000

（二）余额试算平衡法

余额试算平衡法是根据本期所有借方余额之和与本期所有贷方余额之和相等的关系，来检验本期账户记录是否正确的一种方法。这种试算平衡法的理论依据是"资产＝负债＋所有者权益"的会计恒等关系。根据余额时间不同，余额平衡分为期初余额平衡与期末余额平衡两种。

期初，所有账户余额满足"资产＝负债＋所有者权益"的会计恒等式。本期，每一笔经济业务的发生，都是按"有借必有贷，借贷必相等"的记账规则登记入账，所有账户本期借方发生额之和必等于所有账户本期贷方发生额之和。期末结账后，所有账户余额必满足"资产＝负债＋所有者权益"的会计恒等式，即所有账户的借方余额之和必然等于所有账户贷方余额之和。因此，借贷记账法下，余额试算平衡法的公式表达如下：

所有账户期初借方余额之和＝所有账户期初贷方余额之和

所有账户期末借方余额之和＝所有账户期末贷方余额之和

实际工作中，发生额试算平衡和余额试算平衡往往是通过编制发生额及余额试算平衡表来进行试算的。

【例4-4】 大明公司2017年8月初有关账户期初余额如表4-3所示。根据【例4-1】大明公司2017年8月份发生的9笔经济业务和表4-2，编制大明公司2017年8月份的发生额及余额试算平衡表，如表4-4所示。

表4-3　大明公司有关账户期初余额

2017年7月31日

会计科目	期初余额	
	借方	贷方
银行存款	200000	
原材料	50000	
固定资产	400000	
无形资产	100000	
应付账款		100000

续表

会计科目	期初余额	
	借方	贷方
应付债券		50000
实收资本		300000
盈余公积		300000
合　　计	750000	750000

表4-4　大明公司发生额及余额试算平衡表

2017年8月31日

会计科目	期初余额		本期发生额		期末余额	
	借方	贷方	借方	贷方	借方	贷方
银行存款	200000		50000	220000	30000	
原材料	50000		30000		80000	
固定资产	400000		90000		490000	
无形资产	100000				100000	
短期借款				50000		50000
应付股利				80000		80000
应付账款		100000	80000	30000		50000
应付债券		50000	20000			30000
实收资本		300000	100000	140000		340000
盈余公积		300000		150000		150000
合　　计	750000	750000	520000	520000	700000	700000

在编制试算平衡表时，应注意以下几点：

（1）必须将所有账户的期初余额、本期借方发生额合计数、本期贷方发生额合计数和期末余额都录入发生额及余额试算平衡表。

（2）如果试算平衡表借贷不相等，则肯定账户记录有错误，应认真查找，直到实现平衡为止。

（3）即便实现了三栏的平衡关系，也并不能说明账户记录绝对正确，因为有些错误并不会影响借贷双方的平衡关系。例如：整笔漏记某项经济业务，将使本期借贷双方的发生额发生等额减少，借贷仍然平衡；整笔重记某项经济业务，将使本期借贷双方的发生额发生等额虚增，借贷仍然平衡；某项经济业务记错有关账户，借贷仍然平衡；某项经济业务在账户记录中，颠倒了记账方向，借贷仍然平衡；借方或贷方发生额中，偶然发生多记少记恰好相互抵消，借贷仍然平衡等。

因此，在编制试算平衡表之前，应认真核对有关账户记录，以消除上述错误。

任务三　掌握会计分录的编制方法

问题一　什么是会计分录？

企业在日常的生产经营中，会发生大量的经济业务，我们要将所发生的经济业务登记到账户中，但是，若逐笔登记，工作量会非常大，也容易发生一些差错，所以在会计实务中，为了保证账户记录的正确性和便于事后检查，在把经济业务计入账户前，先要采用一种专门的方法来确定各项经济业务正确的账户对应关系，即要确定经济业务涉及的账户、借贷方向和金额，再以此登记入账。这种专门的方法就是编制会计分录。

所谓会计分录，是指对某项经济业务事项标明其应借应贷账户及其金额的记录，简称为分录。在会计实务中，会计分录是在记账凭证上登记的。一笔会计分录主要包括三个要素，即会计科目、记账符号和金额。

问题二　会计分录的编写步骤如何？

编制会计分录，应按照下列步骤进行：
（1）找到会计科目，即该笔经济业务所涉及的全部账户。
（2）判断账户性质，即账户属于资产、成本和费用类，还是属于负债、所有者权益和收入类。
（3）判断账户增减，即经济业务的发生引起账户的金额是增加，还是减少。
（4）判断借贷符号，即根据账户的性质和增减确定记账符号，资产、成本和费用类账户增加，或负债、所有者权益和收入类账户减少，计入"借方"；资产、成本和费用类账户减少，或负债、所有者权益和收入类账户增加，计入"贷方"。
（5）确定账户金额，即确定经济业务的发生引起某账户增减变化的金额。
（6）整理并检验，即按照会计分录的书写格式整理，并按借贷记账法"有借必有贷，借贷必相等"的记账规则检验会计分录是否正确。

问题三　会计分录的书写格式如何？

书写会计分录，并不是简单地把几个要素写出来就行了，而是有一定的格式要求：先写借、后写贷，借、贷上下错开两个字，明确账户对应关系，并显示借贷相等。如需要

项目四 复式记账

注明明细科目，则应在总分类科目与明细分类科目之间加一破折号，金额用阿拉伯数字表示，金额后面不写元，相同方向账户左对齐，相同方向的金额右对齐，借、贷双方金额要错开，便于试算平衡。

前面【例4-1】大明公司2017年8月份发生的9笔经济业务，编制的会计分录如下：

(1) 借：银行存款　　　　　　　　　　　　　　　　　　　　50000
　　　贷：实收资本　　　　　　　　　　　　　　　　　　　　　　50000

(2) 借：原材料　　　　　　　　　　　　　　　　　　　　　　30000
　　　贷：应付账款　　　　　　　　　　　　　　　　　　　　　　30000

(3) 借：应付账款　　　　　　　　　　　　　　　　　　　　　30000
　　　贷：银行存款　　　　　　　　　　　　　　　　　　　　　　30000

(4) 借：实收资本　　　　　　　　　　　　　　　　　　　　　100000
　　　贷：银行存款　　　　　　　　　　　　　　　　　　　　　　100000

(5) 借：固定资产　　　　　　　　　　　　　　　　　　　　　90000
　　　贷：银行存款　　　　　　　　　　　　　　　　　　　　　　90000

(6) 借：应付账款　　　　　　　　　　　　　　　　　　　　　50000
　　　贷：短期借款　　　　　　　　　　　　　　　　　　　　　　50000

(7) 借：盈余公积　　　　　　　　　　　　　　　　　　　　　80000
　　　贷：应付股利　　　　　　　　　　　　　　　　　　　　　　80000

(8) 借：应付债券　　　　　　　　　　　　　　　　　　　　　20000
　　　贷：实收资本　　　　　　　　　　　　　　　　　　　　　　20000

(9) 借：盈余公积　　　　　　　　　　　　　　　　　　　　　70000
　　　贷：实收资本　　　　　　　　　　　　　　　　　　　　　　70000

前面【例4-2】大明公司发生的经济业务，编制的会计分录如下：

借：原材料　　　　　　　　　　　　　　　　　　　　　　　60000
　　贷：银行存款　　　　　　　　　　　　　　　　　　　　　　40000
　　　　应付账款　　　　　　　　　　　　　　　　　　　　　　20000

前面【例4-3】大明公司发生的经济业务，编制的会计分录如下：

借：银行存款　　　　　　　　　　　　　　　　　　　　　　30000
　　原材料　　　　　　　　　　　　　　　　　　　　　　　40000
　　贷：实收资本　　　　　　　　　　　　　　　　　　　　　　70000

问题四　会计分录的种类有哪些？

会计分录按其所涉及的账户数量多少，可分为简单会计分录和复合会计分录。

简单会计分录是指只涉两个账户的会计分录,即一借一贷的会计分录。这种会计分录,其账户对应关系一目了然。如【例4-1】中9个分录都是简单会计分录。

复合会计分录是指涉及两个以上(不含两个)账户的会计分录,即一借多贷、一贷多借和多借多贷的会计分录。如【例4-2】和【例4-3】中的会计分录都是复合会计分录。复合会计分录可以分解成简单会计分录。

例如:上述【例4-2】中的会计分录是复合会计分录,可以分解为两个简单会计分录。即:

借:原材料   40000
　　贷:银行存款   40000
借:原材料   20000
　　贷:应付账款   20000

上述【例4-3】中的会计分录是复合会计分录,可以分解为两个简单会计分录。即:

借:银行存款   30000
　　贷:实收资本   30000
借:原材料   40000
　　贷:实收资本   40000

为了清晰地反映经济业务的内容,清楚地指明账户的对应关系,一般情况下应编制一借一贷、一借多贷或一贷多借的会计分录。在特殊情况下,一项复杂的交易或事项,为了完整全面地反映,可以编制多借多贷的会计分录。但是,不允许把多笔不同类的经济业务合并在一起,编制多借多贷的复合会计分录。

任务四　熟悉工业企业主要经济业务的核算

工业企业的主要经济业务有筹集资金、供应过程、生产过程、销售过程和利润形成与分配等业务。

问题一　筹集资金如何核算?

(一)主要业务

企业从事正常的生产经营活动,必须要拥有一定数量的资金。企业筹资的渠道主要有两条：一是所有者投入资金；二是向债权人借入资金。

我国法律规定，每一个依法成立的企业都需要有投资人的投入，投资人的投入资金即注册资本。企业接受投资人的投资，既可以是中华人民共和国的境内的投资，也可以是境外的投资；投资人既可以是国家，也可以是法人、自然人；接受投资的形式，既可以是现款，也可以是实物资产和无形资产等。

企业需要资金时，还可以向银行或其他金融机构借入，或经批准向社会发行企业债券借入资金等。

（二）账户设置

1. "实收资本"（或股本）账户

核算内容：核算按照企业章程的规定，投资者投入企业的资本（股份公司为股本）。

账户性质：所有者权益类账户。

账户结构：贷方登记企业实际收到的投资者投入的资本数；借方登记企业按法定程序报经批准减少的注册资本数；期末余额在贷方，反映企业实有的资本（或股本）数。

明细账设置：按投资人设置明细账，进行明细核算。

账户结构如图4-14所示。

借方	实收资本（或股本）	贷方
报经批准减少的注册资本（或股本）数	实际收到的投资者投入的资本数（投资额）	
	期末实有的资本（或股本）数	

图4-14　实收资本

2. "资本公积"账户

核算内容：核算企业取得的资本公积金。

账户性质：所有者权益类账户。

账户结构：贷方登记企业资本公积金增加数；借方登记企业资本公积金减少数；期末余额在贷方，反映企业资本公积金的实有数。

明细账设置：按资本公积形成的原因设置明细账，进行明细核算。

账户结构如图4-15所示。

借方	资本公积	贷方
企业资本公积金减少数	企业资本公积金增加数	
	期末企业资本公积金的实有数	

图4-15　资本公积

3. "银行存款"账户

核算内容：核算企业存入银行或其他金融机构的各种存款。

账户性质：资产类账户。

账户结构：借方登记企业银行存款的增加数；贷方登记企业银行存款的减少数；期末余额在借方，表示期末企业银行存款的实有数。

明细账设置：该账户按存款账号设置明细账，进行明细核算。

账户结构如图4-16所示。

借方	银行存款	贷方
企业银行存款的增加数		企业银行存款的减少数
期末企业银行存款的实有数		

图4-16　银行存款

4．"固定资产"账户

核算内容：核算企业固定资产的原价。

账户性质：资产类账户。

账户结构：借方登记增加的固定资产原价；贷方登记减少的固定资产原价；期末余额在借方，表示期末固定资产的账面原价。

明细账设置：按固定资产种类设置明细账，进行明细核算。

账户结构如图4-17所示。

借方	固定资产	贷方
增加的固定资产原价		减少的固定资产原价
期末固定资产的账面原价		

图4-17　固定资产

5．"无形资产"账户

核算内容：核算企业的专利权、商标权、著作权等无形资产的增减变动情况。

账户性质：资产类账户。

账户结构：借方登记无形资产的增加额；贷方登记无形资产的减少额；期末余额在借方，表示无形资产的成本。

明细账设置：按无形资产种类设置明细账，进行明细核算。

账户结构如图4-18所示。

借方	无形资产	贷方
无形资产的增加额		无形资产的减少额
期末无形资产的成本		

图4-18　无形资产

6. "短期借款"账户

核算内容：核算企业向银行等金融机构借入期限在一年以下（含一年）的各种借款及偿还情况。

账户性质：负债类账户。

账户结构：贷方登记取得短期借款的本金数；借方登记偿还短期借款的本金数；期末余额在贷方，表示尚未偿还的短期借款本金数。

明细账设置：按借款种类设置明细账，进行明细核算。

账户结构如图4-19所示。

借方	短期借款	贷方
偿还短期借款的本金数		取得短期借款的本金数
		尚未偿还的短期借款本金数

图4-19　短期借款

7. "长期借款"账户

核算内容：核算企业向银行等金融机构借入期限在一年以上（不含一年）的各种借款及偿还情况。

账户性质：负债类账户。

账户结构：贷方登记取得长期借款的本金及利息调整，借方登记偿还长期借款的本金及利息调整，期末余额在贷方，表示尚未偿还的长期借款本金和尚未调整的利息数。

明细账设置：按债权人和借款种类设置明细账，进行明细核算。

账户结构如图4-20所示。

借方	长期借款	贷方
偿还长期借款的本金及利息调整		取得长期借款的本金及利息调整
		尚未偿还的长期借款本金和尚未调整的利息数

图4-20　长期借款

8. "财务费用"账户

核算内容：核算企业为筹集生产经营资金而发生的费用，包括利息支出、汇兑损益及相关手续费。

账户性质：损益类账户。

账户结构：借方登记企业发生的各项财务费用；贷方登记期末转入"本年利润"的财务费用；期末结转到后无余额。

明细账设置：按财务费用的项目设专栏，进行明细核算。

账户结构如图4-21所示。

任务四 熟悉工业企业主要经济业务的核算

图4-21 财务费用

（三）账务处理

下面以大明公司2017年12月份发生的交易或事项为例。

1. 接受投资

企业接受投资者投入的资本，可借记"银行存款""固定资产""无形资产"等科目，按其在企业的注册资本中所占份额，贷记"实收资本"，按其差额，贷记"资本公积——资本溢价"。

（1）接受现金投资。

【例4-5】 大明公司1日收到投资者投入的资本金650000元，存入银行。会计分录如下：

借：银行存款　　　　　　　　　　　　　　　650000
　　贷：实收资本　　　　　　　　　　　　　　　　650000

（2）接受固定资产投资。

【例4-6】 大明公司3日收到红星公司投入的全新设备一台，经评估，双方协商价值为800000元，占大明公司注册资本13000000元的5%。会计分录（不考虑增值税）如下：

借：固定资产　　　　　　　　　　　　　　　800000
　　贷：实收资本　　　　　　　　　　　　　　　　650000
　　　　资本公积——资本溢价　　　　　　　　　　150000

（3）接受无形资产投资。

【例4-7】 5日，大明公司接受华新公司以一项专利权作投资，价值100000元。会计分录（不考虑增值税）如下：

借：无形资产　　　　　　　　　　　　　　　100000
　　贷：实收资本　　　　　　　　　　　　　　　　100000

2. 返还投资

企业返还投资者资本时，按实际返还金额借记"实收资本"，贷记"银行存款""库存现金"等科目。

【例4-8】 6日，经批准，大明公司将华新公司的投资款100000元以存款方式退还。会计分录如下：

借：实收资本　　　　　　　　　　　　　　　100000
　　贷：银行存款　　　　　　　　　　　　　　　　100000

3. 借入资金

企业借入各种借款时，借记"银行存款"等科目，按借入款项的期限贷记"短期借款"或"长期借款"科目。

（1）借入短期借款。

【例4-9】 8日，经批准，公司从银行借入期限为半年的借款150000元，款项存入银行。会计分录如下：

借：银行存款　　　　　　　　　　　　　　　　　　　150000
　　贷：短期借款　　　　　　　　　　　　　　　　　　　150000

（2）借入长期借款。

【例4-10】 10日，公司向银行借入为期5年的借款600000元，用于在建工程，款项已存入银行。会计分录如下：

借：银行存款　　　　　　　　　　　　　　　　　　　600000
　　贷：长期借款　　　　　　　　　　　　　　　　　　　600000

（3）支付利息。

【例4-11】 31日，公司向银行支付短期借款利息600元。会计分录如下：

借：财务费用　　　　　　　　　　　　　　　　　　　600
　　贷：银行存款　　　　　　　　　　　　　　　　　　　600

问题二 供应过程如何核算？

（一）主要业务

供应过程是工业企业生产的准备过程，其主要业务有：材料采购、与供应单位货款结算和材料验收入库等。企业以货币资金购买各种材料作为生产储备，以保证生产需要。材料是企业的一项重要流动资产，具有实物形态，经常处于不断的耗用和重置之中，容易丢失破损。因此，必须建立、健全材料收发手续制度，加强管理，从价值和实物两方面做好材料采购交易或事项的会计记录。

（二）账户设置

1．"在途物资"账户

核算内容：核算企业采用实际成本进行材料日常核算，材料尚未到达或到达而尚未验收入库材料的采购成本。

账户性质：资产类账户。

账户结构：借方登记企业购入材料的买价和采购费用；贷方登记验收入库材料的采购成本；期末余额在借方，反映企业已付款、尚未验收入库的在途物资的采购成本。

明细账设置：该账户按供应单位和物资品种设置明细账，进行明细核算。

账户结构如图4-22所示。

借方	在途物资	贷方
购入材料的买价和采购费用	验收入库材料的采购成本	
已付款、尚未验收入库的在途物资的采购成本		

图4-22　在途物资

2. "原材料"账户

核算内容：核算企业各种材料的收发与结存情况。

账户性质：资产类账户。

账户结构：在原材料按实际成本计价核算时，借方登记入库材料的实际成本；贷方登记发出材料的实际成本；期末余额在借方，反映企业库存材料的实际成本。

明细账设置：按材料类别、品种及规格设置明细账，进行明细核算。

账户结构如图4-23所示。

借方	原材料	贷方
入库材料的实际成本	发出材料的实际成本	
期末企业库存材料的实际成本		

图4-23　原材料

3. "应付账款"账户

核算内容：核算企业因购买材料、商品或接受劳务供应等经营活动应支付给供应单位的款项。

账户性质：负债类账户。

账户结构：贷方登记应付未付给供应单位的款项；借方登记偿还给供应单位的款项；期末余额一般在贷方，表示尚未支付给供应单位的款项。

明细账设置：一般按供应单位设置明细账，进行明细核算。

账户结构如图4-24所示。

借方	应付账款	贷方
偿还给供应单位的款项	应付未付给供应单位的款项	
	尚未支付给供应单位的款项	

图4-24　应付账款

4. "预付账款"账户

核算内容：核算企业按照购货合同规定预付给供应单位的款项。

账户性质：资产类账户。

账户结构：借方登记按照购货合同规定预付给供应单位的款项和补付给供应单位的款项；贷方登记收到所购货物和退回多预付的款项；期末余额一般在借方，表示企业实际预付的款项；期末如为贷方余额，则表示企业尚需补付的货款。

明细账设置：按供应单位设置明细账，进行明细核算。

账户结构如图4-25所示。

借方	预付账款	贷方
①预付给供应单位的款项 ②补付给供应单位的款项		①收到所购货物 ②退回多预付的款项
企业实际预付的款项		企业尚需补付的货款

图4-25　预付账款

5．"应付票据"账户

核算内容：核算企业因购买材料、商品或接受劳务供应等开出、承兑的商业汇票。

账户性质：负债类账户。

账户结构：贷方登记企业已开出、承兑的商业汇票或以承兑汇票抵付的货款；借方登记收到银行付款通知后实际支付的款项，期末余额在贷方，则表示尚未到期的商业汇票的票面金额。

明细账设置：按供应单位设置明细账，进行明细核算。

账户结构如图4-26所示。

借方	应付票据	贷方
收到银行付款通知后实际支付的款项		企业已开出、承兑的商业汇票或以承兑汇票抵付的货款
		尚未到期的商业汇票的票面金额

图4-26　应付票据

6．"应交税费"账户

核算内容：核算企业按照税法规定计算应交纳的各种税费，包括增值税、消费税、所得税、城市维护建设税和教育费附加等。

账户性质：负债类账户。

账户结构：贷方登记应交纳而未交纳的各种税费；借方登记实际交纳的税费，期末余额在贷方，表示企业尚未交纳的税费；期末余额如在借方，则表示多交纳或尚未抵扣的税金。

明细账设置：按应交税费的种类设置明细账，进行明细核算。

账户结构如图4-27所示。

借方	应交税费	贷方
实际缴纳的税费		应交纳而未交纳的各种税费
多交纳或尚未抵扣的税金		尚未交纳的税费

图4-27　应交税费

为了核算企业应交增值税的发生、交纳、退税及转出等情况，在"应交税费"账户下设置"应交增值税"明细账户。

"应交增值税"明细账户的借方发生额，反映企业购进货物或接受应税劳务支付的进项税额和实际已交纳的增值税额等；贷方发生额，反映销售货物或提供应税劳务时向购货方收取的销项税额；期末余额在贷方，表示企业尚未交纳的增值税；期末余额如在借方，则表示多交纳或尚未抵扣的增值税。

"应交税费——应交增值税"账户下借方设置"进项税额""已交税金"等专栏，贷方设置"销项税额""进项税额转出""出口退税"等专栏，进行明细核算。

"应交税费——应交增值税"账户结构如图4-28所示。

借方	应交税费——应交增值税	贷方
①企业购进货物或接受应税劳务支付的进项税额 ②实际已交纳的增值税额 ③减免税款 ④转出未交纳增值税	①销售货物或提供应税劳务时向购货方收取的销项税额 ②进项税额转出 ③出口退税 ④转出多交纳增值税	
多交纳或尚未抵扣的增值税	尚未交纳的增值税	

图4-28 应交税费——应交增值税

（三）账务处理

在实际成本核算下，企业采购材料，根据情况可借记"原材料""在途物资""应交税费"等科目，贷记"银行存款""应付账款""应付票据"等科目。

1. 企业购买材料，材料已验收入库，款项已付

【例4-12】 5日，大明公司从南方厂购入甲材料一批，取得的增值税专用发票上记载价款100000元，增值税17000元，另付运杂费1000元，全部货款已用存款支付，材料已验收入库。会计分录如下：

借：原材料——甲材料　　　　　　　　　　　　　　　　　　　101000
　　应交税费——应交增值税（进项税额）　　　　　　　　　　　17000
　　贷：银行存款　　　　　　　　　　　　　　　　　　　　　　118000

2. 企业购买材料，材料已验收入库，款项未付

【例4-13】 7日，大明公司从北方厂购入乙材料一批，取得的增值税专用发票上记载价款200000元，增值税34000元，货款未支付，材料已验收入库。会计分录如下：

借：原材料——乙材料　　　　　　　　　　　　　　　　　　　200000
　　应交税费——应交增值税（进项税额）　　　　　　　　　　　34000
　　贷：应付账款　　　　　　　　　　　　　　　　　　　　　　234000

3. 企业购买材料，材料已验收入库，开出商业汇票

【例4-14】 8日，大明公司从华新公司购入乙材料一批，取得的增值税专用发票上记载价款15000元，增值税2550元，材料已验收入库，开出一张商业汇票，期限为2个月，面额17550元。会计分录如下：

借：原材料——乙材料　　　　　　　　　　　　　　　　　　15000
　　应交税费——应交增值税（进项税额）　　　　　　　　　　2550
　　贷：应付票据　　　　　　　　　　　　　　　　　　　　　　　17550

> **小思考**
>
> （1）大明公司开具的商业汇票到期，支付票款应如何进行账务处理？
>
> （2）大明公司开具的商业汇票到期，而公司无钱支付，应如何进行账务处理？

4. 企业购买材料，材料未运到，款项已付

【例4-15】　9日，大明公司从南方厂购入甲材料一批，取得的增值税专用发票上记载价款30000元，增值税5100元，另付运杂费500元，全部货款已用存款支付，材料未运到。会计分录如下：

借：在途物资　　　　　　　　　　　　　　　　　　　　　　　30500
　　应交税费——应交增值税（进项税额）　　　　　　　　　　5100
　　贷：银行存款　　　　　　　　　　　　　　　　　　　　　　　35600

5. 材料运到，并验收入库

【例4-16】　11日，上述材料运到，并验收入库。会计分录如下：

借：原材料——甲材料　　　　　　　　　　　　　　　　　　30500
　　贷：在途物资　　　　　　　　　　　　　　　　　　　　　　　30500

6. 企业以预付方式购买材料

企业以预付方式购买材料，一般按以下几步进行处理：

（1）企业按合同规定预付购货款。预付时，借记"预付账款"，贷记"银行存款"等。

（2）企业收到对方发来的货物。收到并验收入库，借记"原材料""应交税费"等，贷记"预付账款"。

（3）企业补付或收回多预付的货款。补付货款时，借记"预付账款"，贷记"银行存款"；收回多预付的货款，借记"银行存款"，贷记"预付账款"。

【例4-17】　12日，大明公司按合同规定，为购买甲材料以银行存款12000元向恒星公司预付货款。会计分录如下：

借：预付账款——恒星公司　　　　　　　　　　　　　　　　12000
　　贷：银行存款　　　　　　　　　　　　　　　　　　　　　　　12000

任务四　熟悉工业企业主要经济业务的核算

【例4-18】 15日，大明公司12日以预付货款方式从恒星公司购买的甲材料已到，并验收入库。其增值税专用发票上记载价款13000元，增值税2210元，供货方代垫运杂费200元。会计分录如下：

借：原材料——甲材料　　　　　　　　　　　　　　　　　　13200
　　应交税费——应交增值税（进项税额）　　　　　　　　　 2210
　　贷：预付账款——恒星公司　　　　　　　　　　　　　　　　　15410

【例4-19】 18日，大明公司以银行存款3410元补付给恒星公司。

借：预付账款——恒星公司　　　　　　　　　　　　　　　　3410
　　贷：银行存款　　　　　　　　　　　　　　　　　　　　　　 3410

做中学：

红星公司6日按合同向星际公司预付货款15000元购买材料。10日收到星际公司发出的材料，并验收入库，增值税专用发票上记载价款10000元，增值税1700元。12日收到星际公司退回多预付的货款。6日、10日和12日分别如何进行账务处理？

问题三　生产过程如何核算？

（一）主要业务

工业企业产品生产过程是连接供应和销售过程的中心环节，产品生产过程也是生产耗费过程。在这个过程中会消耗材料、会产生人工和机器设备等固定资产的磨损以及其他各种耗费，构成了企业的生产费用。将生产费用归集到一定种类和数量的产品上时，就构成了产品的制造成本。对于不能计入产品制造成本的管理费用、财务费用和销售费用作为期间费用，直接计入当期损益。生产过程的主要业务有：对生产耗费进行归集和分配，产品制造成本的计算与结转。

（二）账户设置

1. "生产成本"账户

核算内容：核算企业在产品生产过程中所发生的各项生产费用，计算产品成本。

账户性质：成本类账户。

账户结构：借方登记生产产品时所发生的各项费用，包括直接材料、直接人工和制造费用；贷方登记结转完工并验收入库产品的实际制造成本；期末借方余额，反映尚未完工的各项在产品成本。

明细账设置：按产品的品种或类别设置明细账，并按规定的成本项目设置专栏，进行明细核算。

账户结构如图4-29所示。

图4-29 生产成本

2. "制造费用"账户

核算内容：核算企业生产车间为生产产品和提供劳务而发生的各项间接费用。

账户性质：成本类账户。

账户结构：借方登记企业生产车间所发生的各项间接费用，包括车间管理人员的工资和福利费，固定资产折旧费与修理费、办公费、水电费等；贷方登记企业分配转入"生产成本"账户借方应由各种产品负担的间接费用；期末无余额。

明细账设置：按不同生产车间、部门和费用项目设置明细账，进行明细核算。

账户结构如图4-30所示。

图4-30 制造费用

3. "管理费用"账户

核算内容：核算企业行政管理部门为组织和管理生产经营活动而发生的各项管理费用，包括行政管理部门人员的工资和福利费，固定资产折旧费与修理费、办公费、水电费、差旅费等。

账户性质：损益类账户。

账户结构：借方登记发生的各项管理费用；贷方登记期末转入当期损益的管理费用；期末无余额。

明细账设置：该账户按管理费用的项目设专栏，进行明细核算。

账户结构如图4-31所示。

借方	管理费用	贷方
行政管理部门为组织和管理生产经营活动而发生的各项费用	期末转入当期损益的管理费用	

图4-29 管理费用

4. "应付职工薪酬"账户

核算内容：核算企业根据有关规定应付给职工的各种薪酬。

账户性质：负债类账户。

账户结构：贷方登记应按职工提供服务的受益对象分配计入有关成本费用项目的数

额；借方登记实际支付职工薪酬的数额；期末贷方余额，表示企业应付未付的职工薪酬。

明细账设置：按应付职工薪酬的项目（如：工资、职工福利、社会保险、住房公积金、工会经费、职工教育经费等）设明细账，进行明细核算。

账户结构如图4-32所示。

借方	应付职工薪酬	贷方
实际支付职工薪酬的数额		按职工提供服务的受益对象分配计入有关成本费用项目的数额
		企业应付未付的职工薪酬

图4-32　应付职工薪酬

5. "累计折旧"账户

核算内容：核算企业对固定资产计提的累计折旧。

账户性质：资产类账户。

账户结构：是"固定资产"账户的调整账户，贷方登记计提固定资产的折旧额；借方登记因减少固定资产而转出的累计已提折旧额；期末余额在贷方，反映企业已提取的固定资产折旧累计数。

账户结构如图4-33所示。

借方	累计折旧	贷方
因减少固定资产而转出的累计已提折旧额		计提固定资产的折旧额
		企业已提取的固定资产折旧累计数

图4-33　累计折旧

> **小提示：**
> 调整账户是为了求得被调整账户的实际余额而设置的账户。
> 固定资产净值＝固定资产原始价值－累计折旧

6. "库存商品"账户

核算内容：核算企业库存的各种商品的实际成本。

账户性质：资产类账户。

账户结构：借方登记验收入库商品（产成品）的实际成本；贷方登记发出商品的实际成本；期末余额在借方，表示各种库存商品的实际成本。

明细账设置：按商品的类别、品种及规格设置明细账，进行明细核算。

账户结构如图4-34所示。

借方	库存商品	贷方
验收入库商品（产成品）的实际成本		发出商品的实际成本
各种库存商品的实际成本		

图4-34　库存商品

（三）账务处理

1. 行政管理部门发生的费用

企业各种行政管理部门日常发生的费用，如行政管理部门人员的工资和福利费、固定资产折旧费与修理费、办公费、水电费等，借记"管理费用"账户，贷记"银行存款""库存现金""累计折旧"等账户。

【例4-20】 10日，大明公司用银行存款1300元购买办公用品，行政管理部门直接领用。会计分录如下：

借：管理费用　　　　　　　　　　　　　　　　　　　　　　1300
　　贷：银行存款　　　　　　　　　　　　　　　　　　　　　　1300

2. 生产车间发生的费用

企业各种生产车间日常发生的费用，如车间管理人员的工资和福利费、固定资产折旧费与修理费、办公费、水电费等，借记"制造费用"账户，贷记"银行存款""库存现金""累计折旧"等账户。

【例4-21】 12日，大明公司以银行存款支付本月水电费1560元，其中，生产车间使用920元，行政管理部门使用640元。会计分录如下：

借：制造费用　　　　　　　　　　　　　　　　　　　　　　920
　　管理费用　　　　　　　　　　　　　　　　　　　　　　640
　　贷：银行存款　　　　　　　　　　　　　　　　　　　　　1560

3. 职工预借差旅费

企业职工出差前，可向企业预借现金。职工预借差旅费时，借记"其他应收款"账户，贷记"库存现金"等账户。

【例4-22】 13日，行政管理人员张彬预借差旅费2000元，以现金支付。会计分录如下：

借：其他应收款——张彬　　　　　　　　　　　　　　　　　2000
　　贷：库存现金　　　　　　　　　　　　　　　　　　　　　2000

4. 出差人员归来报销差旅费

出差人员归来报销差旅费用，应根据出差人员所属部门，借记"管理费用""制造费用""销售费用"等账户，贷记"库存现金"等账户（若出差前预借了差旅费，则贷记"其他应收款"账户，按预借金额与报销金额的差额借记或贷记"库存现金"账户）。

【例4-23】 18日，张彬出差归来报销差旅费1850元，交回多余现金150元。会计分录如下：

借：管理费用　　　　　　　　　　　　　　　　　　　　　　1850
　　库存现金　　　　　　　　　　　　　　　　　　　　　　150
　　贷：其他应收款——张彬　　　　　　　　　　　　　　　　2000

做中学：

（1）若张彬出差前预借1500元，归来报销1850元，应如何编制会计分录？

（2）若张彬出差前没有预借差旅费，归来报销1850元，应如何编制会计分录？

5. 各部门领用材料（按实际成本核算）

企业各部门领用材料，可根据领料单或领料汇总表，按照领用材料的用途，借记"生产成本""制造费用""管理费用""在建工程""销售费用"等账户，贷记"原材料"等账户。

【例4-24】 31日，大明公司仓库发出下列材料（根据公司各部门领用材料的领料单汇总），如表4-5所示。

表4-5 大明公司各部门领用材料的领用单汇总

材料名称	单位	数量	单价	金额	用途
甲材料	千克	10000	5.33	53300.00	生产A产品
乙材料	千克	200	2.16	4320.00	生产B产品
丙材料	个	50	9.00	450.00	生产车间一般耗费
丁材料	个	80	11.00	880.00	管理部门用
合计				58950.00	

会计分录如下：

借：生产成本——A产品　　　　　　　　　　　　　　　　　53300
　　　　　　——B产品　　　　　　　　　　　　　　　　　 4320
　　制造费用　　　　　　　　　　　　　　　　　　　　　　 450
　　管理费用　　　　　　　　　　　　　　　　　　　　　　 880
　　贷：原材料——甲材料　　　　　　　　　　　　　　　　 53300
　　　　　　　——乙材料　　　　　　　　　　　　　　　　 4320
　　　　　　　——丙材料　　　　　　　　　　　　　　　　 450
　　　　　　　——丁材料　　　　　　　　　　　　　　　　 880

6. 计提固定资产折旧

企业月末按规定计提本月的固定资产折旧费，应根据固定资产的使用部门，借记"制造费用""管理费用"等账户，贷记"累计折旧"账户。

【例4-25】 31日，大明公司按规定计提固定资产折旧费3200元，其中，生产车间使用的固定资产折旧2300元，行政管理部门使用的固定资产折旧900元。会计分录如下：

借：制造费用　　　　　　　　　　　　　　　　　　　　　　2300
　　管理费用　　　　　　　　　　　　　　　　　　　　　　 900
　　贷：累计折旧　　　　　　　　　　　　　　　　　　　　 3200

7. 月末分配工资

企业月末分配工资，应按职工提供服务的受益对象，借记"生产成本""制造费用""管理费用""在建工程""销售费用"等账户，贷记"应付职工薪酬"账户。

【例4-26】 31日，大明公司根据工资结算表分配工资，其中：A产品生产工人的工资22300元；B产品生产工人的工资20320元；车间管理人员的工资12500元，行政管理人员的工资10230元。会计分录如下：

借：生产成本——A产品		22300
——B产品		20320
制造费用		12500
管理费用		10230
贷：应付职工薪酬		65350

8. 月末结转制造费用

制造费用是产品生产成本的一个成本项目。月末，应将制造费用结转到产品生产成本中。若某生产车间只生产一种产品，则应将该车间本月所发生的制造费用全部结转到这种产品的生产成本中；若某生产车间生产几种产品，则应将该车间本月所发生的制造费用按一定的方法（将在项目七——成本计算中介绍），分配结转至不同产品的生产成本中。结转时，借记"生产成本"账户，贷记"制造费用"账户。

【例4-27】 31日，结转本月制造费用36200元，其中：A产品22000元；B产品14200元。会计分录如下：

借：生产成本——A产品		22000
——B产品		14200
贷：制造费用		36200

9. 月末结转完工产品的生产制造成本

月末，完工产品验收入库，应结转其生产制造成本（有关完工产品的生产制造成本的计算方法，将在项目七——成本计算中介绍）。结转时，借记"库存商品"账户，贷记"生产成本"账户。

【例4-28】 31日，结转本月完工产品生产制造成本。A产品300件，全部完工，单位成本465元，共计139500元；B产品生产250件，本月完工210件，单位成本220元，共计46200元。会计分录如下：

借：库存商品——A产品		139500
——B产品		46200
贷：生产成本——A产品		139500
——B产品		46200

问题四 销售过程如何核算？

（一）主要业务

销售过程是企业生产经营活动的最后一个阶段，只有将产品销售出去，其价值才会实现。销售过程的主要业务有：确认营业收入；结转营业成本；计算交纳销售税金及附加；支付销售费用；确定销售成果；与购货单位结算货款等。

（二）账户设置

1. "主营业务收入"账户

核算内容：核算企业在销售商品、提供劳务等日常活动中所产生的收入。

账户性质：损益类账户。

账户结构：贷方登记企业实现的主营业务收入；借方登记期末转入"本年利润"账户的主营业务收入；期末结转后无余额。

明细账设置：按已销商品的类别、品种及规格或劳务项目名称设置明细账。

账户结构如图4-35所示。

图4-35　主营业务收入

2. "主营业务成本"账户

核算内容：核算企业在销售商品、提供劳务等主营业务收入实现时应结转的成本。

账户性质：损益类账户。

账户结构：借方登记本期结转的已销商品、提供劳务的实际成本；贷方登记期末转入"本年利润"账户的主营业务成本；期末结转后无余额。

明细账设置：按已销商品类别、品种及规格或劳务项目名称设置明细账，进行明细核算。

账户结构如图4-36所示。

图4-36　主营业务成本

3. "其他业务收入"账户

核算内容：核算企业确认的除主营业务收入以外的其他经营活动中所产生的收入，包括销售材料、出租包装物、出租固定资产、出租无形资产等实现的收入。

账户性质：损益类账户。

账户结构：贷方登记企业实现的其他收入；借方登记期末转入"本年利润"账户的其他业务收入；期末结转后无余额。

明细账设置：按其他业务项目设置明细账，进行明细核算。

账户结构如图4-37所示。

图4-37　其他业务收入

4. "其他业务成本"账户

核算内容：核算企业其他业务所发生的各项支出，包括销售材料的成本、出租固定资产的折旧额、出租无形资产的摊销额、出租包装物的成本或摊销额。

账户性质：损益类账户。

账户结构：借方登记企业其他业务发生的各项支出；贷方登记期末转入"本年利润"账户的其他业务成本；期末结转后无余额。

明细账设置：按其他业务项目设置明细账，进行明细核算。

账户结构如图4-38所示。

图4-38　其他业务成本

5. "税金及附加"账户

核算内容：核算企业经营发生的消费税、城市维护建设税、资源税和教育费附加等相关税费。

账户性质：损益类账户。

账户结构：借方登记企业按照税法规定计算应由本期负担的与经营活动相关的税费；贷方登记期末转入"本年利润"账户的税金及附加；期末结转后无余额。

明细账设置：按营业税费项目设置明细账，进行明细核算。

账户结构如图4-39所示。

图4-39　税金及附加

6. "销售费用"账户

核算内容：核算企业销售商品和材料、提供劳务的过程中发生的各项费用，包括运输费、装卸费、包装费、保险费、展览费、广告费以及为销售商品而专设销售机构所发生的人员工资、福利、办公费、差旅费等。

账户性质：损益类账户。

账户结构：借方登记企业发生的各项销售费用；贷方登记期末转入"本年利润"账户的销售费用；期末结转后无余额。

明细账设置：按销售费用项目设置明细账，进行明细核算。

账户结构如图4-40所示。

借方	销售费用	贷方
企业发生的各项销售费用		期末转入"本年利润"账户的销售费用

图4-40　销售费用

7. "应收账款"账户

核算内容：核算企业销售商品、提供劳务应向购货单位或接受劳务单位收取的款项。

账户性质：资产类账户。

账户结构：借方登记发生的应收账款；贷方登记已收回的应收账款。期末余额一般在借方，表示尚未收回的应收账款；若在贷方，则表示企业预收对方的款项。

明细账设置：按债务人设置明细账，进行明细核算。

账户结构如图4-41所示。

借方	应收账款	贷方
应向购货单位或接受劳务单位收取的销货款或劳务款（即已发生的应收账款）		已收回的销货款或劳务款（即已收回的应收账款）
尚未收回的应收账款		企业预收对方的款项

图4-41　应收账款

8. "应收票据"账户

核算内容：核算企业销售商品、提供劳务收到购货单位或接受劳务单位开出的商业汇票。

账户性质：资产类账户。

账户结构：借方登记发生的应收票据；贷方登记票据到期收回的票面金额；期末余额一般在借方，表示期末尚未收回的应收票据的金额。

明细账设置：按债务人设置明细账，进行明细核算。

账户结构如图4-42所示。

项目四 复式记账

借方	应收票据	贷方
收到购货单位或接受劳务单位开出的商业汇票金额（即发生的应收票据）	票据到期收回的票面金额	
期末尚未收回的应收票据的金额		

图4-42 应收票据

9. "预收账款"账户

核算内容：核算企业按照合同规定向购货或接受劳务单位在销售商品或提供劳务前预先收取的款项。

账户性质：负债类账户。

账户结构：贷方登记预收对方单位的款项和补收对方单位的款项；借方登记向对方单位发出商品或提供劳务实现收入的款项和退回多预收的款项。期末余额一般在贷方，表示企业预收对方的款项；若在借方，则表示企业尚未转销的款项。

明细账设置：按购货或接受劳务单位设置明细账，进行明细核算。

账户结构如图4-43所示。

借方	预收账款	贷方
①向对方发出商品或提供劳务实现收入的款项 ②退回多预收的款项	①预收对方单位的款项 ②补收对方单位的款项	
尚未转销的款项	企业预收对方的款项	

图4-43 预收账款

（三）账务处理

企业销售产品，确认收入，借记"银行存款""应收账款""应收票据"等账户，贷记"主营业务收入""应交税费——应交增值税（销项税额）"等账户。

1. 销售产品，款项已收

【例4-29】 大明公司销售A产品300件，单价为550元，开具增值税专用发票，价款为165000元，增值税28050元，款项存入银行。会计分录如下：

借：银行存款　　　　　　　　　　　　　　　　　　　　　193050
　　贷：主营业务收入　　　　　　　　　　　　　　　　　　165000
　　　　应交税费——应交增值税（销项税额）　　　　　　　28050

2. 销售产品，款项未收

【例4-30】 大明公司销售B产品500件给旺兴公司，单价310元，开具增值税专用发票，价款155000元，增值税26350元，货款尚未收到。会计分录如下：

借：应收账款——旺兴公司　　　　　　　　　　　　　　　181350
　　贷：主营业务收入　　　　　　　　　　　　　　　　　　155000
　　　　应交税费——应交增值税（销项税额）　　　　　　　26350

3. 销售产品，收到商业汇票

【例4-31】 大明公司销售B产品350件给明辉公司，单价310元，开具增值税专用发票，价款108500元，增值税18445元，收到对方开出的期限为3个月，金额为126945元的商业汇票。会计分录如下：

借：应收票据——明辉公司　　　　　　　　　　　　　　　126945
　　贷：主营业务收入　　　　　　　　　　　　　　　　　　108500
　　　　应交税费——应交增值税（销项税额）　　　　　　　 18445

> **小 思 考**
>
> （1）大明公司如期收到明辉公司所开具的商业汇票，金额126945元，如何进行账务处理？
>
> （2）明辉公司所开具的商业汇票到期，而明辉公司无钱付款，大明公司如何进行账务处理？

4. 销售多余材料

企业销售多余材料，借记"银行存款"等账户，贷记"其他业务收入""应交税费——应交增值税（销项税额）"等账户。

【例4-32】 大明公司销售多余的材料400千克，单价30元，开具增值税专用发票，价款12000元，增值税2040元，款项存入银行。会计分录如下：

借：银行存款　　　　　　　　　　　　　　　　　　　　　14040
　　贷：其他业务收入　　　　　　　　　　　　　　　　　　12000
　　　　应交税费——应交增值税（销项税额）　　　　　　　　2040

5. 采用预收方式销售产品

企业以预收方式销售产品，一般按以下几步进行处理：

（1）企业预先收到购货方的货款，借记"银行存款"账户，贷记"预收账款"账户。

（2）企业按合同规定发出商品，确认销售收入，借记"预收账款"账户，贷记"主营业务收入""应交税费——应交增值税（销项税额）"账户。

（3）企业收到购货方补付的货款，借记"银行存款"账户，贷记"预收账款"账户；退回多预收的货款，借记"预收账款"账户，贷记"银行存款"账户。

【例4-33】 大明公司于12日预收红星公司的货款30000元。16日发出A产品40件，开具增值税专用发票，单价550元，价款22000元，增值税3740元。20日，以银行存款退回多收的款项。会计分录如下：

（1）12日，借：银行存款　　　　　　　　　　　　　　　　30000
　　　　　　　　贷：预收账款——红星公司　　　　　　　　30000

（2）16日，借：预收账款——红星公司 25740
　　　　　　贷：主营业务收入 22000
　　　　　　　　应交税费——应交增值税（销项税额） 3740
（3）20日，借：预收账款——红星公司 4260
　　　　　　贷：银行存款 4260

做中学：

红花公司于6日预收星际公司的货款15000元。10日发出商品，开具增值税专用发票，价款20000元，增值税3400元。15日收到星际公司补付的货款。6日、10日和15日分别如何进行账务处理？

6. 支付销售费用

企业在销售产品过程中会发生各种销售费用。发生时，借记"销售费用"账户，贷记"银行存款"等账户。

【例4-34】 大明公司以银行存款支付产品销售的广告费5000元（不考虑增值税）。会计分录如下：

借：销售费用 5000
　　贷：银行存款 5000

7. 月末结转已销产品成本

企业销售产品，库存商品减少，其成本应转入主营业务成本，即结转已销产品成本，借记"主营业务成本"账户，贷记"库存商品"账户。

【例4-35】 31日，大明公司结转已销A产品340件，单位成本465元，总成本158100元，B产品850件，单位成本220元，总成本187000元。会计分录如下：

借：主营业务成本——A产品 158100
　　　　　　　　——B产品 187000
　　贷：库存商品——A产品 158100
　　　　　　　　——B产品 187000

8. 月末结转已销材料成本

企业销售多余的材料，应结转已销材料成本，借记"其他业务成本"账户，贷记"原材料"账户。

【例4-36】 31日，大明公司结转本月已销材料销售成本10000元。会计分录如下：

借：其他业务成本 10000
　　贷：原材料 10000

9. 月末计算税金及附加

企业月末应按税法规定计算城市维护建设税和教育费附加。按计算数额，借记"税金及附加"账户,贷记"应交税费"账户。

【例4-37】 31日,大明公司按税法规定计算本月应交城市维护建设税1243.55元,应交教育费附加532.95元。会计分录如下:

借:税金及附加　　　　　　　　　　　　　　　　　　　　1776.50
　　贷:应交税费——应交城市维护建设税　　　　　　　　　1243.55
　　　　　　　　——应交教育费附加　　　　　　　　　　　 532.95

小思考

大明公司本月应交城市维护建设税1243.55元,应交教育费附加532.95元,是怎么计算的?(假设城市维护建设税率7%,教育费附加3%,除增值税外,无其他流转税。)

问题五　利润形成与分配如何核算?

(一)主要业务

1. 利润的形成

利润是指企业在一定会计期间的经营成果,包括营业利润、利润总额和净利润。利润金额取决于收入和费用、直接计入当期利润的利得和损失金额的计量。

(1)营业利润。

营业利润=营业收入-营业成本-税金及附加-销售费用-管理费用-财务费用-资产减值损失+投资收益(-投资损失)+公允价值变动收益(-公允价值变动损失)

其中,营业收入是指企业经营业务所确认的收入总额,包括主营业务收入和其他业务收入。营业成本是指企业经营业务所发生的实际成本总额,包括主营业务成本和其他业务成本。资产减值损失是指企业计提各项资产减值准备所形成的损失。投资收益(或投资损失)是指企业以各种方式对外投资所取得的收益(或发生的投资损失)。

(2)利润总额。

利润总额=营业利润+营业外收入-营业外支出

其中,营业外收入是指企业发生的与其日常经营活动无直接关系的各项利得,包括固定资产盘盈、处置固定资产净收益、处置无形资产净收益、罚款净收入、捐赠利得等。营业外支出是指企业发生的与其日常经营活动无直接关系的各项损失,包括固定资产盘亏、处置固定资产净损失、处置无形资产净损失、罚款支出、公益性捐赠支出、非常损失等。

(3)净利润。

净利润=利润总额-所得税费用

其中,所得税费用是指企业应计入当期损益的所得税费用。它是企业按照税法规定,就其生产经营所得和其他所得计算并交纳的一种税金。企业当期应交所得税的计算公式为:

应交所得税＝应纳税所得额×所得税税率＝(利润总额±调整项目金额)×所得税税率

在不存在纳税调整项目的情况下,应纳税所得额等于利润总额。

2. 利润的分配

企业当年实现的净利润,根据《中华人民共和国公司法》(简称《公司法》)规定,按净利润的10%提取法定公积金。法定公积金累计额达到注册资本50%以后,可以不再提取。

企业当年实现的净利润,加上年初未分配利润(或减去年初未弥补亏损)和其他转入后的余额,为可供分配的利润。可供分配的利润减去提取的法定盈余公积后,为可供投资者分配的利润。可供投资者分配的利润,按照以下顺序分配:

(1)向优先股投资者分配利润(或股利)。优先股股利是指企业按照利润分配方案优先分配给优先股投资者的现金股利。

(2)提取任意公积金。任意公积金的提取比例由公司章程规定。

(3)向普通股投资者分配利润(或股利)。企业按照利润分配方案分配给普通股投资者的利润或现金股利。

(4)转作资本(或股本)的普通股股票股利。企业按照利润分配方案分配给普通股投资者的利润(或股票股利)、转赠资本(或股本)。

企业按上述顺序分配后,剩余的利润为未分配利润。

(二)账户设置

1. "投资收益"账户

核算内容:核算企业对外投资取得的收益或发生的损失。

账户性质:损益类账户。

账户结构:贷方登记本期实现的投资收益和期末转入"本年利润"账户的投资净损失;借方登记本期发生的投资损失和期末转入"本年利润"账户的投资净收益,结转后无余额。

明细账设置:账户按对外投资项目设置明细账,进行明细核算。

账户结构如图4-44所示。

图4-44 投资收益

2. "营业外收入"账户

核算内容:核算企业发生的与其日常经营活动无直接关系的各项利得。

账户性质：损益类账户。

账户结构：贷方登记企业发生的营业外收入；借方登记期末转入"本年利润"账户的数额，结转后无余额。

明细账设置：按营业外收入项目设置明细账，进行明细核算。

账户结构如图4-45所示。

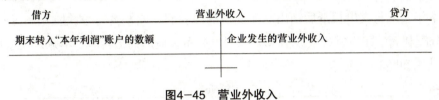

图4-45　营业外收入

3."营业外支出"账户

核算内容：核算企业发生的与其日常经营活动无直接关系的各项损失。

账户性质：损益类账户。

账户结构：借方登记企业发生的营业外支出；贷方登记期末转入"本年利润"账户的数额，结转后无余额。

明细账设置：按营业外支出项目设置明细账，进行明细核算。

账户结构如图4-46所示。

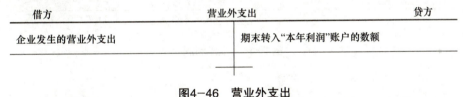

图4-46　营业外支出

4."所得税费用"账户

核算内容：核算企业按规定从当期利润总额中扣除的所得税费用。

账户性质：损益类账户。

账户结构：借方登记按应纳税所得额计算的应交所得税；贷方登记期末转入"本年利润"账户的数额，结转后本账户无余额。

账户结构如图4-47所示。

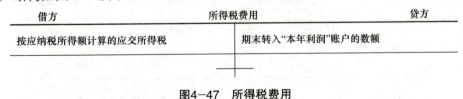

图4-47　所得税费用

5."本年利润"账户

核算内容：核算企业当期实现的净利润（或发生的净亏损）。企业期（月）末结转利润时，应将各损益类账户的金额转入本账户，结平各损益类账户。

账户性质：所有者权益类账户。

账户结构：贷方登记企业期（月）末转入的主营业务收入、其他业务收入、投资收益和营业外收入等；借方登记企业期（月）末转入的主营业务成本、其他业务成本、税金及附加、销售费用、管理费用、财务费用、投资损失、营业外支出和所得税费用等。结转后，余额如果为贷方，则为当期实现的净利润；如果为借方，则为当期实现的净亏损。年度终了，应将本年收入与支出相抵后结出本年实现的净利润（或发生的净亏损），转入"利润分配——未分配利润"账户贷方（或借方）；如果为净亏损，则结转后，本账户无余额。

账户结构如图4-48所示。

借方	本年利润	贷方
期末转入的 ①主营业务成本 ②其他业务成本 ③税金及附加 ④销售费用 ⑤管理费用 ⑥财务费用 ⑦投资损失 ⑧营业外支出 ⑨所得税费用		期末转入的 ①主营业务收入 ②其他业务收入 ③投资收益 ④营业外收入
当期实现的净亏损		当期实现的净利润
年末，将本年实现的净利润转入"利润分配——未分配利润"账户的贷方		年末，将本年实现的净亏损转入"利润分配"账户的借方

图4-48 本年利润

6. "利润分配"账户

核算内容：核算企业利润的分配（或亏损弥补）和历年分配（或弥补）后的余额。

账户性质：所有者权益类账户。

账户结构：借方登记实际分配的利润额，包括提取盈余公积和分配给投资者的利润以及年末从"本年利润"账户转入的全年发生的净亏损；贷方登记用"盈余公积"弥补的亏损额等其他转入数，以及年末从"本年利润"账户转入的全年发生的净利润。年终期末余额如为贷方余额，则表示历年积存未分配利润；如为借方余额，则表示历年积存未弥补亏损。

明细账设置：按"提取法定盈余公积""提取任意盈余公积""应付现金股利或利润""盈余公积补亏""未分配利润"等进行明细核算。

账户结构如图4-49所示。

借方	利润分配	贷方
实际分配的利润额		①用"盈余公积"弥补的亏损额等其他转入数 ②年末从"本年利润"账户转入的全年发生的净利润
历年积存未弥补亏损		历年积存未分配利润

图4-49 利润分配

7. "盈余公积"账户

核算内容：核算企业从净利润中提取的盈余公积。

账户性质：所有者权益类账户。

账户结构：贷方登记企业按照规定提取的各项盈余公积的数额；借方登记企业用于弥补亏损或转增资本而减少的盈余公积的数额等；期末贷方余额，表示企业按照规定提取的盈余公积结余。

明细账设置：设有"法定盈余公积"和"任意盈余公积"两个明细账户，进行明细核算。

账户结构如图4-50所示。

借方	盈余公积	贷方
用于弥补亏损或转增资本而减少的盈余公积的数额	按照规定提取的各项盈余公积的数额	
	按照规定提取的盈余公积结余	

图4-50　盈余公积

8. "应付股利"账户

核算内容：核算企业经过董事会或股东大会及类似机构决议确定分配给投资者的现金股利或利润。

账户性质：负债类账户。

账户结构：贷方登记应付未付的现金股利或利润；借方登记实际支付的现金股利或利润；期末贷方余额，反映企业尚未支付的现金股利或利润。

明细账设置：按投资人设置明细账，进行明细核算。

账户结构如图4-51所示。

借方	应付股利	贷方
实际支付的现金股利或利润	应付未付的现金股利或利润	
	尚未支付的现金股利或利润	

图4-51　应付股利

（三）账务处理

1. 利润的形成

（1）企业取得投资收益。企业对外进行投资后，取得投资收益时，借记"银行存款"账户，贷记"投资收益"账户。

【例4-38】大明公司收到被投资单位分来的现金股利23000元，存入银行。会计分录如下：

借：银行存款　　　　　　　　　　　　　　　　　　　　　　23000
　　贷：投资收益　　　　　　　　　　　　　　　　　　　　　　　23000

（2）取得利得。企业取得各种利得，如处置固定资产净收益、出售无形资产净收益、固定资产盘盈、接受捐赠、收到罚款和确实无法支付而按规定程序经批准后转作营业外收入的应付款项，借记"银行存款"等账户，贷记"营业外收入"账户。

【例4-39】 大明公司取得罚款收入3000元，存入银行。会计分录如下：

借：银行存款　　　　　　　　　　　　　　　　　　　　　　　　3000
　　贷：营业外收入　　　　　　　　　　　　　　　　　　　　　　　3000

（3）发生损失。企业发生各项损失，如处置固定资产净损失、出售无形资产净损失、非常损失、固定资产盘亏、违约罚款、公益性捐赠支出等，借记"营业外支出"账户，贷记"银行存款"等账户。

【例4-40】 大明公司以银行存款向灾区捐款20000元。会计分录如下：

借：营业外支出　　　　　　　　　　　　　　　　　　　　　　　20000
　　贷：银行存款　　　　　　　　　　　　　　　　　　　　　　　　20000

（4）月末结转收益类账户。月末，结转收益类账户，借记收益类账户，贷记"本年利润"账户。

【例4-41】 月末，大明公司将主营业务收入450500元、其他业务收入12000元、投资收益23000元、营业外收入3000元结转到"本年利润"账户。会计分录如下：

借：主营业务收入　　　　　　　　　　　　　　　　　　　　　　450500
　　其他业务收入　　　　　　　　　　　　　　　　　　　　　　　12000
　　投资收益　　　　　　　　　　　　　　　　　　　　　　　　　23000
　　营业外收入　　　　　　　　　　　　　　　　　　　　　　　　3000
　　贷：本年利润　　　　　　　　　　　　　　　　　　　　　　　488500

（5）月末结转费用支出类账户。月末，结转费用支出类账户，借记"本年利润"账户，贷记费用支出类账户。

【例4-42】 月末，大明公司将主营业务成本345100元、其他业务成本10000元、管理费用15800元、销售费用5000元、财务费用600元、税金及附加1776.50元、营业外支出20000元结转到"本年利润"账户。会计分录如下：

借：本年利润　　　　　　　　　　　　　　　　　　　　　　　393276.50
　　贷：主营业务成本　　　　　　　　　　　　　　　　　　　　　345100
　　　　其他业务成本　　　　　　　　　　　　　　　　　　　　　10000
　　　　管理费用　　　　　　　　　　　　　　　　　　　　　　　15800
　　　　销售费用　　　　　　　　　　　　　　　　　　　　　　　5000
　　　　财务费用　　　　　　　　　　　　　　　　　　　　　　　600
　　　　税金及附加　　　　　　　　　　　　　　　　　　　　　　1776.50
　　　　营业外支出　　　　　　　　　　　　　　　　　　　　　　20000

（6）月末计算并结转所得税费用。

【例4-43】 31日，按所得税率25%计算并结转大明公司本月所得税费（假设不存在纳税调整项目）。

（1）计算本月所得税费

$$应交所得税＝应纳税所得额×所得税率＝利润总额×所得税率$$
$$＝（488500－393276.50）×25\%＝23805.88（元）$$

（2）结转本月所得税费用，会计分录如下：

①借：所得税费 23805.88
　　贷：应交税费——应交所得税 23805.88

②借：本年利润 23805.88
　　贷：所得税费 23805.88

2. 利润的分配

在利润分配中，年终结转全年净利润（或全年净亏损），借记"本年利润"账户，贷记"利润分配——未分配利润"账户（或结转全年净亏损，做相反的分录）；提取法定盈余公积，借记"利润分配——提取法定盈余公积"账户，贷记"盈余公积——法定盈余公积"账户；提取任意盈余公积，借记"利润分配——提取任意盈余公积"账户，贷记"盈余公积——任意盈余公积"账户；向投资者分配现金股利，借记"利润分配——应付现金股利"账户，贷记"应付股利"账户；结转"利润分配"账户中的明细账户，借记"利润分配——未分配利润"账户，贷记"利润分配"账户中除"未分配利润"之外的其他明细账户，即结转后，"利润分配"的所有明细账户中，只有"未分配利润"有余额，其他明细账户无余额。

【例4-44】 大明公司2017年12月31日，假定公司年终"本年利润"账户贷方余额为650000元。经股东大会决议利润分配方案为：本年提取10%法定盈余公积金、提取5%任意盈余公积金，向投资者分配现金股利100000元。

年终结转的会计分录如下：

（1）结转"本年利润"账户贷方余额

借：本年利润 650000
　　贷：利润分配——未分配利润 650000

（2）提取10%法定盈余公积金

借：利润分配——提取法定盈余公积 65000
　　贷：盈余公积——法定盈余公积 65000

（3）提取5%任意盈余公积金

借：利润分配——提取任意盈余公积 32500
　　贷：盈余公积——任意盈余公积 32500

（4）向投资者分配现金股利100000元

项目四 复式记账

借：利润分配——应付现金股利　　　　　　　　　　　　　100000
　　贷：应付股利　　　　　　　　　　　　　　　　　　　　　　100000

（5）结转"利润分配"账户中的明细账户

借：利润分配——未分配利润　　　　　　　　　　　　　　　197500
　　贷：利润分配——提取法定盈余公积　　　　　　　　　　　　65000
　　　　利润分配——提取任意盈余公积　　　　　　　　　　　　32500
　　　　利润分配——应付现金股利　　　　　　　　　　　　　100000

做中学：

根据项目二【例2-1】~【例2-18】兴云家具有限公司2017年12月份各项经济业务的原始凭证，编制会计分录。

项目小结

复式记账法是以资产与权益平衡关系为记账基础，对于每一笔经济业务，都要在两个或两个以上相互联系的账户中进行登记，系统地反映资金运动变化结果的一种记账方法。复式记账法虽然记账手续复杂，但是优点多，既可以全面、清晰地反映经济业务的来龙去脉，也可以通过会计要素的增减变动情况来全面、系统地反映经济活动的过程和结果，还能够对账户记录的结果进行试算平衡，以便进一步检查账户记录的正确性。因为复式记账法的优点显著，所以被人们公认是一种科学的记账方法，为世界各国广泛采用。

借贷记账法是以"借"和"贷"为记账符号，以"资产＝负债＋所有者权益"为理论依据，以"有借必有贷，借贷必相等"为记账规则，全面反映会计要素增减变动情况的一种复式记账方法。在借贷记账法下，资产、成本和费用类账户的借方登记增加额，贷方登记减少额；权益、收入类账户的结构与资产、成本和费用类账户结构刚好相反，即负债、所有者权益和收入类账户的借方登记减少额，贷方登记增加额。试算平衡法是指根据"资产＝负债＋所有者权益"的会计恒等关系以及借贷记账法的记账规则，检查和验证所有账户记录是否正确的一种方法。试算平衡法包括发生额试算平衡法和余额试算平衡法两种。

会计分录是指对某项经济业务事项标明其应借应贷账户及其金额的记录，简称为分录，包括会计科目、记账符号和金额三个要素。会计分录分为简单会计分录和复合会计分录。编制会计分录的步骤有：找到会计科目；判断账户性质；判断账户增减；判断借贷符号；确定账户金额；整理并检验。会计分录书写要求：先写借、后写贷，借贷上下错开两个字，金额后面不写元，相同方向账户左对齐，相同方向的金额右对齐，借、贷双方金额要错开。

本项目还介绍了运用借贷记账法，对工业企业筹集资金、供应过程、生产过程、销售过程、利润形成与分配等主要经济业务进行账务处理的方法。

阅读资料

会计的产生和发展

会计的产生与人类社会生产实践以及经济管理的客观需要密切相关。人类要生存，就需要消费一定的生活资料，为此必须从事生产活动。生产活动一方面要创造物质财富，另一方面则要发生劳动耗费。不论在哪种社会形态下，人们总是关心自己的劳动成果，并力求以尽可能少的劳动耗费来获取尽可能多的劳动成果。为了达到有效生产的目的，必须采用一定的方法对生产活动进行组织、管理，以掌握有关人、财、物的数量资料及利用情况，掌握通过生产过程所取得的劳动成果的资料。这就在客观上要求有与此相关的数据记录和计算工作。

在人类社会发展的初期，社会生产力低下，人们的生产活动也简单，只要凭头脑记忆就可以记事和计算了。随着生产力的发展，人们生产的物质资料除维持生存外逐渐有了剩余，同时，社会分工引起了交换。随着生产、分配、交换活动日趋复杂，那种单凭头脑记忆的方法已不能适应生产力的发展，于是产生了"简单刻记""结绳记事"等会计的萌芽。

萌芽状态的会计，是生产者本身劳动的一部分，它作为生产职能的附带部分只是生产时间之外附带地把收入、支付等记载下来。随着生产的发展、剩余产品的增加，记录的事项越来越多，计算的工作量也越来越大；随着文字的产生，特别是货币的产生，会计从生产职能中分离出来，成为特殊的、专门委托当事人的独立职能。也是随着生产力的迅速发展，生产规模不断扩大，生产过程越来越复杂，剩余产品越来越多，商品交换成为大量的、广泛的社会活动，会计在社会再生产的各个领域都发挥了作用，离开会计哪个单位的生产经营活动都将无法进行。会计经历了一个从简单到复杂、从不完善到逐渐完善的漫长发展过程。

据我国史料记载，"会计"名称的出现起源于西周时代。《孟子正义》一书中有这样的解释："零星算之为计，总合算之为会。"西汉时代，就开始出现了名为"簿书"和"计簿"的简册，用以登记会计事项。"簿书"实际上是我国会计账簿的雏形，"计簿"则是我国会计报表的早期形态。唐宋时期，我国会计方法有了新的发展。特别是宋朝初期，在会计方法上出现了"四柱清册"，亦称"四柱结算法"。所谓"四柱"，即"旧管""新收""开除""实在"，其含义分别相当于现代会计中的"期初结存""本期收入""本期支出""期末结存"。"四柱"之间的关系可用一个平衡公式表示："旧管＋新收＝开除＋实在"。通过这个平衡公式，既可检查日常记录的正确性，又可分类汇总日常会计记录，使之起到系统、全面和综合的反映作用。"四柱清册"的创建和运用，为我国传统的记账方法奠定了理论基础。

明末清初，随着手工业和商业的发展，我国商人在"四柱结算法"的基础上设计了"龙门账"，把全部账目分为"进""缴""存""该"，进行分类记录，以后又进一

项目四 复式记账

步设计了"四脚账",亦称"天地合"。这种账要求对每一笔经济业务既要登记"来账",又要登记"去账",以全面反映同一款项的来龙去脉,这些都是对复式记账原理的重大贡献。

会计在国外也有着悠久的历史。早在12世纪到15世纪,意大利就产生了比较科学的复式记账法。1494年意大利的一位数学家卢卡·帕乔利(Luca Pacioli)在《算术、几何与比例概要》一书中对复式借贷记账法做了系统的介绍,为其在全世界的广泛流传奠定了基础。会计逐步发展成为一门独立的学科。18世纪中期到19世纪的产业革命给当时资本主义国家的生产力带来了巨大的发展。随着企业规模的不断扩大,股份公司这一新的经济组织形式随之出现,企业的管理权利和所有权分离,企业主希望外部的会计师来检查他们雇佣的管理人员,特别是会计人员的工作情况,于是出现了以查账为职业的独立会计师(注册会计师),这样就形成了两种会计职业,即为一定会计主体服务的单位会计和为社会公众服务的注册会计师。从此,会计的职能扩大了,会计的内容发展了。

从19世纪50年代至20世纪50年代的百年间,会计无论在理论方面,还是在方法和技术方面都有很大的发展。比如从会计凭证、账簿到会计报表的会计循环理论的形成,货币计价、成本计算等理论方法的出现,公认会计原则的制定和实施等。第二次世界大战以后,科学和技术突飞猛进,知识更新加快,促使会计报表、会计的理论方法和技术得到进一步的发展;电子计算机在会计领域的运用,引起会计工作、会计方法的重大变化。20世纪四五十年代,西方企业会计把传统的会计分离成为"财务会计"和"管理会计",使会计从传统的事后记账、算账、报账,向事前预测、控制和参与决策转变;随着国际性经济交往的广泛开展,会计超越了国家界限,成为"国际通行的商业语言",现代会计出现了前所未有的繁荣。

20世纪初期,借贷记账法传入我国,随后英、美的会计制度也被引进,这对改革中式簿记、推行现代会计、促进我国会计事业的发展起到了一定的作用,这是我国会计史上的第一次变革。中华人民共和国成立后,我国实行了高度集中的计划经济体制,引进了与此相适应的苏联会计模式。苏联会计模式的引入是对中国旧的会计理论、制度、方法的变革,这是我国会计史上的第二次大变革。20世纪80年代初,我国开始了会计史上的第三次变革,真正进入高潮的标志是1992年《企业会计准则》的制定和实施,这使我国会计突破了原有的模式,初步建立了反映社会主义市场经济的会计模式。2006年,为与国际趋同,我国财政部颁布了新的《企业会计准则》,并于2007年1月1日起在上市公司实施。

综上所述,会计的产生和发展进程就是社会经济环境对其影响的结果。会计是在生产实践中产生,并随着社会生产的发展和经济管理的需要而不断发展、完善的。凡有经济活动的地方,都需要运用会计来进行管理。生产需要管理,管理需要会计。经济越发展,会计越重要。

项目五 填制和审核记账凭证

📋 项目导入

通过前面项目二的学习,我们知晓了原始凭证是用以记录或证明经济业务的发生或完成情况的文字凭据。原始凭证记录的是经济信息,其种类繁多、内容不同、格式各异,对应关系不直观。如果直接根据原始凭证登记账簿,容易发生错误,也不便于查账。那么,会计人员在登记账簿之前,如何将原始凭证记录的经济信息转化为会计信息方便记账呢?本项目的学习将帮助我们解决这个问题。

⚽ 学习目标

1. 认知记账凭证;
2. 掌握填制记账凭证的方法;
3. 掌握审核记账凭证的方法;
4. 熟悉会计凭证的传递与保管。

任务一 认知记账凭证

问题一 什么是记账凭证?

记账凭证又称记账凭单,是会计人员根据审核无误的原始凭证或汇总原始凭证,按照经济业务事项的内容加以归类,并据以确定会计分录后填制的会计凭证。它是登记账簿的直接依据。

记账凭证根据复式记账的基本原理，确定了应借、应贷的会计科目及金额，将原始凭证中的经济信息转化为会计语言。因此，记账凭证是介于原始凭证与账簿之间的中间环节，是登记明细账账户和总分类账账户的依据。

原始凭证与记账凭证都称为会计凭证，但就其性质来讲却截然不同。原始凭证记录的是经济信息，它是编制记账凭证的依据，是会计核算的基础；而记账凭证记录的是会计信息，它是会计核算的起点。原始凭证与记账凭证的区别主要有以下几点：

（1）原始凭证由经济交易与事项的经办人员填制或取得；而记账凭证一律由单位会计人员填制。

（2）原始凭证是经济业务发生或完成时填制的；而记账凭证是在填制或取得原始凭证后，根据审核无误的原始凭证填制的。

（3）原始凭证记录的是经济信息，仅用以记录、证明经济业务已经发生或完成，而记账凭证要依据会计科目对已经发生或完成的经济业务进行归类和整理编制，并确定记账方向和金额，将原始凭证记录的经济信息转化成会计语言，即会计信息。

（4）原始凭证是记账凭证的填制依据，是记账凭证的附件；而记账凭证是介于原始凭证与账簿之间的中间环节，是登记总账和明细账的依据。

问题二　记账凭证的种类有哪些？

如图5-1所示，记账凭证按照其内容和填列方式不同，可分为：

（一）按内容分类

记账凭证按其所反映经济业务内容的不同，可以分为专用记账凭证和通用记账凭证两种。

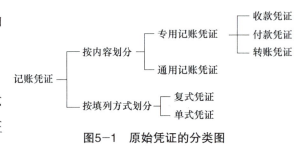

图5-1　原始凭证的分类图

1. 专用记账凭证

专用记账凭证是分类反映收款业务、付款业务、转账业务的记账凭证。专用记账凭证按其所反映经济业务内容的不同，可以分为收款凭证、付款凭证和转账凭证三种。

（1）收款凭证。收款凭证是指专门用来记录现金和银行存款收款业务的会计凭证。它是根据现金收入业务和银行存款收入业务的原始凭证填制的，据以作为登记库存现金和银行存款等有关账户（账簿）的依据。

收款凭证又可分为现金收款凭证和银行存款收款凭证。现金收款凭证是根据现金收入业务的原始凭证编制的收款凭证，如以现金结算的发票记账联等；银行存款收款凭证是根据银行存款收入业务的原始凭证编制的收款凭证，如银行存款进账通知单。

收款凭证的格式如图5-2所示。

收款凭证

借方科目：			年　月　日									字第　号	
摘要	贷方科目		金额										√
	总账科目	明细科目	千	百	十	万	千	百	十	元	角	分	
附件	张		合计										

会计主管：　　　　　　记账：　　　　　出纳：　　　　　　复核：　　　　　制单：

图5-2　收款凭证

（2）付款凭证。付款凭证是指专门用来记录现金和银行存款付款业务的会计凭证。它是根据现金支付业务和银行存款支付业务的原始凭证填制的，据以作为登记库存现金和银行存款等有关账户（账簿）的依据。

付款凭证又可分为现金付款凭证和银行存款付款凭证。现金付款凭证是根据现金支付业务的原始凭证编制的付款凭证，如支付现金的发票等；银行存款付款凭证是根据银行存款支付业务的原始凭证编制的付款凭证，如银行现金支票、转账支票存根等。

付款凭证的格式如图5-3所示。

付款凭证

贷方科目：			年　月　日									字第　号	
摘要	借方科目		金额										√
	总账科目	明细科目	千	百	十	万	千	百	十	元	角	分	
附件	张		合计										

会计主管：　　　　　　记账：　　　　　出纳：　　　　　　复核：　　　　　制单：

图5-3　付款凭证

（3）转账凭证。转账凭证是指专门用来记录不涉及现金和银行存款业务的会计凭证。它是根据有关转账业务（即在经济业务发生时，不需要收付现金或银行存款的各项业务）的原始凭证编制的，如企业内部的领料单、产品出库单；计提固定资产折旧、期末结转成本等也是转账行为。

转账凭证的格式如图5-4所示。

转账凭证

年　月　日　　　　　　　　　　　　　　　字第　号

摘要	会计科目		借方金额									贷方金额									√
	总账科目	明细科目	千	百	十	万	千	百	十	元	角	分	千	百	十	万	千	百	十	元	角	分	
附件　　张	合计																					

会计主管：　　　　　　记账：　　　　　　复核：　　　　　　制单：

图5-4　转账凭证

为了便于识别，专用记账凭证一般印制成不同的颜色。收款凭证为红色，付款凭证为蓝色，转账凭证为绿色。

2. 通用记账凭证

将记账凭证分为收款凭证、付款凭证和转账凭证三种，为记账工作带来方便，但工作量较大。对于经济业务较简单、规模较小、收付业务较少的单位，为了简化核算，可采用通用记账凭证来记录所有经济业务。通用记账凭证是指对全部业务不区分收款、付款及转账业务，而将所有经济业务统一编号，并在统一格式中进行记录的凭证。通用记账凭证的格式与转账记账凭证的格式基本相同。

通用记账凭证的格式如图5-5所示。

记账凭证

年　月　日　　　　　　　　　　　　　　　字第　号

摘要	会计科目		借方金额									贷方金额									√
	总账科目	明细科目	千	百	十	万	千	百	十	元	角	分	千	百	十	万	千	百	十	元	角	分	
附件　　张	合计																					

会计主管：　　　　记账：　　　　出纳：　　　　复核：　　　　制单：

图5-5　记账凭证

（二）按填列方式分类

记账凭证按填列方式的不同，可分为复式凭证和单式凭证。

1. 复式凭证

复式凭证是指将每一笔经济业务事项所涉及的全部会计科目及其发生额均在同一张记账凭证中反映的一种凭证。前述的收款凭证、付款凭证和转账凭证或通用记账凭证都是复式凭证。复式凭证可集中反映一项经济业务的科目对应关系，便于分析对照，了解经济业务的全貌，而且可以减少凭证数量，是实际工作中应用最为普遍的记账凭证。但是，采用复式凭证不便于同时汇总计算每一账户的发生额，也不利于会计人员分工记账。

2. 单式凭证

单式凭证是指每一张记账凭证只填列经济业务事项所涉及的一个会计科目及其金额的记账凭证。填列借方科目的称为借项凭证，填列贷方科目的称为贷项凭证。单式凭证便于汇总计算每一会计科目的发生额和分工记账，方便编制记账凭证汇总表。但是，采用单式凭证不能在一张凭证上反映对应关系和经济业务的全貌，也不便于查账。其一般适用于业务量较大、会计部门内部分工较细的单位。单式凭证的一般格式如图5-6和图5-7所示。

借项凭证

对应科目		年 月 日		凭证编号
摘要	总账科目	明细科目	金额	账页
合计				

会计主管：　　　　记账：　　　　出纳：　　　　审核：　　　　制单：

图5-6 借项凭证

贷项凭证

对应科目		年 月 日		凭证编号
摘要	总账科目	明细科目	金额	账页
合计				

会计主管：　　　　记账：　　　　出纳：　　　　审核：　　　　制单：

图5-7 贷项凭证

问题三　记账凭证的基本内容包括哪些？

记账凭证作为登记账簿的依据，因所反映经济业务的内容不同、各单位规模大小及对会计核算繁简程度的要求不同，格式亦有所不同。但为了满足记账的基本要求，记账凭证应具备以下基本内容或要素：

（1）记账凭证的名称，即收款凭证、付款凭证、转账凭证或通用记账凭证。

（2）记账凭证的日期。

（3）记账凭证的编号。

（4）经济业务的摘要。

（5）经济业务的会计分录，即记录经济业务事项所涉及的会计科目、记账方向和记账金额。会计分录是记账凭证的核心内容。

（6）记账标记。

（7）所附原始凭证的张数。

（8）有关人员的签章。

项目五　填制和审核记账凭证

问题四　记账凭证填制的基本要求有哪些？

根据经济交易与事项及原始凭证填制记账凭证，是会计记录程序的首要步骤，账簿记录以及财务报表信息的产生皆以此为基础。同时，会计分录的编制与记账凭证的填制过程又包含了对经济活动的初始确认与计量。可见，记账凭证的填制对整个会计信息系统至关重要，直接影响整个财务报表的信息质量。因此，填制记账凭证时要注意以下几个方面的基本要求：

（1）填制依据要审核。记账凭证的填制依据是原始凭证。为了保证会计信息的质量，记账凭证必须以经审核无误的原始凭证或汇总原始凭证作为填制依据。因此，在填制记账凭证前必须对原始凭证进行审核。

（2）填制日期要及时。记账凭证在哪一天编制，就写上哪一天的日期。记账凭证的日期与原始凭证的日期可能相同，也可能不相同。记账凭证应及时填制，但不得早于原始凭证的日期。因为收付款业务要登记当日的日记账，故收付款业务记账凭证的日期为现金或银行存款实际收付的日期；转账业务的记账凭证日期为收到原始凭证的日期，但要在摘要栏注明交易或事项发生的实际日期。

（3）凭证编号要连续。填写记账凭证时，会计人员要按经济业务发生的先后顺序并按不同种类的记账凭证连续编号。采用专用凭证的，既可按收款、付款、转账三类业务分收、付、转三类编号，也可细分为现收、现付、银收、银付、转账五类编号。例如，本月有现金收款凭证20张，编号即从"现收字第1号"编至"现收字第20号"，其他业务依次类推。这种编号，也是出纳人员登记现金和银行存款日记账的依据。如果一笔经济业务需要填列多张记账凭证，则可采用"带分数编号法"，例如，有一笔经济业务需填制三张转账凭证，该转账凭证的顺序号为第6号，则这笔业务的凭证编号为转字第6 1/3号、转字第6 2/3号、转字第6 3/3号。凭证编号便于装订保管和登记账簿，也方便日后查找。为了便于监督，反映收付款业务的会计凭证不得由出纳人员编号。

（4）填写摘要要简明扼要。填写记账凭证的"摘要"栏，要运用简明扼要的语言概括表达经济业务事项的主要内容。

（5）编制会计分录要正确。记账凭证的核心内容是会计分录。因此，填制记账凭证，首先，要正确找到经济业务所涉及的会计科目；其次，正确判断会计科目的记账方向；最后，准确判断会计科目的记账金额。为了保证核算的口径一致，便于分类汇总，填制记账凭证所选用的总账科目必须按照国家会计制度统一规定的会计科目，明细科目有统一规定的从其规定，无统一规定的根据单位会计核算的实际要求选用。

（6）空白行要划线注销。记账凭证填制完经济业务事项后，如有空行，则应当自金额栏最后一笔金额数字下的空行处至合计数上的空行处划线注销。

（7）合计金额用阿拉伯数字小写，前面要加上"￥"。

（8）原始凭证要附于其后。记账凭证可以根据每一张原始凭证填制，或根据若干张同类原始凭证汇总编制，也可以根据原始凭证汇总表填制，但不得将不同内容和类别的原始凭证汇总填制在一张记账凭证上。除结账和更正错误的记账凭证可以不附原始凭证外，其他记账凭证必须附原始凭证。所附原始凭证张数的计算，一般以原始凭证的自然张数为准。与记账凭证中的经济业务事项记录有关的每一张原始凭证都应当作为记账凭证的附件。如果记账凭证中附有原始凭证汇总表，则应该把所附原始凭证和原始凭证汇总表一起计入附件的张数。但报销差旅费等零散票券，可以粘贴在一张纸上，作为一张原始凭证。当一张原始凭证涉及几张记账凭证时，可以把原始凭证附在一张主要的记账凭证后面，并在其他记账凭证上注明附有该原始凭证的记账凭证的编号或者附上该原始凭证的复印件。当一张原始凭证所列的支出需要由几个单位共同负担时，应当由保存该原始凭证的单位开具原始凭证分割单给其他应负担的单位。原始凭证分割单必须具备原始凭证的基本内容。如凭证的名称、编号、填制日期、抬头和落款，经济业务的内容、数量、单价、金额和费用的分摊情况等。

（9）有关人员要签名或盖章。填制记账凭证时，会计主管、记账、审核、制单等有关责任人员履行相应工作职责后要签名或盖章，以示明确责任。收款凭证和付款凭证还应有出纳人员签名或盖章。

任务二　掌握填制记账凭证的方法

问题一　如何填制收款记账凭证？

收款凭证是根据有关现金或银行存款收入业务的原始凭证填制的，是登记现金日记账、银行存款日记账、有关明细账和总账等账簿的依据。其填制程序是：

（1）收款凭证左上方的"借方科目"按收款的性质应填写"库存现金"或"银行存款"。

（2）收款凭证的日期填写现金或银行存款实际收到的日期。

（3）收款凭证右上方填写编制收款凭证的顺序号，可填写"收字第××号"，也可以填写"现收字第××号"或"银收字第××号"。

（4）收款凭证的"摘要"栏，运用简明扼要的语言描述经济业务的内容。

（5）收款凭证的"贷方科目"填写与收入现金或银行存款相对应的会计科目。

（6）收款凭证的"金额"是指该项经济业务事项的发生额，每一科目按其相应的金额填写，凭证空白行划线注销，合计金额小写前应加"￥"符号。

（7）收款凭证的记账标识"√"是在以该凭证为依据登记账簿时所做的标记，表示已记账，是为了防止经济业务事项重记或漏记。

（8）收款凭证的"附件××张"用来记载记账凭证所附原始凭证的张数。

（9）会计主管、记账、审核、制单等有关责任人员履行相应工作职责后要签名或盖章，以示明确责任。收款凭证还应有出纳人员的签名或盖章。

【例5-1】 晶华公司2017年3月3日收到大明公司偿还货款的支票一张，金额为56000元，出纳人员持支票到银行填写进账单进账，原始凭证进账单（收账通知），如图5-8所示。

中国建设银行　进账单（回单）1

2017年3月3日　　　　　　　　　　　　　　　　　XV 16479888

付款人	全　称	大明公司	收款人	全　称	晶华公司	此联是开户银行交给持（出）票人的回单
	账　号	12577526		账　号	7070451256	
	开户银行	工行解放分理处		开户银行	建行红星分理处	
金额	人民币（大写）	伍万陆仟元整			亿千百十万千百十元角分　¥ 5 6 0 0 0 0 0 0	
票据种类	转账支票	票据张数	壹张	中国建设银行股份有限公司北京市红星分理处 2017.03.03 转讫		
票据号码	yⅡ00856760					
复核		记账				

图5-8　中国建设银行进账单

这笔经济业务涉及"银行存款"和"应收账款——大明公司"两个会计科目，其中："银行存款"科目增加56000元；"应收账款——大明公司"科目减少56000元。这笔经济业务的会计分录如下：

　　借：银行存款　　　　　　　　　　　　　　　　　　　　　　56000
　　　　贷：应收账款——大明公司　　　　　　　　　　　　　　　　56000

该笔业务属于银行存款的收款业务，应该编制银行存款收款凭证。编制的银行存款收款凭证如图5-9所示（假如该笔业务为银行存款收款业务第5笔）。

收款凭证

借方科目：银行存款　　　　2017年3月3日　　　　　银收字第5号

摘要	贷方科目		金额	√
	总账科目	明细科目	千百十万千百十元角分	
收回前欠货款	应收账款	大明公司	5 6 0 0 0 0 0	
附件　1　张	合　计		¥ 5 6 0 0 0 0 0	

会计主管：张协　　记账：刘和　　出纳：王伍　　审核：李行　　制单：何傅

图5-9　收款凭证

问题二　如何填制付款记账凭证？

付款凭证的填制方法和程序与收款凭证基本相同，只是付款凭证左上方为"贷方科目"，按付款的性质填写"库存现金"或"银行存款"；右上方填写编制付款凭证的顺序号，可填写"付字第××号"，也可以填写"现付字第××号"或"银付字第××号；凭证中间"借方科目"填写与支付现金或银行存款相对应的会计科目。

【例5-2】　晶华公司于2017年3月13日购买办公用品一批，办公室经办人员张杰取得普通发票一张，如图5-10所示，经审批同意出纳人员用现金支付。

购货单位	名　　称	晶华公司				密码区		(略)	
	纳税人识别号	112266335546789							
	地址、电话	北京市开发区200号　0108-3180813							
	开户行及账号	建行红星分理处　7070451256							
货物或应税劳务名称		规格型号	单位	数量	单价	金额		税率	税额
钢　笔				20	11.65	233.00		3%	6.99
圆珠笔				10	1.46	14.60		3%	0.44
笔记本				30	1.94	58.22		3%	1.75
合　　计						￥305.82			￥9.18
价税合计（大写）		人民币叁佰壹拾伍元整				（小写）￥315.00			
销货单位	名　　称	北京佳佳百货超市				备注			
	纳税人识别号	112266512345123							
	地址、电话	北京市开发区101号　0108-3180666							
	开户行及账号	建行红星分理处　7070456521							

北京增值税普通发票　No 12365491　开票日期：2017年03月13日

收款人：王明　　复核：李阳　　开票人：王明　　销货单位（章）

图5-10　北京市增值税普通发票

这笔经济业务涉及"库存现金"和"管理费用"两个会计科目，其中："库存现金"科目减少315元；"管理费用"科目增加315元。这笔经济业务的会计分录如下：

借：管理费用　　　　　　　　　　　　　　　　　　　　　315
　　贷：库存现金　　　　　　　　　　　　　　　　　　　　315

该笔经济业务属于现金付款业务，应该编制现金付款凭证。编制的现金付款凭证如图5-11所示（假如该笔业务为库存现金付款业务第8笔）。

项目五　填制和审核记账凭证

付款凭证

贷方科目：库存现金　　　　　2017年3月13日　　　　　现付字第8号

摘要	借方科目		金额									√
	总账科目	明细科目	千	百	十	万	千	百	十	元	角	分
购买办公用品	管理费用	办公费						3	1	5	0	0
附件　1　张		合　计					¥	3	1	5	0	0

会计主管：张协　　　记账：刘和　　　出纳：王伍　　　审核：李行　　　制单：何傅

图5-11　付款凭证

对于涉及现金和银行存款之间相互划转的经济业务，为了避免重复记账，统一只填制付款凭证，不填制收款凭证。即当发生从银行提取现金的业务时，只填制银行存款付款凭证，不填制现金收款凭证；当发生把现金存入银行的业务时，只填制现金付款凭证，不填制银行存款收款凭证。

【例5-3】　晶华公司于2017年3月15日把当天收到的现金3000元存入银行，原始凭证如图5-12所示。

图5-12　中国建设银行现金存款凭证

这笔业务涉及"库存现金"和"银行存款"两个会计科目，其中："库存现金"科目减少3000元；"银行存款"科目增加3000元，其会计分录如下：

借：银行存款　　　　　　　　　　　　　　　　　　　　　　　3000
　　贷：库存现金　　　　　　　　　　　　　　　　　　　　　　　3000

该笔业务既属于现金付款业务，又属于银行存款收入业务，但按要求应填制现金付款凭证，如图5-13所示（假如该笔业务为现金付款业务第10笔）。

任务二　掌握填制记账凭证的方法

付款凭证

贷方科目：库存现金　　　　　　2017年3月15日　　　　　　现付字

摘要	借方科目		金额									√
	总账科目	明细科目	千	百	十	万	千	百	十	元	角	分
现金存行	银行存款					3	0	0	0	0	0	
附件　1　张		合　计			¥	3	0	0	0	0	0	

会计主管：张协　　　记账：刘和　　　出纳：王伍　　　审核：李行　　　制单：何傅

图5-13　付款凭证

问题三　如何填制转账记账凭证？

转账凭证将经济业务事项所涉及的全部会计科目，按照先借后贷的顺序计入"会计科目"栏中的"总账科目"和"明细科目"，并把其金额按应借、应贷方向分别计入"借方金额"栏或"贷方金额"栏，借、贷金额合计数应相等；右上方填写编制转账凭证的顺序号，可填写"转字第××号"。其他项目的填列与收、付款凭证相同。

【例5-4】　晶华公司于2017年3月20日向广东江门昌华公司购买A材料和B材料，取得增值税专用发票一张，如图5-14所示。材料已验收入库，货款未付，收料单如图5-15所示。

No 03616789

开票日期：2017年03月20日

购货单位	名　　　称	晶华公司					密码区	（略）			
	纳税人识别号：	112266335546789									
	地　址、电　话：	北京市开发区200号　0108-3180813									
	开户行及账号：	建行红星分理处　7070451256									
货物或应税劳务名称	规格型号	单位	数量	单价	金额		税率	税额			
A材料		件	180	650.00	117000.00		17%	19890.00			
B材料		件	100	400.00	40000.00		17%	6800.00			
合　计					¥157000.00			¥26690.00			
价税合计（大写）		人民币壹拾捌万叁仟陆佰玖拾元整					（小写）　¥183690.00				
销货单位	名　　　称	江门昌华公司					备注				
	纳税人识别号：	445300512345585									
	地　址、电　话：	江门市开发区220号　0750-3180814									
	开户行及账号：	工行江门分行　1230005556									

收款人：李梅　　　复核：李萌　　　开票人：王大力　　　销货单位（章）

图5-14　广东增值税专用发票

项目五　填制和审核记账凭证

收料单

材料编号：2235　　　　　　2017年3月20日　　　　　　No：0302
供应单位：江门昌华公司　　发票号码：03616789　　材料类别：原材料　　仓库：1-23

材料编号	材料名称	规格	计量单位	数量		实际成本/元				第三联 记账联
				应收	实收	单价	金额	运费	其他	合计
	A材料		件	180	180	650	117000.00			117000.00
	B材料		件	100	100	400	40000.00			40000.00

仓库主管：伍全　　验收：王强　　核算：严燕妮　　交料人：张笔天　　制单：王强　　仓库（章）：王强

图5-15　收料单

这笔业务涉及"原材料""应交税费——应交增值税（进项税额）""应付账款——昌华公司"三个会计科目，其中："原材料"科目增加117000元，"应交税费——应交增值税（进项税额）"科目增加26690元，"应付账款——昌华公司"科目增加183690元。其会计分录如下：

借：原材料——A材料　　　　　　　　　　　　　　　　　　　117000
　　　　——B材料　　　　　　　　　　　　　　　　　　　　 40000
　　应交税费——应交增值税（进项税额）　　　　　　　　　　26690
　贷：应付账款——昌华公司　　　　　　　　　　　　　　　　183690

该笔业务不涉及现金或银行存款的收付，属于转账业务，故应该填制转账凭证。编制的转账凭证如图5-16所示（假设该笔业务为转账业务第21笔）。

转账凭证

2017年3月20日　　　　　　　　　　　　　　　　　转字第21号

摘要	会计科目		借方金额									贷方金额									√
	总账科目	明细科目	千	百	十	万	千	百	十	元	角	分	千	百	十	万	千	百	十	元	角	分	
购材料	原材料	A材料		1	1	7	0	0	0	0	0											
购材料	原材料	B材料			4	0	0	0	0	0	0											
进项税额	应交税费	应交增值税				2	6	6	9	0	0											
款未付	应付账款	昌华公司												1	8	3	6	9	0	0	0	
附件　2　张	合计		¥	1	8	3	6	9	0	0	0		¥	1	8	3	6	9	0	0	0	

会计主管：张协　　　　记账：刘和　　　　复核：李行　　　　制单：何傅

图5-16　转账凭证

在一笔经济业务中，如果既涉及现金或银行存款的收（或付）业务，又涉及转账业务，那么采用专用记账凭证填写时，就要分别填制现金或银行存款的收（或付）款凭证和转账凭证。

【例5-5】　晶华公司于2017年3月22日向北京天成有限责任公司销售甲产品和乙产品，开具增值税专用发票一张，如图5-17所示。收到80%的货款，对方开具的金额为93600元的转账支票已到银行进账，进账单如图5-18所示，余款20%暂欠。

任务二　掌握填制记账凭证的方法

北京增值税专用发票

No 01616866

此联不作报销务扣税凭证使用　　　开票日期：2017年03月22日

购货单位	名　　称	北京天成有限责任公司	密码区	（略）		第一联 记账联 销货方记账凭证
	纳税人识别号	112266225546783				
	地址、电话	北京市新区160号　0108-8988321				
	开户行及账号	工行北京分行　1230005556				

货物或应税劳务名称	规格型号	单位	数量	单价	金额	税率	税额
甲产品		件	150	320.00	48000.00	17%	8160.00
乙产品		件	200	260.00	52000.00	17%	8840.00
合　　计					￥100000.00		￥17000.00

价税合计（大写）	人民币壹拾壹万柒仟元整	（小写）￥117000.00

销货单位	名　　称	晶华公司	备注	
	纳税人识别号	112266335546789		
	地址、电话	北京市开发区200号　0108-3180813		
	开户行及账号	建行红星分理处　7070451256		

收款人：王伍　　　复核：李行　　　开票人：何傅　　　销货单位（章）

图5-17　北京增值税专用发票

中国建设银行　进账单（回单）　1

2017年3月22日　　　　　　　　　　　　　　　　XV 16479789

付款人	全　称	北京天成有限责任公司	收款人	全　称	晶华公司	此联是开户银行交给持（出）票人的回单
	账号	1230005556		账号	7070451256	
	开户银行	工行北京分行		开户银行	建行红星分理处	
金额	人民币（大写）	玖万叁仟陆佰元整			亿千百十万千百十元角分 ￥　　　9 3 6 0 0 0 0	
票据种类	转账支票	票据张数	壹张			
票据号码	Ⅱ00833230					
			复核　　　记账			

图5-18　中国建设银行进账单

这笔业务涉及"银行存款""应收账款""主营业务收入""应交税费——应交增值税（销项税额）"四个会计科目，其中："银行存款"科目增加93600元；"应收账款——天成公司"科目增加23400元，"主营业务收入"科目增加100000元，"应交税费——应交增值税

（销项税额）"科目增加17000元。该笔业务既涉及银行存款收款业务，又涉及转账业务。

收到80%的货款，银行存款收款业务，会计分录为：

借：银行存款　　　　　　　　　　　　　　　　　　　　93600
　　贷：主营业务收入——甲产品　　　　　　　　　　　38400
　　　　主营业务收入——乙产品　　　　　　　　　　　41600
　　　　应交税费——应交增值税（销项税额）　　　　　13600

余款20%暂欠，转账业务，会计分录为：

借：应收账款——天成公司　　　　　　　　　　　　　　23400
　　贷：主营业务收入——甲产品　　　　　　　　　　　 9600
　　　　主营业务收入——乙产品　　　　　　　　　　　10400
　　　　应交税费——应交增值税（销项税额）　　　　　 3400

收到货款的部分填制银行存款收款凭证，如图5-19所示（假如该笔业务为银行存款收款业务第18笔）。

收款凭证

借方科目：银行存款　　　　　　2017年3月22日　　　　　　银收字第18号

摘要	贷方科目		金额									√
	总账科目	明细科目	千	百	十	万	千	百	十	元	角	分
销售产品	主营业务收入	甲产品			3	8	4	0	0	0	0	
销售产品	主营业务收入	乙产品			4	1	6	0	0	0	0	
销项税额	应交税费	应交增值税			1	3	6	0	0	0	0	
附件 2 张	合计		¥	9	3	6	0	0	0	0		

会计主管：张协　　　记账：刘和　　　出纳：王伍　　　审核：李行　　　制单：何傅

图5-19　收款凭证

未收到货款的部分填制转账凭证，如图5-20所示（假如该笔业务为转账业务第26笔）。

转账凭证

　　　　　　　　　　　　2017年3月20日　　　　　　　　　转字第26号

摘要	会计科目		借方金额										贷方金额									√
	总账科目	明细科目	千	百	十	万	千	百	十	元	角	分	千	百	十	万	千	百	十	元	角	分
货款未收	应收账款	天成公司			2	3	4	0	0	0	0											
销售产品	主营业务收入	甲产品															9	6	0	0	0	0
销售产品	主营业务收入	乙产品														1	0	4	0	0	0	0
销项税额	应交税费	应交增值税																3	4	0	0	0	0
附件　　张	合计		¥		2	3	4	0	0	0	0		¥		2	3	4	0	0	0	0

会计主管：张协　　　记账：刘和　　　复核：李行　　　制单：何傅

图5-20　转账凭证

任务二 掌握填制记账凭证的方法

做中学：

根据项目二【例2-1】～【例2-18】兴云家具有限公司2017年12月份各项经济业务的原始凭证，填制收款凭证、付款凭证或转账凭证。

问题四 如何填制通用记账凭证？

企业在采用通用记账凭证填写凭证时，无须区分经济业务的类型，即要把所有经济业务都填写在同种格式的记账凭证中。其填写方法与转账凭证的填写基本相同，不同的地方是：表头为通用记账凭证或记账凭证，右上方填写凭证的顺序号，应填写"记字第××号"或"通字第××号"。

为熟悉理解通用记账凭证的编制，我们把前面【例5-1】～【例5-5】的会计事项用通用记账凭证来填制一次。

上【例5-1】，用通用记账凭证填制，如图5-21所示。

记账凭证

2017年3月3日   记字第××号

摘要	会计科目		借方金额									贷方金额									√
	总账科目	明细科目	千	百	十	万	千	百	十	元	角	分	千	百	十	万	千	百	十	元	角	分	
收回欠款	银行存款					5	6	0	0	0	0	0											
	应收账款	大明公司														5	6	0	0	0	0	0	
附件 1 张		合计			¥	5	6	0	0	0	0	0			¥	5	6	0	0	0	0	0	

会计主管：张协   记账：刘和   出纳：王伍   复核：李行   制单：何傅

图5-21 记账凭证

上【例5-2】，用通用记账凭证填制，如图5-22所示。

记账凭证

2017年3月13日   记字第××号

摘要	会计科目		借方金额									贷方金额									√
	总账科目	明细科目	千	百	十	万	千	百	十	元	角	分	千	百	十	万	千	百	十	元	角	分	
购办公用品	管理费用							3	1	5	0	0											
	库存现金																	3	1	5	0	0	
附件 1 张		合计					¥	3	1	5	0	0					¥	3	1	5	0	0	

会计主管：张协   记账：刘和   出纳：王伍   复核：李行   制单：何傅

图5-22 记账凭证

上【例5-3】，用通用记账凭证填制，如图5-23所示。

记账凭证

2017年3月15日　　　　　　　　　　　　　　　　　　记字第××号

摘要	会计科目		借方金额									贷方金额									√
	总账科目	明细科目	千	百	十	万	千	百	十	元	角	分	千	百	十	万	千	百	十	元	角	分	
现金存行	银行存款						3	0	0	0	0	0											
	库存现金																3	0	0	0	0	0	
附件 1 张	合计					¥	3	0	0	0	0	0				¥	3	0	0	0	0	0	

会计主管：张协　　　记账：刘和　　　出纳：王伍　　　复核：李行　　　制单：何傅

图5-23　记账凭证

上【例5-4】，用通用记账凭证填制，如图5-24所示。

记账凭证

2017年3月20日　　　　　　　　　　　　　　　　　　记字第××号

摘要	会计科目		借方金额										贷方金额										√
	总账科目	明细科目	千	百	十	万	千	百	十	元	角	分	千	百	十	万	千	百	十	元	角	分	
购买材料	原材料	A材料			1	1	7	0	0	0	0	0											
购买材料	原材料	B材料				4	0	0	0	0	0	0											
进项税额	应交税费	应交增值税				2	6	6	9	0	0	0											
款未付	应付账款	昌华公司													1	8	3	6	9	0	0	0	
附件 2 张	合计		¥	1	8	3	6	9	0	0	0		¥	1	8	3	6	9	0	0	0		

会计主管：张协　　　记账：刘和　　　出纳：王伍　　　复核：李行　　　制单：何傅

图5-24　记账凭证

上【例5-5】，用通用记账凭证来填制，两个会计分录可以复合为一个会计科目：

借：银行存款　　　　　　　　　　　　　　　　　　　　93600

　　应收账款——天成公司　　　　　　　　　　　　　　23400

　贷：主营业务收入——甲产品　　　　　　　　　　　　48000

　　　主营业务收入——乙产品　　　　　　　　　　　　52000

　　　应交税费——应交增值税（销项税额）　　　　　　17000

该笔经济业务无须分别填制银行存款收款凭证和转账凭证。若该笔经济业务所涉及的会计科目较多，一张记账凭证填写不了，则可填制两张记账凭证，凭证编号采用"带分数编号法"，如图5-24和图5-25所示。

任务三　掌握审核记账凭证的方法

记账凭证

2017年3月22日　　　　　　　　　　　　记字第××1/2号

摘要	会计科目		借方金额								贷方金额								√
	总账科目	明细科目	千	百	十	万	千	百	十	元	角	分	千	百	十	万	千	百	十	元	角	分	
收回80%	银行存款				9	3	6	0	0	0	0									
余款尚欠	应收账款	天成公司			2	3	4	0	0	0	0									
销售产品	主营业务收入	甲产品												4	8	0	0	0	0	0	
销售产品	主营业务收入	乙产品												5	2	0	0	0	0	0	
附件　2　张		合计																			

会计主管：张协　　　记账：刘和　　　出纳：王伍　　　审核：李行　　　制单：何傅

图5-24　记账凭证

记账凭证

2017年3月22日　　　　　　　　　　　　记字第××2/2号

摘要	会计科目		借方金额										贷方金额									√
	总账科目	明细科目	千	百	十	万	千	百	十	元	角	分	千	百	十	万	千	百	十	元	角	分	
销项税额	应交税费	应交增值税													1	7	0	0	0	0	0	
附件　　张		合计	¥	1	1	7	0	0	0	0	0	¥	1	1	7	0	0	0	0	0	

会计主管：张协　　　记账：刘和　　　出纳：王伍　　　审核：李行　　　制单：何傅

图5-25　记账凭证

做中学：

根据项目二【例2-1】～【例2-18】兴云家具有限公司2017年12月份各项经济业务的原始凭证，用通用记账凭证来填制记账凭证。

任务三　掌握审核记账凭证的方法

问题一　如何审核记账凭证？

由于记账凭证是登记账簿的依据，故为保证账簿记录的正确性，在登记账簿前，要由有关人员对记账凭证进行审核，在审核时，应从以下几个方面进行：

（1）内容是否真实。审核记账凭证是否附有原始凭证，所附原始凭证的内容是否与记账凭证记录的内容一致，记账凭证汇总表与记账凭证的内容是否一致等。

（2）项目是否齐全。审核记账凭证各项目的填写是否齐全，如日期、凭证编号、摘要、会计科目、金额、所附原始凭证张数以及有关人员签名或盖章等。

（3）科目是否正确。审核记账凭证的应借应贷科目是否正确，是否有明确的账户对应关系，所使用的会计科目是否符合国家统一的会计制度的规定等。

（4）金额是否正确。审核记账凭证所记录的金额与原始凭证的有关金额是否一致，记账凭证汇总表的金额与记账凭证的金额合计是否相符，原始凭证中的数量、单价、金额计算是否正确等。

（5）书写是否正确。审核记账凭证中的记录是否文字工整、数字清晰，是否按规定使用蓝黑墨水或碳素墨水，是否按规定进行更正等。

此外，审核出纳人员在办理收款或付款业务后，是否在凭证上加盖"收讫"或"付讫"的戳记，以避免重收或重付。

问题二　经审核的记账凭证如何处理？

经审核无误的记账凭证可作为登记账簿的依据。经审核有误的记账凭证不能作为登记账簿的依据，应该按规定的要求进行更正。若在填制记账凭证时发生错误，则应当重新填制。若已经登记入账的记账凭证在当年内发现科目填写错误，则可以用红字填写一张与原内容相同的记账凭证，在摘要栏注明"注销某月某日某号凭证"字样，同时用蓝字重新填制一张正确的记账凭证，注明"订正某月某日某号凭证"字样；如果会计科目没有错误，只是金额错误，则也可将正确数字与错误数字之间的差额，另编一张调整的记账凭证，调增金额用蓝字，调减金额用红字。发现以前年度记账凭证有错误的，应当用蓝字填制一张更正的记账凭证。

任务四　熟悉会计凭证的传递与保管

问题一　如何认知会计凭证？

（一）会计凭证传递的概念

会计凭证的传递是指从会计凭证的取得或填制时起至归档保管过程，在单位内部各有关部门和人员之间的传送程序。

（二）会计凭证传递的意义

正确组织会计凭证的传递，对于提高会计核算的及时性、合理组织经济活动、贯彻经济责任制、加强会计监督具有重要的意义。

（1）会计凭证的传递有利于及时地反映各项经济业务的发生或完成情况。明确会计凭证的传递程序和传递时间，就能把有关经济业务完成情况及时地传递到有关部门和人员，以保证会计凭证按时送到财务会计部门，及时记账、结账，并按规定编制会计报表。

（2）会计凭证的传递有利于正确地组织经济活动，贯彻经济责任。正确地组织会计凭证的传递能把本单位各有关部门和人员的活动紧密地联系起来，可以明确各部门及人员的分工协作关系，强化各工作环节之间的监督和制约作用，体现了经济责任制度的执行情况。

（3）会计凭证的传递有利于加强会计监督。会计凭证实际上起着相互牵制、相互监督的作用，它可以督促各有关部门和人员及时、正确地完成各项经济业务，并按规定办理好各种凭证手续，从而有利于加强岗位责任制，有利于发挥会计的监督职能。

（三）会计凭证传递的要求

会计凭证的传递要能够满足内部控制制度的要求，使传递程序合理有效，同时尽量节约传递时间，减少传递的工作量。

由于各种会计凭证所记载的经济业务各不同，涉及的部门和人员不同，据以办理的业务手续也不同，因此应当为各种会计凭证规定一个合理的传递程序。即一张会计凭证，填制后应交到哪个部门、哪个岗位、由谁办理怎样的业务手续，直至归档保管为止。如凭证有一式数联，则还应当规定每一联传到哪几个部门，有什么用途等。

各种会计凭证还应根据办理业务手续所需的时间，规定它的传递时间。其目的是使各个工作环节环环相扣、相互督促，以提高工作效率。

问题二　会计凭证如何进行传递？

各单位应根据本单位的具体情况制定每一种凭证的传递程序和方法。会计凭证的传递主要包括规定合理的传递程序、传递时间和传递过程中的衔接手续。在制定合理的凭证传递程序和方法时，应考虑以下几点：

（1）会计凭证的传递程序要视经济业务的手续程序而定。因为不同经济业务的内容不同，办理业务的手续程序各异，故传递程序也有不同。有的经济业务过程简单，凭证的传递过程也简单；有的经济业务过程复杂，凭证的传递过程也复杂。因此，要根据经济业务的特点、企业内部的机构设置和人员分工情况以及管理上的要求等，具体规定各种凭证的传递程序。

（2）会计凭证的传递时间要根据办理经济业务手续在正常情况下完成所需的时间而定。一切会计凭证的传递和处理，都应在报告期内完成，以保证会计核算的准确性和及时性。注意，要根据有关部门和人员办理业务的必要手续时间来确定凭证的传递时间，过松会影响工作效率，过紧则会影响业务手续的完成。

（3）会计凭证传递过程中的衔接手续应该做到既完备严密，又简单易行。凭证的收发、交接都应按一定的手续制度办理，以保证会计凭证的安全和完整。

要通过调查研究和协商来制定会计凭证的传递程序和传递时间。原始凭证大多涉及本单位内部各个部门和经办人员，因此，会计部门应同有关部门和人员共同协商其传递程序和时间。记账凭证是会计部门的内部凭证，可由会计主管会同制证、审核、出纳、记账等有关人员商定其传递程序和时间。

会计凭证的传递程序、传递时间和传递过程中的衔接手续明确后，可以制定凭证流程图，明确规定凭证传递程序、路线和环节以及凭证传递在各环节上的时间、内容和手续，使凭证传递工作迅速有效地进行。在流程图执行过程中如有不合理的地方，则可以随时根据实际情况加以修改。

问题三　什么是会计凭证的保管？

会计凭证的保管是指会计凭证登账后的整理、装订、归档和存查工作。会计凭证作为记账的依据，是重要的经济资料和会计档案。每个单位在完成经济业务手续和记账之后，必须将会计凭证按规定的立卷归档制度，形成会计档案资料，并妥善保管、防止丢失，不得任意销毁，以便于日后随时查阅。

问题四　会计凭证如何进行保管？

对会计凭证的保管，既要做到完整无缺，又要便于翻阅查找。其主要有以下要求：

（1）会计凭证应定期装订成册，防止散失。会计部门在依据会计凭证记账后，应定期（每天、每旬或每月）对各种会计凭证加以分类整理，按照编号顺序，将各种记账凭证连同所附的原始凭证或者原始凭证汇总表和银行对账单等，折叠整齐，按期装订成册，并加具封面封底，由装订人员在装订线封签处签名或盖章。

从外单位取得的原始凭证遗失时，应取得原签发单位盖有公章的证明，并注明原始凭证的号码、金额、内容等，由经办单位会计机构负责人、会计主管人员和单位负责人批准后，才能代作原始凭证。若确实无法取得证明，如车票丢失，则应由当事人写明详细情况，由经办单位会计机构负责人、会计主管人员和单位负责人批准后，代作原始凭证。

（2）会计凭证封面应注明单位名称、凭证名称、凭证张数、起止号数、年度、月份、会计主管人员、装订人员等有关事项，会计主管人员和保管人员应在封面上签名或盖章。会计凭证封面的一般格式如图5-26所示。

（3）会计凭证应加贴封条，防止抽换凭证。原始凭证不得外借，其他单位如有特殊原因确实需要使用，经本单位会计机构负责人、会计主管人员批准，可以复制。向外单位提供的原始凭证复印件，应在专设的登记簿上登记，并由提供人员和收取人员共同签名、盖章。

任务四　熟悉会计凭证的传递与保管

	（单位名称）			
	记账凭证封面			
		年 月份 共 册第 册		
记账凭证	由	字第	号起至第	号止
记账凭证	由	字第	号起至第	号止
记账凭证	由	字第	号起至第	号止
记账凭证	由	字第	号起至第	号止
记账凭证	由	字第	号起至第	号止
起止日期	本月自	日起至	日止	本册单据共　张
附注				
会计主管：		复核：		装订：

图5-26　记账凭证封面

（4）原始凭证较多时可单独装订，但应在凭证封面注明所属记账凭证的日期、编号和种类，同时在所属的记账凭证上应注明"附件另订"及原始凭证的名称和编号，以便查阅。

对各种重要的原始凭证（如押金收据、提货单等）以及各种需要随时查阅和退回的单据，应另编目录，单独保管，并在有关的记账凭证和原始凭证上分别注明日期和编号。

每年装订成册的会计凭证，在年度终了时可暂由单位会计机构保管一年，期满后应当移交本单位档案机构统一保管；未设立档案机构的，应当在会计机构内部指定专人保管。出纳人员不得兼管会计档案。

（5）严格遵守会计凭证的保管期限要求，期满前不得任意销毁。会计凭证的保管期限和销毁手续，必须严格按照会计制度的有关规定执行。一般会计凭证至少保存30年，重要的会计凭证应长期保存。会计凭证保管期限届满需销毁时，应编造清册，按照规定的手续报经批准后方能销毁。任何单位和个人不得擅自销毁会计凭证。

项目小结

记账凭证又称记账凭单，是会计人员根据审核无误的原始凭证或汇总原始凭证，按照经济业务事项的内容加以归类，并据以确定会计分录后所填制的会计凭证。它是登记账簿的直接依据。

记账凭证按其所反映经济业务内容的不同，可以分为专用记账凭证和通用记账凭证两种。专用记账凭证按其所反映经济业务内容的不同，又可以分为收款凭证、付款凭证和转账凭证三种。记账凭证按其填列方式的不同，可以分为复式凭证和单式凭证。

记账凭证的基本内容或要素包括：记账凭证的名称、日期、编号、摘要、会计分录、记账标记、所附原始凭证的张数和有关人员的签名或盖章等。

填制记账凭证的基本要求有：填制依据要审核、填制日期要及时、凭证编号要连续、摘要要简明扼要、会计分录要正确、空白行要划线注销、合计金额阿拉伯数字小写前面要加上"￥"、原始凭证要附于其后及有关人员要签名或盖章。本项目介绍了收款凭证、付款凭证、转账凭证及通用记账凭证的填制方法和程序。

记账凭证的审核应从以下几个方面进行：内容是否真实、项目是否齐全、科目是否正确、金额是否正确、书写是否规范。此外，审核出纳人员在办理收款或付款业务后，是否在凭证上加盖"收讫"或"付讫"的戳记。经审核无误的记账凭证方可作为登记账簿的依据。

会计凭证的传递是指从会计凭证的取得或填制时起至归档保管过程，在单位内部各有关部门和人员之间的传送程序。正确组织会计凭证的传递，对于提高会计核算的及时性、合理组织经济活动、贯彻经济责任制、加强会计监督具有重要的意义；会计凭证的保管是指会计凭证登记账簿后的整理、装订、归档和存查工作。每个单位在完成经济业务手续和记账之后，必须将会计凭证按规定的立卷归档制度，形成会计档案资料，以便于日后随时查阅。

阅读资料

会计专业与职业

青春易逝，工作不易，与其花大笔钱买化妆品，不如找个越老越值钱的金饭碗。但是该从哪行入手呢？究竟从事什么职业才能够不被年龄所"淘汰"呢？在近千人参与的一项调查中，选择出10种"年资是个宝"的职业。在已经获得的数据中，"医师"职业获得了89.6%的点击率，也就是说，近90%的参与调查者认为"医师"绝对是个"越老越值钱"的职业。其次是古玩鉴定师（81.19%），审计师、会计、出纳以及教师不相上下，都为64.90%。除此之外，律师（76.13%）、科研工作者（62.38%）、精算师（56.69%）、技术工人（54.04%）、咨询顾问（48.61%）、建筑设计师（48.12%）也名列前10位。

会计职业确实充满了机遇，回报也较优厚。首先，从收入水平来看：我国外企中的财务主管的月平均收入是10000元，"四大"会计师事务所中的中方雇员最低收入是每月5000元。其次，会计工作给个人的职业道路带来了广阔的发展空间：世界500强企业中的首席执行官，其教育背景是会计专业的占比约9%，而有35%是从首席财务官（CFO）升任的。会计的教育或者职业背景为通向高层管理的道路奠定了坚实的基础。可见，会计确实是充满了机遇的职业，造就出无数成功人士。

会计职业在充满机遇的同时，更充满挑战。我国现有1200万人从事会计职业，无论是就业还是升职都面临激烈的竞争。然而，我国还十分匮乏具有国际水准和现代经营观念的高水平会计人员，也只有这些高素质的会计人员才能够脱颖而出，成为人们所羡慕的"金领"。

不论你现在的起点在哪里，踏踏实实地做下去，未来的"金领"队伍中一定会有你！

项目六 登记账簿

项目导入

提到账簿，大家并不陌生。有时候我们把日常生活收支记录在一个本子上，一个月下来，收入和支出都有很详细的记录。这个本子就是简单的账簿，是一本生活收支流水账，什么收支内容都往里记，没有分类，当你想知道各项收入与各项支出各是多少时，查找不是很方便。严格地说，它不是账簿，仅是个备忘录。同学们，你记过账吗？你的账本格式是什么样的？你又是如何记录的呢？

在会计工作中，设置和登记账簿有着科学、严格的方法和要求。本项目将帮助我们认知会计账簿和账务处理程序，并教会我们一些建账、记账、对账和结账的方法等。

学习目标

1. 认知会计账簿；
2. 认知账务处理程序；
3. 掌握建立和登记账簿的方法；
4. 掌握对账的方法；
5. 掌握错账的更正方法；
6. 掌握结账的方法；
7. 熟悉会计账簿的更换与保管。

项目六　登记账簿

任务一　认知会计账簿

问题一　什么是会计账簿？

会计账簿是指由一定格式的账页组成的，以经过审核无误的会计凭证为依据，全面、系统、连续地记录各项经济业务的簿籍。

通过会计凭证的填制与审核，可以将每天发生的经济业务进行如实、正确的记录，明确经济责任。但会计凭证数量繁多、学习分散，难以全面、完整地了解企业的财务状况，不便于会计信息的整理与报告。因此，各单位应当按照国家统一的会计制度的规定和会计业务的需要设置会计账簿，以便系统地归纳会计信息，全面、系统、连续地核算和监督单位的经济活动及其财务收支情况。

问题二　设置和登记账簿的意义有哪些？

设置和登记账簿是编制会计报表的基础，是连接会计凭证与会计报表的中间环节，在会计核算中具有重要意义。

（1）通过账簿的设置和登记，可以记载、储存会计信息。将会计凭证所记录的经济业务逐笔逐项地计入有关会计账簿，可以全面反映一定时期发生的各项经济活动，及时储存所需要的各项会计信息。

（2）通过账簿的设置和登记，可以分类汇总会计信息。通过账簿记录，可以将分散在会计凭证上大量的核算资料，按其不同性质加以归类、整理和汇总，以便全面、系统、连续和分类地提供企业资产、负债、所有者权益、收入、费用和利润会计要素的增减变化情况，及时提供各方面所需要的会计信息，以便各方面管理决策。

（3）通过账簿的设置和登记，可以检查、校正会计信息。账簿记录是对会计凭证的进一步整理，账簿记录也是会计分析、会计检查的重要依据。如账簿中记录的财产物资的账面数与通过实地盘点得到的实有数进行核对，可以检查财产物资的保管是否妥善，账实是否相符。

（4）通过账簿的设置和登记，可以编制、输出会计信息。会计账簿是对会计凭证的系统化，提供的是全面、系统、分类的会计信息，因而账簿记录是编制会计报表的主要资料来源，账簿所提供的资料是编制会计报表的主要依据。

任务一　认知会计账簿

问题三　会计账簿与账户的关系如何?

会计账簿与账户关系十分密切。账户是根据会计科目开设的，账户存在于账簿之中，账簿中的每一账页就是账户的存在形式和载体，没有账簿，账户就无法存在；账簿序时、分类地记载经济业务是在个别账户中完成的。因此，账簿只是一个外在形式，账户才是它的真实内容。所以说，账簿是由若干账页组成的一个整体，而开设在账页上的账户则是这个整体中的个别部分，因而，账簿与账户的关系是形式和内容的关系。

问题四　会计账簿如何分类?

在会计核算工作中，账簿的种类多种多样，为了便于了解和使用，必须对账簿进行分类。账簿一般按其用途、账页格式和外形特征进行划分，其总体分类情况如图6-1所示。

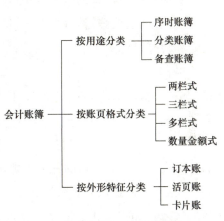

图6-1　会计账簿

（一）按用途分类

账簿按其用途不同，可以分为序时账簿、分类账簿和备查账簿三种。

（1）序时账簿。序时账簿又称日记账，是按照经济业务发生或完成时间的先后顺序逐日逐笔进行登记的账簿。在实际工作中，这种账簿通常是按照记账凭证编号的先后顺序逐日进行登记的，因此又称日记账。日记账的特点是序时登记和逐笔登记。序时账簿通常有两种，一种是用来登记全部经济业务发生情况的账簿，称为普通日记账；另一种是用来登记某一类经济业务发生情况的账簿，称为特种日记账。在实际工作中，因经济业务的复杂性，一般很少采用普通日记账。为了加强对货币资金的监督和管理，各单位应当设置专门记录和反映现金收付业务及结存情况的现金日记账；专门记录和反映银行存款收付业务及结存情况的银行存款日记账。在我国，大多数单位一般只设现金日记账和银行存款日记账，而不设转账日记账。

（2）分类账簿。分类账簿是对全部经济业务事项按照会计要素的具体类别而设置的分类进行登记的账簿。分类账簿按照分类的概括程度不同，又分为总分类账和明细分类账两种。按照总账账户登记经济事项的是总分类账簿，简称总账；按照明细账账户分类登记经济业务事项的是明细分类账簿，简称明细账。明细账是对总账的补充和具体化，并受总账的控制和统驭。分类账簿提供的核算信息是编制会计报表的主要依据。

（3）备查账簿。备查账簿简称备查簿，是对某些在序时账簿和分类账簿等主要账簿中都不予登记或登记不够详细的经济业务事项进行补充登记时使用的账簿。备查账簿可以为某项经济业务的内容提供必要的参考资料，加强企业对使用和保管的属于他人的财产物资的监督。例如，租入固定资产登记簿、受托加工材料登记簿、代销商品登记簿等。备查账簿可以由各单位根据需要进行设置。

备查账簿与序时账簿、分类账簿相比，存在两点不同：一是登记依据可以不需要记账凭证，甚至不需要一般意义上的原始凭证；二是账簿的格式和登记方法不同，备查账簿的主要栏目不是记录金额的，它更注重用文字来表述某项经济业务的发生情况。

（二）按账页格式分类

账簿按账页格式的不同，可以分为两栏式、三栏式、多栏式和数量金额式四种。

（1）两栏式账簿。两栏式账簿是指只有借方和贷方两个基本金额栏目的账簿。普通日记账和转账日记账一般采用两栏式。

（2）三栏式账簿。三栏式账簿是设有借方、贷方和余额三个基本栏目的账簿。各种日记账、总账以及资本、债权、债务明细账都可采用三栏式账簿。三栏式账簿又分为设对方科目和不设对方科目两种，区别是在"摘要"栏和"借方金额"栏之间是否有一栏"对方科目"。设有"对方科目"栏的，称为设对方科目的三栏式账簿；不设有"对方科目"栏的，称为不设对方科目的三栏式账簿。

（3）多栏式账簿。多栏式账簿是在账簿的两个基本栏目借方和贷方按需要分设若干专栏的账簿。如多栏式日记账、多栏式明细账。但是，其专栏是设在借方还是贷方，或是两方同时设以及设多少专栏等，均应根据实际需要确定。收入、成本、费用、利润、利润分配及"应交税费——应交增值税"明细账一般采用多栏式账簿。

（4）数量金额式账簿。数量金额式账簿的借方、贷方和余额三个栏目内，都分设数量、单价和金额三小栏，用来反映财产物资的实物数量和价值量。如原材料、库存商品、产成品等存货明细账一般都采用数量金额式账簿。

（三）按外形特征分类

账簿按其外形特征不同，可以分为订本账、活页账和卡片账三种。

（1）订本账。订本账是启用之前就已将账页装订在一起，并对账页进行了连续编号的账簿。订本账的优点是能避免账页散失和防止抽换账页；缺点是不能准确为各账户预留账页。这种账簿一般适用于总账、现金日记账、银行存款日记账。

（2）活页账。活页账在账簿登记完毕之前并不固定装订在一起，而是装在活页账夹中。当账簿登记完毕之后（通常是一个会计年度结束之后），才将账页予以装订，加具封面，并给各账页连续编号。各种明细分类账一般采用活页账形式。这类账簿的优点是记账时可以根据实际需要，随时将空白账页装入账簿，或抽去不需用的账页，便于分工记账；缺点是如果管理不善，则可能会造成账页散失或故意抽换账页。

（3）卡片账。卡片账是将账户所需格式印刷在硬卡上。严格说，卡片账也是一种活页账，只不过它不装在活页账夹中，而装在卡片箱内。在我国，单位一般只对固定资产明细账采用卡片账形式,也有少数企业在材料核算中使用卡片账。

问题五 会计账簿的基本内容包括哪些?

在实际工作中,尽管各种会计账簿所记录的经济业务不同,账簿的格式也多种多样,但各种账簿都应具备以下基本内容:

(1)封面。主要用来标明账簿的名称,如总账、××明细账、现金日记账或银行存款日记账等。

(2)扉页。主要列明科目索引、账簿启用和经管人员一览表(活页账、卡片账在装订成册后,填列账簿启用和经管人员一览表)。

(3)账页。账页是账簿用来记录经济业务事项的载体,包括账户的名称、登记账户的日期栏、凭证种类和号数栏、摘要栏(记录经济业务内容的简要说明)、金额栏(记录经济业务的金额增减变化情况及结果)、总页次和分户页次等基本内容。

问题六 各种会计账簿的格式如何?

(一)日记账的格式

如前所述,日记账是按照经济业务发生或完成时间的先后顺序逐日逐笔进行登记的账簿。设置日记账是为了使经济业务按时间先后顺序清晰地反映在账簿记录中。日记账按所核算和监督经济业务的范围,可以分为普通日记账和特种日记账。

1. 普通日记账的格式

普通日记账通常是两栏式日记账,是序时地逐笔登记各项经济业务的账簿,它核算和监督全部经济业务的发生和完成情况,其格式如图6-2所示。

普通日记账

2017年		凭证字号	摘要	会计科目	借方金额	贷方金额	过账
月	日						
5	1	转字1	购材料	在途物资	20000.00		
			增值税(进项税额)	应交税费	3400.00		
			欠A公司货款	应付账款		23400.00	

图6-2 普通日记账

2. 特种日记账的格式

特种日记账是用来核算和监督某一类型经济业务的发生和完成情况的账簿。在我国,

大多数单位一般只设现金日记账和银行存款日记账,而不设转账日记账。这里只介绍现金日记账和银行存款日记账的格式。

(1)现金日记账的格式。现金日记账是用来核算和监督库存现金每天的收入、支出和结存情况的账簿,其格式有三栏式和多栏式两种。无论是三栏式现金日记账还是多栏式现金日记账,都必须使用订本账。

三栏式现金日记账设借方、贷方和余额三个基本的金额栏目,一般将其分别称为收入、支出和结余三个基本栏目。有的在"摘要"栏和"借方金额"栏(即"收入"栏)之间设有"对方科目"栏,以便记账时标明现金收入的来源科目和现金支出的运用科目。三栏式现金日记账的格式如图6-3所示。

库存现金日记账　　　　　　　　　　　　　　第1页

年		凭证字号	摘要	对方科目	收入	支出	结余
月	日						

图6-3　三栏式现金日记账

多栏式现金日记账是在三栏式现金日记账基础上发展起来的,日记账的借方(收入)和贷方(支出)金额栏都按对方科目设专栏,也就是按收入和支出的用途设专栏。多栏式现金日记账的格式如图6-4所示。

库存现金日记账　　　　　　　　　　　　　　第1页

年		凭证字号	摘要	收入				支出				结余
				应贷科目			合计	应借科目			合计	
月	日			银行存款	主营业务收入	……		其他应收款	管理费用	……		

图6-4　多栏式现金日记账

在实际工作中,如果要设多栏式现金日记账,那么一般常把现金收入业务和现金支出业务分设"现金收入日记账"和"现金支出日记账"两本账。其中,"现金收入日记账"按现金收入对应的贷方科目设置专栏,另设"支出合计"栏和"结余"栏;"现金支出日记账"则只按现金支出对应的借方科目设置专栏，不设"收入合计"栏和"结余"栏。"现金收入日记账"和"现金支出日记账"的格式分别如图6-5和图6-6所示。

现金收入日记账 第1页

年		收款凭证字号	摘要	贷方科目				收入合计	支出合计	结余
月	日			银行存款	其他应收款	营业外收入	……			

图6-5 现金收入日记账

现金支出日记账 第1页

年		付款凭证字号	摘要	借方科目						支出合计
月	日			银行存款	其他应付款	管理费用	销售费用	营业外支出	……	

图6-6 现金支出日记账

（2）银行存款日记账的格式。银行存款日记账是用来核算和监督银行存款每天的收入、支出和结余情况的账簿。其格式与现金日记账的格式基本相同，只是多一个"结算方式"栏，具体格式如图6-7所示。银行存款日记账既可以采用三栏式，也可以采用多栏式。无论是三栏式银行存款日记账还是多栏式银行存款日记账，都必须使用订本账。多栏式可以将收入和支出的核算在一个本子上进行，也可以分设"银行存款收入日记账"和"银行存款支出日记账"。

银行存款日记账 第1页

年		凭证字号	摘要	对方科目	结算方式		收入	支出	结余
月	日				种类	编号			

图6-7 银行存款日记账

（二）总分类账的格式

总分类账简称总账，它是按照总账账户分类登记以提供总括会计信息的账簿。总账外形采用订本账，账页格式最常用的为三栏式，设置借方、贷方和余额三个基本金额栏目，如图6-8所示。

总　账

账户名称：　　　　　　　　　　　　　　　　　　　　　　　　　　　　　　第1页

年		凭证号数	摘　要	借　方	贷　方	借或贷	余　额
月	日						

图6-8　总账

（三）明细分类账的格式

明细分类账是根据二级账户或明细账户开设账页，分类、连续地登记经济业务以提供明细核算资料的账簿，简称明细账。其格式有三栏式、多栏式、数量金额式和横线登记式（或称平行式）等多种。

1. 三栏式明细分类账的格式

三栏式明细分类账设有借方、贷方和余额三个栏目，用以分类核算各项经济业务，提供详细核算资料的账簿，其格式与三栏式总账格式相同。三栏式明细分类账适用于只进行金额核算的账户，如应收账款、应付账款等债权债务往来结算账户，以及待摊费用、预提费用等账户。三栏式明细分类账的格式如图6-9所示。

应付账款　明细账

明细科目：A公司

2018年		凭证号数	摘　要	借方金额	贷方金额	借或贷	余　额
月	日						
1	1		上年结转			贷	10000.00
1	10	银付5	偿还前欠货款	10000.00		平	—
1	15	转9	购材料		8000.00	贷	8000.00

图6-9　应付账款　明细账

2. 多栏式明细分类账的格式

多栏式明细分类账是将属于同一个总账科目的各个明细科目合并在一张账页上进行登记，即在"借方"或"贷方"金额栏内按照明细项目设若干专栏。多栏式明细分类账适用于成本、费用、收入、利润、利润分配及"应交税费——应交增值税"等账户的明细核算。在实际工作中，多栏式明细分类账可以只按借方（或贷方）明细项目设置专栏，另一方发生额由于每月发生的笔数很少，可以不设，若有发生，则在借方（或贷方）用红字登记。多栏式明细分类账也可以设有借方、贷方和余额三个栏目，再对借方（或贷方）按明细项目设置专栏进行明细核算。这两种多栏式明细账的格式如图6-10和图6-11所示。

生产成本　明细账

产品名称：

年		凭证号数	摘要	合计	借方发生额明细		
月	日				直接材料	直接人工	制造费用

图6-10　生产成本　明细账

管理费用　明细账

年		凭证号数	摘要	借方	贷方	余额	借方发生额明细						
月	日						职工薪酬	办公室	差旅费	折旧费	修理费	工会经费	招待费

图6-11　管理费用　明细账

3. 数量金额式明细分类账的格式

数量金额式明细分类账的借方（收入）、贷方（支出）和余额（结存）都分别设有数量、单价和金额三个专栏。该明细账适用于既要进行金额核算又要进行数量核算的存货明细账户，如原材料、包装物、库存商品等。数量金额式明细分类账的格式如图6-12所示。

原材料　明细账

明细科目：　　　　　　　　　　　　　　　　　　　　　　　　　　　　　　　　计量单位：

年		凭证号数	摘要	收入			支出			结存		
月	日			数量	单价	金额	数量	单价	金额	数量	单价	金额

图6-12　原材料　明细账

4. 横线登记式明细分类账的格式

横线登记式明细分类账采用横线登记,即将每一相关的业务登记在一行,从而依据每一行各个栏目的登记是否齐全来判断该业务的进展情况。该明细账实际上也是一种多栏式明细账,适用于材料采购、应收票据和一次性备用金业务,其格式如图6-13所示。

其他应收款——备用金 明细账

明细科目:

年		凭证字号	摘要	借方			年		凭证字号	摘要	贷方			结余
月	日			原借	补付	合计	月	日			报销	退回	合计	

图6-13 其他应收款——备用金 明细账

任务二 认知账务处理程序

问题一 什么是账务处理程序?

账务处理程序也称会计核算组织程序或会计核算形式,是指在会计核算中,账簿组织、记账程序和会计报表有机会结合的形式。账簿组织包括会计凭证和账簿的种类、格式及账簿之间的相互联系;记账程序是指从填制和审核会计凭证开始,到登记账簿、编制财务会计报告的整个会计处理程序。在账务处理程序中,账簿组织是核心部分。将不同种类、格式的账簿处理、记账程序和记账方法互相结合在一起,就构成了不同的会计核算程序。

问题二 账务处理程序的意义有哪些?

就会计目标而言,账务处理程序就是记账和产生会计信息的基本步骤和方法。因此,采用适当的账务处理程序,科学地组织记账工作,是做好一切会计工作的关键。它对于规范会计工作,提高质量和效率,加强会计管理,正确、及时地提供会计信息,具有重要的现实意义。

(1)有利于会计工作程序的规范化,确定合理的凭证、账簿与报表之间的联系方式,保证会计信息加工过程的严密性,提高会计信息的质量。

(2)有利于保证会计记录的完整性和正确性,通过凭证、账簿及报表之间的牵连作用，增强会计信息的可靠性。

（3）有利于减少不必要的会计核算环节，通过井然有序的账务处理程序，提高会计工作效率，保证会计信息的及时性。

问题三　账务处理程序的种类有哪些？

账务处理程序的建立是由多种因素决定的，主要有经济活动的财务收支的实际情况、经营管理的需要、会计核算中的核算手续等。这些因素是在不断变化的，因此，由它们决定的会计凭证系统、会计账簿系统、会计报表系统以及核算程序和方法也在不断地发生变化，由此形成了不同的账务处理程序。在我国，常用的账务处理程序主要有：

（1）记账凭证账务处理程序。

（2）汇总记账凭证账务处理程序。

（3）科目汇总表账务处理程序。

上述三种账务处理程序有许多共同之处，不同之处在于登记总账的依据和程序不同。

问题四　如何认知记账凭证账务处理程序？

（一）记账凭证账务处理程序的概念

记账凭证账务处理程序是指对发生的经济业务事项，都要根据原始凭证或汇总原始凭证编制记账凭证，然后直接根据记账凭证逐笔登记总账的一种账务处理程序。它是会计核算程序中最基本的一种账务处理程序，可以说，其他各种账务处理程序是在这种账务处理程序基础上延伸和发展的。

（二）记账凭证账务处理程序的特点

记账凭证账务处理程序的主要特点是直接根据记账凭证逐笔登记总账。在记账凭证账务处理程序下，记账凭证可以采用通用记账凭证格式，也可采用收款凭证、付款凭证和转账凭证等专用记账凭证格式。在记账凭证账务处理程序下，需要设置库存现金日记账、银行存款日记账、总账和明细账。总账和日记账的格式均可采用三栏式，明细账则可根据管理需要采用三栏式、多栏式和数量金额式等。

（三）记账凭证账务处理程序的一般程序

记账凭证账务处理程序的一般程序是：

（1）根据原始凭证编制汇总原始凭证。

（2）根据原始凭证或汇总原始凭证，填制记账凭证。

（3）根据收款凭证和付款凭证和转账凭证逐笔登记现金日记账和银行存款日记账。

（4）根据记账凭证、原始凭证或汇总原始凭证，登记各种明细账。

（5）直接根据记账凭证逐笔登记总账。

（6）期末，现金日记账、银行存款日记账和明细账的余额同总账的有关账户余额进行核对。

（7）期末，根据总账和明细账的记录，编制会计报表。

记账凭证账务处理程序如图6-14所示。

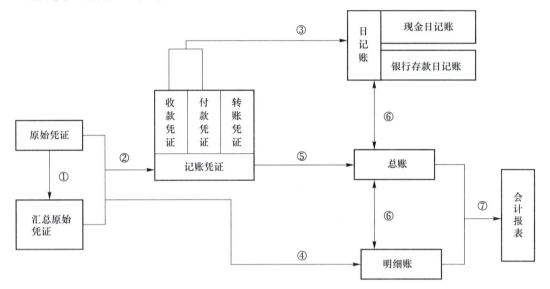

图6-14 记账凭证账务处理程序

（四）记账凭证账务处理程序的优缺点及适用范围

记账凭证账务处理程序的优点是：直接根据记账凭证登记总账，简单明了、易于理解，总账可以较详细地反映经济业务的发生情况。其缺点是：登记总账的工作量较大，特别是对于经济业务较多，经营规模较大的企业，总账的登记工作过于繁重。因此，记账凭证账务处理程序适用于规模较小，经济业务较少的单位。

问题五 如何认知汇总记账凭证账务处理程序？

（一）汇总记账凭证账务处理程序的概念

汇总记账凭证账务处理程序是根据原始凭证或汇总原始凭证编制记账凭证，定期根据记账凭证分类编制汇总收款凭证、汇总付款凭证和汇总转账凭证，再根据汇总记账凭证登记总账的一种账务处理程序。

（二）汇总记账凭证账务处理程序的特点

汇总记账凭证账务处理程序的特点是：定期根据记账凭证分类编制汇总收款凭证、汇总付款凭证和汇总转账凭证,再根据汇总记账凭证登记总分类账。

(三)汇总记账凭证账务处理程序的一般程序

在汇总记账凭证账务处理程序中,除设置收款凭证、付款凭证和转账凭证外,还应设置汇总收款凭证、汇总付款凭证和汇总转账凭证,账簿的设置与记账凭证处理程序基本相同。其一般程序是:

(1)根据原始凭证编制汇总原始凭证。

(2)根据原始凭证或汇总原始凭证编制记账凭证。

(3)根据收款凭证、付款凭证和转账凭证逐笔登记现金日记账和银行存款日记账。

(4)根据原始凭证、汇总原始凭证和记账凭证,登记各种明细账。

(5)根据各种记账凭证编制有关汇总记账凭证。

(6)根据各种汇总记账凭证登记总账。

(7)期末,现金日记账、银行存款日记账和明细账的余额同总账的有关账户余额进行核对。

(8)期末,根据总账和明细账的记录编制会计报表。

汇总记账凭证账务处理程序如图6-15所示。

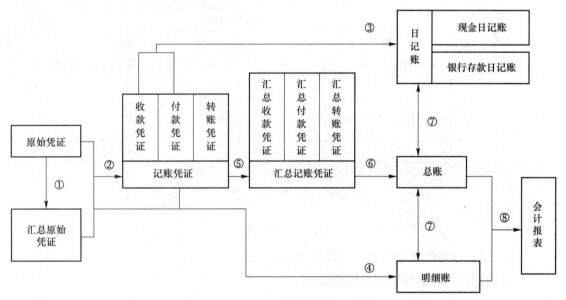

图6-15 汇总记账凭证账务处理程序

(四)汇总记账凭证账务处理程序的优缺点及适用范围

汇总记账凭证账务处理程序的优点是:减轻了登记总账的工作量,便于了解账户之间的对应关系。其缺点是:按每一贷方科目编制汇总转账凭证,不利于会计核算的日常分工,当转账凭证较多时,编制汇总转账凭证的工作量较大。因此,汇总记账凭证账务处理程序适用于规模较大、经济业务较多的单位。

项目六 登记账簿

问题六 如何认知科目汇总表账务处理程序？

（一）科目汇总表账务处理程序的概念

科目汇总表账务处理程序又称记账凭证汇总表账务处理程序，是根据审核无误的记账凭证定期汇总编制科目汇总表，然后根据科目汇总表登记总账的一种账务处理程序。

（二）科目汇总表账务处理程序的特点

科目汇总表账务处理程序的主要特点是：首先根据记账凭证定期编制科目汇总表，然后根据科目汇总表登记总账。科目汇总表是根据一定时期内的全部记账凭证按照相同会计科目归类，汇总出每一个总账科目的借方发生额和贷方发生额，作为登记总账依据的凭证。科目汇总表可以每月汇总一次，可以半月汇总一次，也可以每旬汇总一次，其格式如图6-16所示。

科目汇总表

年　月　日 至　日　　　　　　　　　　第　号

凭证　字　号至　号共　张　　凭证　字　号至　号共　张　　凭证　字　号至　号共　张
凭证　字　号至　号共　张　　凭证　字　号至　号共　张

会计科目	本期发生额		
	借方发生额 千 百 十 万 千 百 十 元 角 分	√	贷方发生额 千 百 十 万 千 百 十 元 角 分	√
合　计			

会计主管：　　　　　　记账：　　　　　　复核：　　　　　　制表：

图6-16　科目汇总表

（三）科目汇总表账务处理程序的一般程序

科目汇总表账务处理程序的一般程序如下：

（1）根据原始凭证编制汇总原始凭证。

（2）根据原始凭证或汇总原始凭证编制记账凭证。

（3）根据收款凭证、付款凭证和转账凭证逐笔登记现金日记账和银行存款日记账。

（4）根据原始凭证、汇总原始凭证和记账凭证，登记各种明细账。

（5）根据各种记账凭证编制科目汇总表。

（6）根据科目汇总表登记总账。

（7）期末，现金日记账、银行存款日记账和明细账的余额同总账的有关账户余额进行核对。

（8）期末，根据总账和明细账的记录编制会计报表。

科目汇总表账务处理程序如图6-17所示。

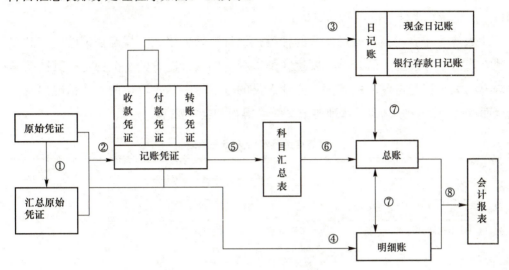

图6-17　科目汇总表账务处理程序

（四）科目汇总表账务处理程序的优缺点及适用范围

科目汇总表账务处理程序的优点是：依据科目汇总表登记总账，大大简化了登记总账的工作量；科目汇总表本身能对所编制的记账凭证起到试算平衡的作用，可以保证总账记录的正确性。其缺点是：由于科目汇总表反映的是各科目一定时期的借、贷方发生额的汇总数，根据其登记的总账，不能反映各账户之间的对应关系，不便于分析交易、事项的来龙去脉。如果记账凭证较多，那么编制科目汇总表本身也是一项很繁杂的工作。科目汇总表账务处理程序通常适用于经济业务较多的单位。

任务三　掌握建立和登记账簿的方法

问题一　如何启用和建立会计账簿？

为了确保账簿记录的合法性和完整性，明确记账责任，在启用会计账簿时，应当在账簿封面上写明单位名称和账簿名称，并在账簿扉页上附启用表，表内详细载明：单位名称、账簿名称、账簿编号、账簿页数、启用日期、记账人员和会计主管人员姓名，并加盖有关人员的签章和单位公章。更换记账人员时，应办理交接手续，在交接记录内填写交接日期和交接人员姓名并签章，具体格式如图6-18所示。

项目六 登记账簿

启用订本式账簿，应当从第一页到最后一页顺序编定页数，不得跳页、缺号。活页式账簿应当按账户顺序编号使用，使用后须定期装订成册，按实际使用的账页顺序编定页码另加目录，记录每个账户的名称和页次。

会计账簿的建立包括：确定账簿的种类；设计账簿的格式；规定登记的内容和登记方式。建立账簿也称设置账簿，首先要遵守国家统一的会计制度的有关规定；其次要考虑本单位规模的大小、经济业务的繁简、会计人员的分工等，从本单位的具体情况出发，设置既能全面反映经济业务、满足管理要求又繁简得当的会计账簿。

账簿启用及经管人员一览表

单位名称									印章	
账簿名称			（第　册）							
账簿编号										
账簿页码		本账簿共计　　页		本账簿页数		检点人盖章				
启用日期			公元　　年　　月　　日							
经管人员	负责人		主办会计		复核		记账			
	姓名	签章	姓名	签章	姓名	签章	姓名	签章		
交接记录	经管人员			接管			交出			
	职别		姓名	年	月	日	签章	年	月	日	签章
备注										

图6-18 账簿启用表

做中学：

以项目二的案例资料为背景，根据兴云家具有限公司2017年11月30日各总账账户的余额建立总账，登记2017年12月1日各总账账户的期初余额。

资产类账户		权益类账户	
账户名称	借方余额	账户名称	贷方余额
库存现金	362.97	短期借款	500000.00
银行存款	241888.37	应付票据	20000.00
应收票据	28000.00	应付账款	50458.00
应收账款	9800.00	应付职工薪酬	6640.00
其他应收款	50000.00	应交税费	16500.00
坏账准备	−5490.00	其他应付款	2000.00
原材料	73760.00	应付债券	55000.00

续表

资产类账户		权益类账户	
账户名称	借方余额	账户名称	贷方余额
周转材料	35499.00	实收资本	850000.00
库存商品	272550.63	资本公积	50000.00
固定资产	1098557.00	盈余公积	79126.00
累计折旧	−131827.00	利润分配	42563.97
无形资产	200000.00	本年利润	200813.00
合计	1873100.97	合计	1873100.97

问题二 会计账簿的登记规则有哪些？

登记账簿是会计核算的一个重要环节，为了保证会计核算的质量，必须严格遵循各项记账规则。会计账簿的登记工作必须分工明确，专人负责，凭证齐全，内容完整。具体要求如下：

（一）认真审核会计凭证

会计人员在登记账簿之前必须对会计凭证进行审核，只有经过审核无误的会计凭证才能作为登记会计账簿的依据。

（二）各项内容填列齐全

登记会计账簿时，应当将会计凭证日期、编号、业务内容摘要、金额和其他有关资料逐项记入账内，做到数字准确、摘要清楚、登记及时、字迹工整。

（三）做好登账标识

每一笔交易、事项在账簿中登记完毕后，要在记账凭证上签名或者盖章，并做出记账标识，表示交易、事项已经记账，以防止重复登记。

（四）登账用笔规范

登记账簿必须使用蓝黑墨水或者碳素墨水笔书写，不得使用圆珠笔（银行的复写账簿除外）或者铅笔书写。红色墨水只允许在特殊情况下使用。

> **小提示：**
>
> 在账簿登记中，红字表示减少数，一般不能随便使用。下列情况可使用红墨水记账：
> （1）按照红字冲账的记账凭证，冲销错误记录。
> （2）在不设借贷栏的多栏式账页中，登记减少数。
> （3）在三栏式账户的余额栏前，如未印明余额方向，在余额栏内登记负数余额。
> （4）根据国家统一的会计制度的规定可以用红字登记的其他会计记录。

（五）书写适当留格

账簿中书写文字和数字时，应紧靠底线书写，不要写满格，一般应占格距的1/2，即上方要适当留有空距，以便发生错误时，为划线更正留有余地。

（六）账页登记连续

各种账簿应按页次顺序连续登记，不得跳行、隔页。如果发生跳行、隔页，则应当将空行、空页划线注销，或者注明"此行空白""此页空白"字样，并由记账人员签名或者盖章。

（七）结出余额，标明方向

凡需要结出余额的账户，结出余额后，应当在"借或贷"栏内写明"借"或"贷"字样。没有余额的账户，应在"借或贷"栏内写"平"字，并在"余额"栏用"0"表示。

（八）账页结转，过次承前

在每一账页的最后一行，应当结出本页发生额合计数及余额，并在摘要栏内注明"过次页"；然后将此发生额合计数及余额填写在次页的第一行，并在摘要栏内注明"承前页"字样。对需要结计本月发生额的账户，结计"过次页"的本页合计数应当为本月初起至本页末止的发生额合计数；对需要结计本年累计发生额的账户，结计"过次页"的本页合计数应当为自年初起至本页末止的累计数；对既不需要结计本月发生额，也不需要结计本年累计发生额的账户，可以只将每页末的余额结转次页。

（九）不得涂改、挖补、刮擦

由于记账而发生的错误，不得随意涂改，更不能挖补、刮擦，要用正确的方法，按照规定的手续进行错账更正。

问题三　如何登记日记账

（一）现金日记账的登记方法

现金日记账由出纳人员根据同现金收付有关的记账凭证，按照时间顺序逐日逐笔进行登记。根据现金收款凭证和有关的银行存款付款凭证（如从银行提取现金的业务）登记现金日记账的"收入"栏，根据现金付款凭证登记其"支出"栏。每日根据"上日余额＋本日收入－本日支出＝本日余额"的公式，逐日结出现金余额，并与库存现金实有数进行核对，以检查每日现金收付是否正确，即通常说的"日清"。如果账款不符，则应及时查明原因，并记录备案。月终，同样要计算现金收、付和结存的合计数，通常称为"月结"。

任务三　掌握建立和登记账簿的方法

1. 三栏式现金日记账的具体登记方法

（1）日期栏：系指记账凭证的日期，应与现金实际收付日期一致。

（2）凭证栏：系指登记入账的收付凭证的种类和编号，如"现金收（付）款凭证"，简写为"现收（付）"；如"银行存款收（付）款凭证"，简写为"银收（付）"。凭证栏还应登记凭证的编号数，以便于查账和核对。

（3）摘要栏：摘要表明登记入账的经济业务的内容。文字要简练，但要能说明问题。

（4）对方科目栏：系指现金收入的来源科目或支出的用途科目，如从银行提取现金，其来源科目（即对方科目）为"银行存款"。其作用在于了解经济业务的来龙去脉。

（5）收入、支出栏：系指现金实际收付的金额。

2. 借贷方分设的多栏式现金日记账的登记方法

（1）根据有关现金收入业务的记账凭证登记现金收入日记账；根据有关现金支出业务的记账凭证登记现金支出日记账。

（2）每日营业终了，根据现金支出日记账结计的支出合计数，在现金收入日记账的"支出合计"栏中登记，并结出当日余额。

（二）银行存款日记账的登记

银行存款日记账由出纳人员根据与银行存款收付业务有关的记账凭证，按时间先后顺序逐日逐笔进行登记。根据银行存款收款凭证和有关的现金付款凭证（如库存现金存入银行的业务）登记银行存款日记账的"收入"栏，根据银行存款付款凭证登记其"支出"栏，每日结出存款余额。银行存款日记账的登记方法与现金日记账的登记方法基本相同，其登记方法如下：

（1）日期栏：系指记账凭证的日期。

（2）凭证栏：系指登记入账的收付凭证的种类和编号（与现金日记账的登记方法一致）。

（3）结算方式栏：系指登记银行存款增加或减少的各种结算方式的种类和结算凭证的编号，如支票及号码、信汇及号码、委托收款及号码。

（4）摘要栏：摘要表明登记入账的经济业务的内容。文字要简练，但要能说明问题。

（5）对方科目栏：系指银行存款收入或支出的科目。如库存现金存入银行的业务，其对方科目为"库存现金"，作用在于通过对方科目栏能够了解经济业务的来龙去脉。

（6）收入、支出栏：系指银行存款实际收付的金额，与现金日记账一样，应日清月结。

做中学：

以项目二的案例资料为背景，根据兴云家具有限公司2017年11月30日银行存款的余额，以及项目五中的做中学，项目二【例2-1】~【例2-18】兴云家具有限公司2017年12月份各项经济业务所编制的专用记账凭证，审核无误后登记银行存款日记账。

项目六 登记账簿

银行存款日记账

年		凭证字号	摘要	对方科目	结算方式		收入	支出	结余
月	日				种类	编号			

问题四 如何登记明细账？

明细账的登记通常有几种方法：一是根据原始凭证直接登记明细账；二是根据汇总原始凭证登记明细账；三是根据记账凭证登记明细账。

不同类型经济业务的明细账，可根据管理需要，依据记账凭证、原始凭证或汇总原始凭证逐日逐笔或定期汇总登记。固定资产、债权、债务等明细账应逐日逐笔登记；库存商品、原材料、产成品收发明细账以及收入、费用明细账可以逐笔登记，也可定期汇总登记。

问题五 如何登记总账？

企业会计核算所采用的账务处理程序不同，登记总账的方法也就不同。在记账凭证账务处理程序下，总账根据记账凭证逐笔登记；在汇总记账凭证账务处理程序下，总账根据汇总记账凭证登记，汇总记账凭证根据记账凭证编制；在科目汇总表账务处理程序下，总账根据科目汇总表登记，科目汇总表根据记账凭证编制。

任务三 掌握建立和登记账簿的方法

做中学：

根据项目五中的做中学，对项目二【例2-1】~【例2-18】兴云家具有限公司2017年12月份各项经济业务所编制的专用记账凭证，登记T形账户；将各账户的本期发生额合计，编制科目汇总表；根据科目汇总表登记总账。

问题六 如何认知总账与明细账的平行登记？

所谓总账与明细账的平行登记，就是每一项经济业务发生之后，既要计入有关总账账户，又要计入其所属明细账账户。其要点和方法如下：

（1）方向相同。即每一项经济业务发生之后，计入有关总账账户的方向应与计入其所属明细账账户的方向相同。也就是说，若总账计入借方，则明细账也计入借方；若总账计入贷方，则明细账也计入贷方。

（2）期间一致。即每一项经济业务发生之后，都要在相同的会计期间内，既计入有关总账账户，又计入其所属明细账账户。

（3）金额相等。即每一项经济业务发生之后，计入有关总账账户的金额应与计入其所属明细账账户的金额之和相等。

总账与明细账进行平行登记后的结果，即总账账户与其所属明细账账户余额和发生额的关系如下：

总账账户期初借（或贷）方余额＝所属明细账户期初借（或贷）方余额之和

总账账户本期借（或贷）方发生额＝所属明细账户本期借（或贷）方发生额之和

总账账户期末借（或贷）方余额＝所属明细账户期末借（或贷）方余额之和

下面以"应付账款"和"原材料"两个账户为例，说明总账与明细账平行登记的方法。

【例6-1】某工业企业2018年1月初"应付账款"账户的贷方余额是10000元，其中，应付正大工厂4000元，应付北方工厂6000元。"原材料"账户的借方余额为30000元，其中，甲材料1000千克，单价20元，计20000元；乙材料125千克，单价80元，计10000元（假设不考虑有关税金）。本月发生下列交易、事项：

（1）5日，从正大工厂购进甲材料2000千克，单价20元，价款40000元；从北方工厂购进乙材料400千克，单价80元，价款32000元。材料已验收入库，货款尚未支付。

（2）8日，生产A产品领用甲材料1000千克，单价20元；领用乙材料100千克，单价80元。

（3）16日，以银行存款归还前欠正大工厂材料款40000元；以银行存款归还前欠北方工厂材料款12000元。

根据上述交易、事项编制记账凭证。为简化工作，记账凭证格式从略，以下以会计分录簿的形式代替记账凭证，具体如图6-19所示。

会计分录簿

2018年		凭证号数	摘要	总账科目	√	明细账科目	√	借方金额	贷方金额
月	日								
1	5	记1	购买 甲材料2000千克，@20 乙材料400千克，@80	原材料 原材料 应付账款 应付账款	√ √ √ √	甲材料 乙材料 正大工厂 北方工厂	√ √ √ √	40000 32000	40000 32000
1	8	记2	生产领用 甲材料1000千克，@20 乙材料100千克，@80	生产成本 原材料 原材料	√ √ √	A产品 甲材料 乙材料	√ √ √	28000	20000 8000
1	16	记3	归还前欠货款	应付账款 应付账款 银行存款	√ √	正大工厂 北方工厂	√ √	40000 12000	52000

图6-19 会计分录簿

根据上述简易记账凭证，在总账账户和明细账账户中进行平行登记，如图6-20~图6-25所示。

总账

账户名称：原材料　　　　　　　　　　　　　　　　　　　　　第40页

2018年		凭证号数	摘要	借方	贷方	借与贷	余额
月	日						
1	1		期初余额			借	30000
1	5	记1	材料入库	72000		借	102000
1	8	记2	生产领用		28000	借	74000
1	31		本月合计	72000	28000	借	74000

图6-20 总账

原材料 明细账

明细科目：甲材料　　　　　　　　　　　　　　　　　　　　计量单位：千克

2018年		凭证号数	摘要	收入			发出			结存		
月	日			数量	单价/元	金额/元	数量	单价/元	金额/元	数量	单价/元	金额/元
1	1		期初结存							1000	20	20000
1	5	记1	购入	2000	20	40000				3000	20	60000
1	8	记2	生产领用				1000	20	20000	2000	20	40000
1	31		本月合计	2000	20	40000	1000	20	20000	2000	20	40000

图6-21 原材料 明细账

任务三 掌握建立和登记账簿的方法

原材料 明细账

明细科目：乙材料　　　　　　　　　　　　　　　　　　　　　　　计量单位：千克

2018年		凭证号数	摘要	收入			发出			结存		
月	日			数量	单价/元	金额/元	数量	单价/元	金额/元	数量	单价/元	金额/元
1	1		期初结存							125	80	10000
1	5	记1	购入	400	80	32000				525	80	42000
1	8	记2	生产领用				100	80	8000	425	80	34000
			本月合计	400	80	32000	100	80	8000	425	80	34000

图6-22　原材料　明细账

总账

账户名称：应付账款　　　　　　　　　　　　　　　　　　　　　　　第40页

2018年		凭证号数	摘要	借方	贷方	借或贷	余额
月	日						
1	1		期初余额			贷	10000
1	5	记1	购料欠款		72000	贷	82000
1	16	记3	偿还欠款	52000		贷	30000
			本月合计	52000	72000	贷	30000

图6-23　总账

应付账款 明细账

明细科目：正大工厂　　　　　　　　　　　　　　　　　　　　　　　单位：元

2018年		凭证号数	摘要	借方金额	贷方金额	借或贷	余额
月	日						
1	1		期初余额			贷	4000
1	5	记1	购料欠款		40000	贷	44000
1	16	记3	偿还欠款	40000		贷	4000
			本月合计	40000	40000	贷	4000

图6-24　应付账款　明细账

应付账款 明细账

明细科目：北方工厂

2018年		凭证号数	摘要	借方金额	贷方金额	借或贷	余额
月	日						
1	1		期初余额			贷	6000
1	5	记1	购料欠款		32000	贷	38000
1	16	记3	偿还欠款	12000		贷	26000
			本月合计	12000	32000	贷	26000

图6-25　应付账款　明细账

总账账户与所属明细账账户采取了平行登记方法，登记的结果对不对，是否平衡，需要通过编制本期发生额及余额表（见图6-26、图6-27）来进行试算。

原材料　明细账账户本期发生额及余额　　　　　　　　　　单位：元

明细账账户名称	计量单位	单价	期初余额		本期发生额				期末余额	
					收入		发出			
			数量	金额	数量	金额	数量	金额	数量	金额
甲材料	千克	20	1000	20000	2000	40000	1000	20000	2000	40000
乙材料	千克	80	125	10000	400	32000	100	8000	425	34000
合计（总账）				30000		72000		28000		74000

图6-26　原材料　明细账账户本期发生额及余额

应付账款　明细账账户本期发生额及余额　　　　　　　　　　单位：元

明细账账户	期初余额		本期发生额		期末余额	
	借方	贷方	借方	贷方	借方	贷方
正大工厂		4000	40000	40000		4000
北方工厂		6000	12000	32000		26000
合计（总账）		10000	52000	72000		30000

图6-27　应付账款　明细账账户本期发生额及余额

通过上述"本期发生额及余额表"的试算，可以查明总账与明细账平行登记是否正确、完整。如果发现不平衡，则应立即查明原因并予以更正。

> **小　思　考**
>
> 平行登记的公式与试算平衡的公式有何区别？

任务四　掌握对账的方法

问题一　什么是对账？

对账就是核对账目，是指为了保证账簿所提供的会计资料正确、真实、可靠，按照一定的方法和手续对账簿记录进行核对、检查的工作。通过对账，可以使会计核算工作做到账证相符、账账相符、账实相符。

在会计日常工作中，在填制凭证、记账、算账、结账工作中，难免会发生差错，出现账款、账物不符的情况。因而，在结账前后要通过对账，将有关账簿记录进行核对，确保会计核算资料的正确性和完整性，为编制会计报表提供真实可靠的数据资料。

问题二　对账的内容包括哪些？如何进行对账？

对账的内容一般包括：账证核对、账账核对、账实核对。

（一）账证核对

账证核对是对账工作的第一步，是将账簿的各项记录与有关的原始凭证和记账凭证进行核对，检查其时间、凭证字号、内容、金额是否一致，记账方向等内容是否相符。一般来说，现金和银行存款日记账与收款（或付款）记账凭证相核对，总账与记账凭证相核对，明细账与记账凭证或原始凭证相核对。通常这些核对工作是在日常的制证和记账工作中进行的，如果不相符，则应立即查明原因并予以更正。

（二）账账核对

账账核对是指对本单位内部不同会计账簿之间的记录进行核对，检查是否相符。为了保证账账相符，必须将本单位内部各种相关账簿之间的有关数据进行核对。具体核对的内容包括：

（1）总账内部各账户之间的核对。总账中全部账户的借方发生额之和应与贷方发生额之和核对相符，全部账户期初（或期末）借方余额之和应与期初（或期末）贷方余额之和核对相符。

（2）总账与其所属明细账之间的核对。总账的借方发生额、贷方发生额及余额应分别与其所属的全部明细账的借方发生额合计数、贷方发生额合计数及余额合计数核对相符。

（3）总账与日记账之间的核对。总账中"现金""银行存款"账户的期末余额应分别与"现金日记账""银行存款日记账"账户的期末余额核对相符。

（4）会计部门的明细账与财产物资保管或使用部门的明细账之间的核对。会计部门各种财产物资明细账的期末余额应与财产物资保管或使用部门的有关明细账（册、卡）的期末余额核对相符。

（三）账实核对

账实核对是指各项财产物资、债权债务等账面余额与实有数额之间的核对。为了保证账实相符，应通过财产清查，将各种账簿记录与有关财产物资的实有数额进行核对。其具体包括：

（1）现金日记账账面余额与库存现金数额的核对。现金日记账账面余额与现金实际库存数应逐日核对相符。

（2）银行存款日记账账面余额与银行对账单余额的核对。银行存款日记账的账面余额

与银行送来的对账单余额应定期核对相符。

（3）各项财产物资明细账账面余额与财产物资实有数的核对。各项财产物资明细账账面余额与财产物资的实有数应定期核对相符。

（4）有关债权债务明细账账面余额与对方单位账面余额的核对。各种应收、应付、应交款明细账的期末余额应与对方债务债权单位的账目核对相符。

任务五　掌握错账的更正方法

问题一　什么是错账？

通过对账，有可能会发现各种各样错误，如记账凭证汇总表不平、各明细账户的余额之和不等于总账有关账户的余额、银行存款日记账的余额与银行对账单的余额经过调整后仍然不相等。这些在会计账簿中错误的记录，就是错账。发生错账的原因有很多，诸如重记、漏记、数字颠倒、数字错位、数字记错、科目记错、借贷方向记反、计算错误等。归纳起来，有两种：一种是记账凭证错误，即在填制记账凭证时发生的错误，从而导致账簿记录错误；另一种是记账错误，即会计凭证填制没有错误，只是在记账时发生错误。

问题二　如何进行错账更正？

会计账簿记录应保持整洁，会计人员填制会计凭证、登记会计账簿时必须一丝不苟，尽量把账目记准算对，不出差错，保证会计核算的质量。如果发生错账，则不得涂改、挖补、刮擦或用药水消除字迹，也不得重新抄写，必须根据错账的具体情况，按照规定的方法予以更正。错账更正的方法有划线更正法、红字更正法和补充登记法三种。

（一）划线更正法

划线更正法又称红线更正法。在结账前发现账簿记录有文字或数字错误，而记账凭证没有错误，可以采用划线更正法。更正时，可在错误的文字或数字上划一条红线，在红线的上方填写正确的文字或数字，并由记账及相关人员在更正处盖章。对于错误的数字，应全部划红线更正，不得只更正其中的错误数字。对于文字错误，可只划去错误的部分。

【例6-2】 某企业会计通过账证核对，发现记账凭证没有错误，只是在会计账簿中记账时，将125.80元误记为152.80元。

错账更正方法为：划线更正法。具体更正方法是：先在错误金额上划一条线（红线），再在其上方写上正确的金额，最后在其旁由更正人员签字盖章。即：

<u>125.80</u> 张三
~~152.80~~

（二）红字更正法

红字更正法是指用红字冲销原有错误的账户记录或凭证记录，以更正或调整账簿记录的一种方法。通常有两种情况：

1. 记账后在当年内发现记账凭证中会计科目或方向错误

记账后在当年内发现记账凭证中会计科目或方向错误，从而引起错账时，采用红字更正法。具体更正方法是：用红字填写一张与原错误记账凭证完全相同的记账凭证，用以冲销原记账凭证，然后用蓝字填写一张正确的记账凭证，并据以登记账簿。

【例6-3】 某企业以银行存款购买甲材料3000元，材料已验收入库。在填制记账凭证时，误作贷记"库存现金"科目，并据以登账。原错误记账凭证上的会计分录如下：

借：原材料——甲材料　　　　　　　　　　　　　3000
　　贷：库存现金　　　　　　　　　　　　　　　　　　3000

错账更正方法为：此笔错账属于记账凭证中的会计科目错误，用红字更正法更正。具体更正方法如下：

（1）用红字填写一张与原错误记账凭证完全相同的记账凭证，其会计分录如下：

借：原材料——甲材料　　　　　　　　　　　　　<u>3000</u>
　　贷：库存现金　　　　　　　　　　　　　　　　　　<u>3000</u>

（2）用蓝字填写一张正确的记账凭证，其会计分录如下：

借：原材料——甲材料　　　　　　　　　　　　　3000
　　贷：银行存款　　　　　　　　　　　　　　　　　　3000

（3）根据上述红字凭证，用红字记账冲销原错账；根据上述蓝字凭证，用蓝字记录正确的内容。

2. 记账后在当年内发现记账凭证中会计科目和方向并无错误，而是"金额"栏里所记金额大于应记金额

记账后在当年内发现记账凭证中会计科目和方向并无错误，而是"金额"栏里所记金额大于应记金额，从而引起错账时，也可采用红字更正法。具体更正方法是：用红字填写一张与原错误记账凭证应借、应贷会计科目和方向完全相同，金额为多记金额的记账凭证，并据以登记账簿，冲销多记的金额。

【例6-4】 某企业从银行提取现金30000元，备发工资。在填制记账凭证时，在记账凭证"金额"栏误写成300000元，并据以登账。原错误记账凭证上的会计分录如下：

借：库存现金　　　　　　　　　　　　　　　　　300000
　　贷：银行存款　　　　　　　　　　　　　　　　　　300000

错账更正方法为：此笔错账属于记账凭证中会计科目和方向并无错误，而是"金额"栏里所记金额大于应记金额的错误，用红字更正法更正。具体更正方法如下：

（1）用红字填写一张与原错误记账凭证应借、应贷会计科目和方向完全相同，金额为多记金额的记账凭证，其会计分录如下：

借：库存现金　　　　　　　　　　　　　　　　　　　270000
　　贷：银行存款　　　　　　　　　　　　　　　　　　　270000

（2）根据上述红字凭证，用红字记账，冲销原错账多记的金额。

（三）补充登记法

补充登记法是记账后在当年内发现记账凭证中会计科目和方向并无错误，而是"金额"栏里所记金额小于应记金额而引起错账时，所采用的一种更正方法。具体更正方法是：用蓝字填写一张与原错误记账凭证应借、应贷会计科目和方向完全相同，金额为少记金额的记账凭证，并据以登记账簿，补登少记的金额。

【例6-5】 接受外单位投入资金180000元，已存入银行。在填制记账凭证时，在记账凭证"金额"栏误写成18000元，并已登记入账。原错误记账凭证上的会计分录如下：

借：银行存款　　　　　　　　　　　　　　　　　　　18000
　　贷：实收资本　　　　　　　　　　　　　　　　　　　18000

错账更正方法为：此笔错账属于记账凭证中会计科目和方向并无错误，而是"金额"栏里所记金额小于应记金额的错误，用补充登记法更正。具体更正方法如下：

（1）用蓝字填写一张与原错误记账凭证应借、应贷会计科目和方向完全相同，金额为少记金额的记账凭证，其会计分录如下：

借：银行存款　　　　　　　　　　　　　　　　　　　162000
　　贷：实收资本　　　　　　　　　　　　　　　　　　　162000

（2）根据上述蓝字凭证，用蓝字记账，补登原错账少记的金额。

任务六　掌握结账的方法

问题一　什么是结账？结账的内容包括哪些？

结账是一项将账簿记录定期结算清楚的账务工作，是指在一定时期内所发生的全部交易、事项已登记入账的基础上，将各类账簿记录核算完毕，结出各种账簿本期发生额合计和期末余额的一项会计核算工作。

任务六 掌握结账的方法

结账的内容通常包括两个方面：一方面是结清各种损益类账户，并据以计算确定本期利润；另一方面是结清各资产、负债和所有者权益账户，分别结出本期发生额合计和余额。

问题二 结账的程序是怎样的？

在一定时期结束时（如月末、季末或年末），为了编制会计报表，需要进行结账。结账的具体程序如下：

（1）将本期发生的经济业务事项全部登记入账，并保证其正确性。

（2）根据权责发生制的要求，调整有关账项，合理确定本期应计的收入和应计的费用。

（3）将损益类科目转入"本年利润"科目，结平所有损益类科目。

（4）结算出资产、负债和所有者权益科目的本期发生额合计和余额，并结转下期。

做中学：

以项目二的案例资料为背景，在对【例2-1】～【例2-18】各项经济业务均登记总账的基础上，编制期末结转前的试算平衡表，检验账簿记录是否正确；将损益类科目转入"本年利润"科目；计算本月应交所得税（假设税率25%，没有调整项目），并结转所得税费用；结转本年净利润；对各账户进行月末结账；编制结账后的试算平衡表。

问题三 如何进行结账？

会计账簿各种各样，各有各的用途，所记录的数据各有各的经济意义，因此，结账的方法也各异。结账的具体方法如下：

（1）对不需按月结计本期发生额的账户，每次记账以后，都要随时结出余额，每月最后一笔余额为月末余额。月末结账时，只需要在最后一笔经济业务事项记录之下通栏划单红线，不需要再结计一次余额。

（2）现金、银行存款日记账和需要按月结计发生额的收入、费用等明细账，每月结账时，要结出本月发生额和余额，在摘要栏内注明"本月合计"字样，并在下面通栏划单红线。

（3）需要结计本年累计发生额的某些明细账户，每月结账时，应在"本月合计"行下结出自年初至本月末止的累计发生额，登记在月份发生额下面，在摘要栏内注明"本年累计"字样，并在下面通栏划单红线。12月末的"本年累计"就是全年累计发生额，全年累计发生额下通栏划双红线。

（4）总账账户平时只需结出月末余额。年终结账时，将所有总账账户结出全年发生额和年末余额，在摘要栏内注明"本年合计"字样，并在合计数下通栏划双红线。

（5）年度终了结账时，有余额的账户，要将其余额结转下年，并在摘要栏注明"结转

下年"字样；在下一会计年度新建有关会计账户的第一行余额栏内填写上年结转的余额，并在摘要栏注明"上年结转"字样。

任务七　熟悉会计账簿的更换与保管

问题一　会计账簿如何更换？

会计账簿的更换通常在新会计年度建账时进行。一般来说，总账、日记账和多数明细账应每年更换一次。但有些财产物资明细账和债务明细账，由于材料品种、规格和往来单位较多，更换新账需重新抄一遍，工作量较大，因此可以不必每年更换一次。各种备查账簿可以连续使用。

问题二　会计账簿如何保管？

年度终了，各种账户在结转下年、建立新账后，一般都要把旧账送交总账会计集中统一管理。被更换下来的旧账是会计档案的重要组成部分，必须科学、妥善地加以保管。会计账簿暂由本单位财务会计部门保管1年，期满之后，由财务会计部门编造清册移交本单位的档案部门保管。

项目小结

会计账簿是指由一定格式的账页组成的，以经过审核无误的会计凭证为依据，全面、系统、连续地记录各项经济业务的簿籍。设置和登记账簿是编制会计报表的基础，是连接会计凭证与会计报表的中间环节，在会计核算中具有重要意义。账簿按用途不同，可分为序时账簿、分类账簿和备查账簿三种；按账页格式的不同，可分为两栏式、三栏式、多栏式和数量金额式四种；按外形特征不同，可分为订本账、活页账和卡片账三种。各种账簿都应具备封面、扉页和账页等基本内容。

账务处理程序也称会计核算组织程序或会计核算形式，是指在会计核算中，账簿组织、记账程序和会计报表有机会结合的形式。在我国，常用的账务处理程序主要有：记账凭证账务处理程序、汇总记账凭证账务处理程序和科目汇总表账务处理程序三种。

任务七 熟悉会计账簿的更换与保管

会计账簿的建立也称设置账簿，包括：确定账簿的种类，设计账簿的格式，规定登记的内容和登记方式。登记账簿是会计核算的一个重要环节，为了保证会计核算的质量，必须严格遵循各项记账规则。日记账由出纳人员根据与货币资金收付有关的记账凭证，按照时间顺序逐日逐笔进行登记。不同类型经济业务的明细账，可根据管理需要，依据记账凭证、原始凭证或汇总原始凭证逐日逐笔或定期汇总登记。企业会计核算所采用的账务处理程序不同，登记总账的方法也就不同。总账与明细账的平行登记，就是每一项经济业务发生之后，既要计入有关总账账户，又要计入其所属明细账账户，其要点有：方向相同、期间一致、金额相等。

对账就是核对账目，是指为了保证账簿所提供的会计资料正确、真实、可靠，按照一定的方法和手续对账簿记录进行核对、检查的工作。通过对账，可以使会计核算工作做到账证相符、账账相符、账实相符。

会计账簿记录应保持整洁，会计人员填制会计凭证、登记会计账簿时必须一丝不苟，尽量把账目记准算对，不出差错，保证会计核算的质量。如果发生错账，那么不得涂改、挖补、刮擦或用药水消除字迹，也不得重新抄写，必须根据错账的具体情况，按照规定的方法予以更正。错账更正的方法有划线更正法、红字更正法和补充登记法三种。

结账是一项将账簿记录定期结算清楚的账务工作，是指在一定时期内所发生的全部交易、事项已登记入账的基础上，结出每个账户本期发生额合计和期末余额的一项会计核算工作。其内容通常包括两个方面：一是结清各种损益类账户，并据以计算确定本期利润；二是结清各资产、负债和所有者权益账户，分别结出本期发生额合计和余额。

会计账簿的更换通常在新会计年度建账时进行。一般来说，总账、日记账和多数明细账应每年更换一次；有些财产物资明细账和债务明细账可以不必每年更换一次；各种备查账簿也可以连续使用。年度终了，一般都要把旧账送交总账会计集中统一管理，保管1年，期满之后，编造清册移交本单位的档案部门保管。

阅读资料

会计账务处理程序与会计账簿的选择

一个企业究竟应如何设计和选择会计账务处理程序与会计账簿，要视企业规模的大小、经济业务的繁简、会计人员的分工以及采用会计电算化的程度等因素而定。在我国，常用的账务处理程序主要有：记账凭证账务处理程序、汇总记账凭证账务处理程序和科目汇总表账务处理程序三种。但是，为了加强货币资金的管理，无论在哪种情况下，都要设计现金和银行存款日记账这两种序时账簿。在收付业务较多、转账业务较少的大中型企业中，现金和银行存款日记账都可以分割为专栏的收入日记账和专栏的支出日记账，即现金收入日记账、现金支出日记账、银行存款收入日记账和银行存款支出日记账,共四本多栏式日记账。至于分类账簿的设计,在采用记账凭证账务处理程序、汇总记账凭证账务处理程序和科目汇总表账务处理程序时,应设计一本总账簿和多本明细账簿。

不同规模的企业应选择不同的账务处理程序,并选择相应的会计账簿,具体如表6-1所示。

表6-1 不同规模的企业与账务处理程序及会计账簿体系

单位特点	账务处理程序的选择	会计账簿体系的设计
小企业 (小规模纳税人)	记账凭证账务处理程序	(1)现金、银行存款日记账; (2)总账; (3)固定资产、材料、费用明细账
大中型企业 (一般纳税人)	科目汇总表账务处理程序	(1)现金、银行存款日记账; (2)总账; (3)固定资产、材料、应收账款、其他应收款、应付账款、其他应付款、应交税费、应交增值税、实收资本、生产成本、费用类、收入类等明细账
收付业务较多而转账业务较少的大中型企业	汇总记账凭证账务处理程序	(1)现金收入、现金支出、银行存款收入和银行存款支出多栏式日记账; (2)总账; (3)固定资产、材料、应收账款、其他应收款、应付账款、其他应付款、应交税费、应交增值税、实收资本、生产成本、费用类、收入类等明细账

项目七 成本计算

项目导入

在会计核算方法体系中，成本计算是非常重要的一个环节。通过前面项目的学习我们知道，几乎所有费用的确定都离不开成本计算。从企业的供、产、销经营过程来看，材料采购过程需要计算材料采购成本，产品生产过程需要计算产品生产成本，产品销售过程需要计算产品销售成本。从会计等式"收入－费用＝利润"可以看出，成本计算的正确与否，直接关系到企业的经营成果，即利润的确定是否正确。本项目将以工业制造业企业的经济活动为例，介绍材料采购成本、产品制造成本和产品销售成本（即主营业务成本）的基本计算方法和一般程序。

学习目标

1. 认知成本计算；
2. 掌握材料采购成本的计算方法；
3. 掌握产品制造成本的计算方法；
4. 掌握产品销售成本的计算方法。

任务一 认知成本计算

问题一 什么是成本？成本与费用有何区别和联系？

（一）成本的概念

成本是对象化的费用。企业从事生产和经营活动都要消耗一定的人力、物力和财力。

项目七　成本计算

在一定的时期内，生产和经营活动中所发生的耗费的货币表现就是费用。费用按一定对象（材料、产品）进行归集和分配，即构成该对象的成本。在供应过程中所支付的材料货款、采购费用按各种材料进行归集后，即构成该材料的采购成本；在生产过程中所发生的生产费用（包括材料成本）按各种产品进行归集后，即构成各种产品的制造成本。

（二）成本与费用的区别和联系

为了更好地理解成本概念，我们在这里从狭义的角度简要地说明一下成本和费用的区别和联系。成本和费用都是支付或耗费的资产，但成本不等于费用。当期的成本不一定是当期的费用，如产品的生产成本在产品处于库存期间就不能确认为费用，只有在销售这些产品的期间才能作为产品销售成本被确认为费用，这一点通过公式"期初产成品成本＋本期完工产成品成本－期末产成品成本＝本期销售产成品成本（本期费用）"可以得到进一步的理解。也就是说，产品在库存期间是企业的资产，只有在销售时才能转化为当期的费用。同样道理，费用并不一定都能形成成本，只有那些能够确定受益对象的费用，才能作为该对象的成本，而不能或不易确定受益对象的费用，一般将其作为期间费用，直接计入当期损益。

问题二　什么是成本计算？成本计算有何意义？

（一）成本计算的概念

成本计算就是将生产经营活动过程中所发生的各项费用，按各种不同对象进行归集和分配，计算出各个对象的总成本和单位成本。成本计算是会计核算的一种专门技术。

（二）成本计算的意义

成本是反映生产经营过程的实际耗费，是确定产品补偿价值的指标，也是综合反映企业生产、技术、经营等各项工作的经济效益的重要指标。成本计算具有以下重要意义：

（1）成本计算可以考核企业成本计划的执行和完成情况。通过成本计算，可以取得企业的实际成本资料，并据以确定实际成本同计划成本的差异，考核成本计划的执行和完成情况，分析成本升降的原因，可以进一步挖掘降低成本的潜力，提高企业的经济效益。

（2）成本计算可以反映和监督企业的费用支出水平。通过成本计算，可以确定本期费用支出水平，并将其与其他会计期间的费用支出水平进行对比，揭露企业经营管理中存在的问题，奖优罚劣，以便及时采取有效措施，改善经营管理，最大限度地降低费用支出。

（3）成本计算可以为企业进行成本预测提供必要的参考数据。通过成本计算，可以获得实际成本资料，并将其作为预测后续会计期间成本升降趋势的参考数据。

总而言之，正确地进行成本计算，对不断改进企业的成本管理工作，争取以更少的资源耗费取得更大的经济效益，为社会增加更多的财富，具有重要的意义。

问题三 成本计算的程序是怎样的？

企业费用的发生、成本的形成总是与生产经营过程紧密地联系在一起。因此，如何进行成本计算取决于不同企业的生产特点和管理要求。尽管企业的类型不同，交易、事项各异，但在成本计算的基本内容以及进行成本计算的一般程序方面，却有相同之处，归纳起来，主要有以下几个方面：

（一）确定成本计算对象

成本计算对象是指归集费用的对象或者说成本归属的对象，即计算谁的成本。进行成本计算，应首先确定成本计算对象，并按确定的成本计算对象归集各种费用、计算成本。例如，制造业企业的材料采购成本应以材料的品种作为成本计算对象；产品制造成本应以产品的品种、批别或加工步骤作为成本计算的对象；产品销售成本应以销售的各种产品作为成本计算对象。

（二）确定成本计算期

成本计算期是指每间隔多长时间计算一次成本。由于费用和成本是随同生产经营过程的各个阶段而发生和逐步积累形成的，因此一般来说，成本计算期应当同产品的生产周期一致，但还要考虑企业生产的特点。例如，在制造业企业中，对于大量、大批生产的企业，为计算和考核每月的经营成果，规定以"月"为成本计算期，即月末计算各种产品成本；而对于单件组织生产的企业，其成本计算期同产品的生产周期一致。

（三）确定成本项目

成本项目是对各种费用按其经济用途所做的分类。企业在进行成本计算时，必须确定成本中包括哪些成本项目。成本项目要按照有关制度规定，结合企业具体情况加以确定。目前材料成本项目一般分为：材料买价、采购费用；产品制造成本项目一般分为：直接材料、直接人工、制造费用。

（四）正确归集和分配各种费用

在生产经营活动中所发生的各项费用应按照"谁受益谁承担"的原则进行归集和分配，对属于一个成本计算对象的费用，应直接计入该成本对象明细账；对属于几个成本计算对象的费用，则应采用一定的分配标准，在受益对象之间进行分配，然后计入各成本对象的明细账。

（五）按成本计算对象开设并登记费用明细账

计算成本必须按规定的成本项目，为各个成本计算对象开设有关费用明细账，将发生的各种费用按其经济用途在各明细账进行归集和分配，借以计算各成本对象的成本。

（六）编制成本计算单

根据费用明细账中提供的资料，按照规定的成本计算期与成本项目，分别计算各个成

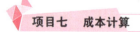

本对象的总成本和单位成本，编制成本计算单。

在企业中，由于经济活动各有特点，因此在具体运用成本计算这一专门技术时，必须根据经营过程和经济活动的特点，确定成本计算的具体程序和具体方法。本项目将以工业制造业企业的经济活动为例，介绍材料采购成本、产品制造成本和产品销售成本的计算方法。

任务二　掌握材料采购成本的计算方法

问题一　什么是材料采购成本的计算？

材料采购成本的计算是把购入材料所支付的买价和各项采购费用，按照材料的品种或类别加以归集、分配，以计算各种材料的实际采购总成本和单位成本。

问题二　材料采购成本的构成包括哪些内容？

工业制造企业购入材料物资的采购成本由买价和采购费用构成，即

$$材料采购成本＝买价＋采购费用$$

材料的买价是指从供货方取得的发票上列明的材料价款，可直接列入相关材料的采购成本。

采购费用是指材料采购过程中发生的运杂费（包括运输费、装卸费、保险费、包装费、仓储费等）、运输途中的合理损耗、入库前的挑选整理费和相关税金。为了简化核算，实际工作中对一些本应计入材料采购成本的采购费用，如采购人员的差旅费、市内采购材料的运杂费、专设采购机构的经费等，不计入材料采购成本，而作为"管理费用"支出。

问题三　如何进行材料采购成本的计算？

（一）材料采购成本的归集

材料采购中的成本计算的对象是材料的品种。一般情况下，材料的采购成本按品种通过"在途物资"账户归集。材料采购中的"买价"直接计入"在途物资——×材料"账户。材料采购中的"采购费用"能按材料品种分清的，直接计入"在途物资——×材料"账户；对于不能直接分清的，由几种材料品种共同承担的采购费用，则采用合理的分配标准进行分配后再分别计入各种材料品种的账户，构成该材料品种的采购成本。材料验收入库后，按归集的实际采购成本从"在途物资——×材料"账户转入"原材料——×材料"账户。

（二）共同承担的采购费用的分配

对同时采购几种材料而发生的共同承担的采购费用，应采用合理的分配标准进行分配。分配标准可根据材料的特点或采购费用的收费标准，选择重量、体积或买价作为分配标准。进行分配的计算公式如下：

$$采购费用分配率 = \frac{应分配的采购费用总额}{各种材料物资总重量（或总体积或买价）}$$

某种材料应分配的采购费用＝该种材料的重量（或体积或买价）×采购费用分配率

【例7-1】 某制造业企业2018年2月份购进A、B、C三种材料，三种材料的各项采购费用支出如表7-1所示。

表7-1 A、B、C三种材料的各项采购费用支出

材料名称	单位	单价/元	重量	买价/元	运杂费/元
A材料	千克	4.00	80000	320000	
B材料	千克	2.00	40000	80000	8800
C材料	千克	5.00	100000	500000	
合计	—	—	220000	900000	8800

从表7-1可以看出，每种材料的买价应直接计入各材料的采购成本，但是由三种材料共同承担的运杂费8800元，按各种材料的重量分摊运杂费，其计算方法如下：

（1）运杂费的分配方法。

①分配标准：A、B、C三种材料的重量。

②采购费用分配率（每千克材料应负担的运杂费）＝ $\frac{8800}{220000}$ ＝0.04（元／千克）。

③各种材料应分摊的运杂费：

A材料应分摊的运杂费＝80000×0.04＝3200（元）。

B材料应分摊的运杂费＝40000×0.04＝1600（元）。

C材料应分摊的运杂费＝100000×0.04＝4000（元）。

（2）登记A、B、C材料的材料采购明细账，如表7-2～表7-4所示。

表7-2 "在途物资"明细账

材料名称或类别：A材料　　　　　　　　　　　　　　　　　　　　　　　　单位：元

年		凭证号码	摘要	借方			贷方	余额
月	日			买价	运杂费	合计		
		略	购入80000千克@4.00	320000		320000		320000
略			分摊运杂费		3200	3200		323200
			结转实际采购成本				323200	0
			发生额和余额	320000	3200	323200	323200	0

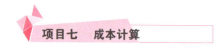

表7-3　"在途物资"明细账

材料名称或类别：B材料　　　　　　　　　　　　　　　　　　　　　　　　　单位：元

年		凭证号码	摘要	借方			贷方	余额
月	日			买价	运杂费	合计		
略		略	购入40000千克@2.00	80000		80000		80000
			分摊运杂费		1600	1600		81600
			结账实际采购成本				81600	0
			发生额和余额	80000	1600	81600	81600	0

表7-4　"在途物资"明细账

材料名称或类别：C材料　　　　　　　　　　　　　　　　　　　　　　　　　单位：元

年		凭证号码	摘要	借方			贷方	余额
月	日			买价	运杂费	合计		
略		略	购入100000千克@5.00	500000		500000		500000
			分摊运杂费		4000	4000		504000
			结转实际采购成本				504000	0
			发生额和余额	500000	4000	504000	504000	0

（3）编制材料采购成本计算表，如表7-5所示。

表7-5　材料采购成本计算表

编制单位：××企业　　　　　　　　2018年2月　　　　　　　　　　　　单位：元

成本项目	A材料		B材料		C材料	
	总成本（80000千克）	单位成本	总成本（40000千克）	单位成本	总成本（100000千克）	单位成本
1. 买价	320000	4.00	80000	2.00	500000	5.00
2. 分摊运杂费	3200	0.04	1600	0.04	4000	0.04
采购成本	323200	4.04	81600	2.04	504000	5.04

任务三　掌握产品制造成本的计算方法

问题一　什么是产品制造成本的计算？

产品制造成本的计算是按照生产的各种产品，归集和分配在生产过程中所发生的各项生产费用，并按成本项目计算各种产品的总成本和单位成本。

任务三 掌握产品制造成本的计算方法

问题二 产品制造成本的构成包括哪些内容?

在我国现行会计制度中,产品制造成本的成本项目主要包括直接材料、直接人工和制造费用。不同生产特点的企业,还可根据本企业各项费用支出的比重和成本管理要求,在上述成本项目的基础上适当增加如"燃料和动力""废品损失""停工损失"等项目。

问题三 如何进行产品制造成本的计算?

(一)产品制造成本计算的一般程序

1. 确定成本计算对象

所谓成本计算对象,是指生产费用的归属对象。如要计算某种产品的成本,那么产品的品种就是成本计算对象;如要计算某批产品的成本,那么产品的批别就是成本计算对象。确定成本计算对象,是设置产品成本明细账、归集生产费用、计算产品成本的前提,按产品品种计算产品成本是成本计算最基本的方法。

2. 按成本项目归集和分配生产费用

计入产品成本的生产费用在生产过程中的用途是不同的,有的直接用于产品生产,如原材料、生产工人工资、动力用电等;有的间接用于产品生产,如固定资产折旧、生产管理人员的工资及福利费等。为了进一步反映产品成本的构成,所有生产费用都要按产品成本项目列示到按产品种类设置的生产成本明细账账户中。成本项目是生产费用按经济用途分类的项目。产品成本项目一般有以下三项:

(1)直接材料,是指企业在生产过程中直接用于产品生产的材料。

(2)直接人工,是指企业直接从事产品生产工人的薪酬。

(3)制造费用,是指企业为生产产品而发生的各项间接费用。

按照制造成本法,只将直接材料、直接人工和制造费用计入产品成本。其中直接为生产产品和提供劳务发生的直接材料、直接人工,直接计入产品成本;企业生产管理部门为组织和管理生产发生的各项间接费用,平时归集在"制造费用"账户的借方,月末按照一定的标准分配计入各种产品成本。企业行政管理部门为组织和管理生产经营活动发生的管理费用、销售费用和财务费用,应当作为期间费用,直接计入当期损益。

3. 制造费用的分配

(1)分配标准。制造费用计入各种产品成本的分配标准一般包括各种产品的生产工人工资、生产工时、机器工时和直接材料成本等。企业在选择某一种分配标准时,要考虑各种间接费用的发生与该种分配标准的相关性,即分配结果能否体现各种产品对制造费用的受益程度,以保证产品成本计算的准确性。

项目七　成本计算

（2）分配公式。

$$\text{制造费用分配率} = \frac{\text{应分配的制造费用总额}}{\text{各种产品生产工人工资（或生产工时或机器工时）}}$$

某种产品应分配的制造费用＝该种产品生产工人工资（生产工时、机器工时）×制造费用分配率

4. 完工产品与月末在产品之间分配费用

经过分配后的间接费用已归属于各种产品，可以和直接费用一起计入生产成本明细账，构成产品的本期生产费用。"期初在产品成本"与"本期生产费用"之和在本期末完工产品与在产品之间进行分配。这种分配分为如下三种情形：

（1）如果月末某种产品全部完工，那么该种产品成本明细账所归集的费用总额就是该种完工产品的总成本，即

完工产品总成本＝期初在产品成本＋本期生产费用

总成本除以该种产品的总产量，就可计算出该种产品的单位成本。

（2）如果月末某种产品全部未完工，那么该种产品成本明细账所归集的费用总额就是该种产品在产品的总成本，即

期末在产品成本＝期初在产品成本＋本期生产费用

（3）如果月末某种产品一部分完工，一部分未完工，这时，产品成本明细账所归集的费用总额还需要采用适当的方法在完工产品和在产品之间进行分配，即

完工产品总成本＝期初在产品成本＋本期生产费用－期末在产品成本

从而算出本期完工产品的成本和期末在产品的成本。具体如何采用适当的方法在完工产品和在产品之间进行分配生产费用总额，本教材暂不做介绍。

（二）产品制造成本的计算举例

【例7-2】 某企业生产A、B两种产品，本月所发生的各项生产费用和有关资料如表7-6所示。

表7-6　生产A、B产品，本月所发生的各项生产费用和有关资料　　　单位：元

产品名称	生产工时/小时	完工数量	直接材料	直接人工	制造费用	合计
A产品	16000	1000	66880	9120		
B产品	60000		257300	34200		
合计	76000		324180	43320	19000	386500

从上述资料可以看出，直接材料324180元和直接人工43320元都是直接费用，可以直接计入各种产品的生产成本，而制造费用19000元是A、B产品共同负担的间接费用，需要按一定的标准在A、B两种产品之间进行分配，然后分别计入各该产品的生产成本。

假定该企业是以生产工时为标准分配制造费用的，其分配过程如下：

任务三 掌握产品制造成本的计算方法

$$制造费用分配率 = \frac{制造费用总额}{生产工时之和} = \frac{19000}{16000+60000} = 0.25（元/小时）$$

A产品应分配的制造费用＝A产品的生产工时×制造费用分配率
＝16000×0.25＝4000（元）

B产品应分配的制造费用＝B产品的生产工时×制造费用分配率
＝60000×0.25＝15000（元）

小思考

若企业只生产一种产品，则"制造费用"如何分配？如何进行账务处理？

经过分配的制造费用可以和直接材料、直接人工等费用一起计入"生产成本明细账"的有关成本项目栏。

将所有的生产费用归集完毕之后，再将"生产成本明细账"上的生产费用之和在完工产品和在产品之间进行分配。

在【例7-2】中，本月A产品全部完工，其生产成本明细账上所归集的生产费用就是完工产品成本；本月B产品全部未完工，其生产成本明细账上所归集的生产费用就是在产品成本。

根据【例7-2】资料，设置并登记"生产成本明细账"，如表7-7、表7-8所示。

表7-7 生产成本明细账

产品品种或类别：A产品　　　　　　　　　　　　　　　　　　　　　　单位：元

年		凭证号码	摘要	直接材料	直接人工	制造费用	合计
月	日						
略	略	略	生产耗用材料	66880			66880
			分配职工薪酬		9120		9120
			分配制造费用			4000	4000
			本期生产费用合计	66880	9120	4000	80000
			结转完工产品成本	66880	9120	4000	80000

注：☐ 表示红字。

表7-8 生产成本明细账

产品品种或类别：B产品　　　　　　　　　　　　　　　　　　　　　　单位：元

年		凭证号码	摘要	直接材料	直接人工	制造费用	合计
月	日						
略	略	略	生产耗用材料	257300			257300
			分配职工薪酬		34200		34200
			分配制造费用			15000	15000
			本期生产费用合计	257300	34200	15000	306500
			期末在产品成本	257300	34200	15000	306500

项目七　成本计算

> **小测试**
>
> 未完工的B产品成本仍然保留在"生产成本"的借方，形成期末余额，这意味着什么？

根据生产成本明细账的资料，编制该月份产品生产成本计算表，如表7-9所示。

表7-9　产品生产成本计算表

××年×月　　　　　　　　　　　　　　　　　　　　　　　　单位：元

成本项目	A产品（1000件）	
	总成本	单位成本
直接材料	66880	66.88
直接人工	9120	9.12
制造费用	4000	4.00
合计	80000	80

任务四　掌握产品销售成本的计算方法

问题一　什么是产品销售成本？

工业制造企业产品销售成本即主营业务成本，是指已经售出产品的实际生产制造成本。在销售过程中，企业为了销售产品而发生的各种销售费用均属于期间费用，应直接计入当期损益，不计入产品销售成本。所以，产品的销售成本即为该产品的制造成本。

问题二　如何进行产品销售成本的计算？

产品销售成本是根据已销产品的数量和实际单位制造成本计算出来的，计算公式如下：

产品销售成本＝已销产品的数量×产品的单位制造成本

【例7-3】　月末结转本月产品销售成本，其中，A产品销售160件，单位成本469元；B产品销售110件，单位成本204元。

根据上述资料可计算出本月销售产品的成本：

A产品销售成本＝160×469＝75040（元）

B产品销售成本＝110×204＝22440（元）

任务四　掌握产品销售成本的计算方法

在实际工作中，本月销售的产品不仅有当月完工入库的产品，而且会有以前月份结存的产品。由于各个月份的产品单位制造成本不同，因此需要采用适当的计价方法来确定已销产品的单位制造成本，从而计算产品的销售成本。具体的计价方法，暂不做介绍。

项目小结

企业从事生产和经营活动都要消耗一定的人力、物力和财力。在一定时期内，生产和经营活动中所发生的耗费的货币表现就是费用。费用按一定对象（材料、产品）进行归集和分配，即构成该对象的成本。成本和费用都是支付或耗费的资产，但成本是对象化的费用，不完全等同于费用。

成本计算就是将生产经营活动过程中所发生的各项费用，按各种不同对象进行归集和分配，计算出各个对象的总成本和单位成本。

材料采购成本的计算就是把购入材料所支付的买价和各项采购费用，按照材料的品种或类别加以归集、分配，以计算各种材料的实际采购总成本和单位成本。材料采购成本由买价和采购费用构成。

产品制造成本的计算按照生产的各种产品，归集和分配在生产过程中所发生的各项生产费用，并按成本项目计算出各种产品的总成本和单位成本。在我国现行会计制度中，产品制造成本的成本项目主要包括直接材料、直接人工和制造费用。

产品销售成本是指已经售出产品的实际成本。在销售过程中，企业为了销售产品发生的各种销售费用均属于期间费用，应直接计入当期损益，不计入产品销售成本。所以，产品的销售成本即为该产品的制造成本。工业制造企业已销产品成本（即主营业务成本）等于已销产品数量乘以产品的单位制造成本。

阅读资料

机会只给有准备的人

在《万象集团报》上有这样一则寓言故事：一只野猪在大树旁勤奋地磨獠牙。熊看见了，好奇地问它："既没有猎人追赶，也没有任何危险，你为什么要这般用心地磨牙呀？"野猪答道："你想想看，一旦危险来临，就没有时间磨牙了。现在磨利了，等到要用的时候，胜利就有把握了。"

未雨绸缪才能有备无患，"人无远虑，必有近忧"。有人抱怨没有机会，又感叹自己没有积蓄足够的知识能力，以致不能胜任到手的工作，只能后悔莫及。我们学习会计，从现在起，就应该开始储备相关知识，培养会计职业判断能力，训练会计职业技能。

项目八 财产清查

项目导入

日常会计核算通过凭证、账簿对财产的增减变动情况进行及时、连续、完整的记录,即使期末财产物资账簿记录数正确,也不一定能反映各项财产物资的真实情况。为什么呢?如何确保账实相符呢?

完整、准确地反映一个单位各项财产物资的真实情况是会计核算工作的一项基本要求,为此,本项目将帮助我们认知财产清查,学习一些财产清查及其账务处理的方法。

学习目标

1. 认知财产清查;
2. 掌握财产清查的方法;
3. 熟悉财产清查结果的处理。

任务一 认知财产清查

问题一 什么是财产清查?

财产清查是指通过对货币资金、实物资产和往来款项的盘点或核对,确定其实存数,从而查明账存数与实存数是否相符的一种专门方法。

问题二　造成各种财产物资账实不符的原因有哪些？

日常会计核算通过凭证、账簿对财产的增减变动情况进行及时、连续、完整的记录，即使期末财产物资账簿记录数额正确，也不一定能反映各项财产物资的真实情况，因为有很多客观原因会使各项财产物资的账面数额与实际结存数额发生差异，造成账实不符。具体来说，造成各种财产物资账实不符的原因主要有以下几个方面：

（1）收发财产物资时，由于计量、检验不准确而发生品种、数量、质量上的差错。

（2）登记财产物资时，发生漏记、重记或计算错误等。

（3）财产物资保管过程中的自然损耗或升溢。

（4）发生自然灾害和意外损失。

（5）保管不善或工作人员失职而造成财产物资的损坏、变质或缺少。

（6）由于不法分子营私舞弊、贪污盗窃等而造成的财产物资损失。

（7）银行存款、各种往来款项会由于有关凭证未到，形成未达账项。

因此，为了保证账簿记录的真实性和正确性，保证财产物资的账实相符，从而保证会计信息的质量，必须通过财产清查这种专门方法，定期或不定期地对单位各种财产物资进行清查、盘点、核对，以便及时发现和揭露各项财产物资实存数和账存数的差异，查明导致差异的原因和相关责任人的责任，按规定的程序和方法调整账面记录，实现账实相符。

问题三　财产清查的意义有哪些？

财产清查是一种会计核算的专门方法，加强财产清查工作，对于加强单位财产物资的管理、充分发挥会计的监督作用具有重要意义。

（1）有利于保证会计核算资料真实可靠。通过财产清查，可以查明各项财产物资的实有数量，确定实有数量与账面数量之间的差异，查明原因和责任，以便采取有效措施，消除差异，从而保证账实相符，提高会计资料的准确性。

（2）有利于保护财产物资安全完整。通过财产清查，可以查明各项财产物资的保管情况是否良好，有无因管理不善造成霉烂、变质、损失浪费，或者被非法挪用、贪污盗窃的情况，以便采取有效措施，改善管理，切实保障各项财产物资的安全完整。

（3）有利于挖掘财产物资的潜力，加速资金周转。通过财产清查，可以查明各项财产物资的库存和使用情况，合理安排生产经营活动，充分利用各项财产物资，加速资金周转，提高资金使用效果。

（4）有利于维护财经纪律和结算制度。通过财产清查，可以查明单位在各项财产物资的使用、管理以及往来款项的结算过程中，有无违反财经和结算纪律，如有无资金界限不清、公款私存、私设"小金库"以及债权债务长期拖欠不清等问题，从而促使企业单位建立、健全财产物资保管制度，落实岗位责任制，及时清理债权债务，自觉遵守财经纪律和结算制度。

> **相关链接**
>
> 记账人员与经济业务或会计事项的审批人员、经办人员、财物保管人员的职责权限应当明确，并相互分离、相互制约。

问题四　财产清查的种类有哪些？

财产清查按不同的标准划分有不同的种类（见图8-1）：按清查范围的不同，可以分为全面清查和局部清查；按清查时间的不同，可以分为定期清查和不定期清查。

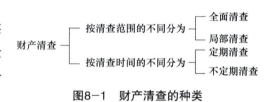

图8-1　财产清查的种类

（一）全部清查和局部清查

全部清查是指对所有的财产进行全面的清查、盘点与核对。清查的内容主要是各种财产物资、货币资金和债权债务，具体包括：

（1）固定资产，原材料，在产品，库存商品，在途物资，委托其他单位加工、保管的物资，受托代保管物资等。

（2）现金、银行存款、其他货币资金、股票、债券等。

（3）应收账款、应付账款、其他应收款、其他应付款、各种银行借款等。

全部清查范围大、内容多、时间长、参与人员多。全部清查一般是在年终决算前，单位撤销、合并或改变隶属关系前，清产核资前以及单位主要领导调动工作前进行，目的是保证会计报表信息真实和准确。

局部清查是对一部分财产进行的清查。具体清查对象应根据管理需要确定，一般限于流动性较大又易于损耗的物资和比较贵重的财产。局部清查范围小、内容少、时间短、参与人员少，但专业性较强。一般各种贵重财产每月至少要清查一次；库存现金要每日清查一次；银行存款至少每月同银行核对一次；债权债务每年至少要核对一至两次；原材料、在产品、库存商品等，除年终全部清查外，还应在年内轮流盘点或重点抽查。

（二）定期清查和不定期清查

定期清查是指按照预先计划安排的时间对财产物资、往来款项进行的清查。一般在月末、季末或年终结账前进行。其清查的范围通常根据管理的需要而定，可以是全面清查，如年终结账前对全部财产物资进行的清查；也可以是局部清查，如月末、季末时对货币资金、贵重物资的轮流清查或重点抽查。

不定期清查是指事前不规定清查日期，而是根据管理需要临时进行的财产清查，因此，也称临时清查。不定期清查一般在以下几种情况下进行：

（1）更换财产物资和现金保管人时。

（2）财产发生非常灾害或意外损失时。

（3）有关单位对单位进行审计查账时。

（4）单位关、停、并、转、清产核资、破产清算时。

在实际工作中，上述各种类型的财产清查通常是综合使用的。无论是哪种类型的财产清查，不外乎是对库存现金账存数和实有数、银行存款日记账余额和银行对账单余额、财产物资账面结存数与实际库存数、往来款项账面余额与对方单位账面余额进行清查与核对。

问题五　财产清查的程序是怎样的？

财产清查是一项复杂、细致、具有较强技术性的工作，而且涉及面广、工作量也比较大，因此，为了使财产清查有效、顺利地进行，必须进行认真组织，并遵循一定的清查程序。通常，财产清查的程序一般包括以下几个环节：

（1）建立财产清查组织。

（2）组织清查人员学习有关政策规定，掌握有关法律法规和相关业务知识，以提高财产清查工作的质量。

（3）确定清查对象、范围，明确清查任务。

（4）指定清查方案，具体安排清查内容、时间、步骤、方法以及必要的清查前准备。

（5）清查时本着先清查数量、核对有关账簿记录等，后认定质量的原则进行。

（6）填制盘存清单。

（7）根据盘存清单填制实物、往来账项清查结果报告表。

在清查之前，通常必须做好会计记录和财产物资两个方面的准备工作。首先，会计部门在清查前把截至清查日止的所有业务全部登记入账，结出余额，并做到账证、账账相符，同时准备好有关的登记表册；其次，实物保管部门对各种财产物资，应整理清楚，排列整齐，分类设卡，注明品种、规格和结存数量。

在财产清查过程中，应当注意的问题主要有：必须暂停被清查物资的收发工作；既要查数量，又要注重质量的检查，做好清查的原始记录，并坚持以实物为准；及时研究和处理清查中出现的问题；正确运用清查的技术方法。

在清查工作结束后，主要负责人要将清查的结果认真分析研究，提出适当的处理意见，按规定程序报请审批处理；要认真总结经验，找出存在的问题，提出改进建议；要及时调整账项，以使账实相符。

项目八　财产清查

任务二　掌握财产清查的方法

问题一　如何进行库存现金的清查？

库存现金的清查是通过实地盘点的方法，确定库存现金的实存数，再与现金日记账的账面余额进行核对，以查明长款或短款的情况。库存现金的盘点应由清查人员会同现金出纳人员共同进行，其清查内容和方法如下：

（1）在盘点前，出纳人员应先将现金收、付凭证全部登记入账，并结出余额。

（2）盘点时，出纳人员必须在场，现金应逐张清点，如发现盘盈、盘亏，必须会同出纳人员核实清楚。盘点时，除查明账实是否相符外，还要查明有无违反现金管理制度规定的情况，如有无以"白条"充抵现金，库存现金是否超过核定的限额，有无"坐支"现金等。

（3）盘点结束后，应根据盘点结果，及时填制库存现金盘点报告表（见表8-1），并由检查人员和出纳人员签名或盖章。此表具有双重性质，它既是盘存单，又是账存实存对比表；既是反映现金实存数，用以调整账簿记录的重要原始凭证，也是分析账实发生差异原因、明确经济责任的依据。

表8-1　库存现金盘点报告表

单位名称：　　　　　　　　　　　年　月　日　　　　　　　　　　计量单位：元

实存金额	账存金额	对比结果			备注
		相符	盘盈	盘亏	

盘点人（签章）：　　　　　　　　　　　　　　　　　　　出纳人员（签章）：

问题二　如何进行银行存款的清查？

银行存款的清查是采取与银行核对账目的方法进行的，即根据银行存款日记账与开户银行转来的银行对账单进行核对，查明银行存款的实有数额。具体的做法是：首先检查本单位银行存款日记账的记录是否正确和完整；然后将银行对账单与单位的银行存款日记账进行逐笔核对。如果在核对中发现记账错误，则应当由错误的一方予以更正。

在实际工作中，即使单位和银行双方记账都没有错误，也可能存在银行对账单余额与单位的银行存款日记账余额不相符的情况，原因是存在未达账项。

所谓未达账项，是指单位与银行之间，由于凭证传递上的时间差，一方已收到结算凭证并登记入账，另一方尚未收到结算凭证因而尚未登记入账的款项。

未达账项具体表现为以下四种情况：

1. 单位已收款入账，银行未收款入账

如单位销售产品收到支票，送存银行后即可根据银行盖章退回的"进账单"回单联登记银行存款的增加，银行则要等款项收妥后才能记增加，如果此时对账，就形成了单位已收款入账，银行尚未收款入账的未达款项。

2. 单位已付款入账，银行未付款入账

如单位开出一张支票支付购货款，单位可根据支票存根、发票及收料单登记银行存款的减少，而对方销货单位收到支票后未及时到银行办理转账，银行由于未接到支付款项的凭证故尚未记银行存款减少，如果此时对账，就形成了单位已付款入账，银行尚未付款入账的未达款项。

3. 银行已收款入账，单位未收款入账

如外地某单位汇来货款，银行收到汇款单后，登记单位银行存款增加，单位由于未收到汇款凭证故尚未记银行存款增加，如果此时对账，就形成了银行已收款入账，单位尚未收款入账的未达款项。

4. 银行已付款入账，单位未付款入账

如银行代单位支付款项，银行已取得支付款项的凭证记银行存款的减少，单位由于未接到凭证故尚未记银行存款减少，如果此时对账，就形成了银行已付款入账，单位尚未付款入账的未达款项。

上述任何一种情况或同时多种情况的发生，都会导致银行对账单余额与单位的银行存款日记账余额不相符。为了消除因这种未达账项而导致的不相符，应根据双方核对后发现的未达账项，编制银行存款余额调节表，据以调节双方的账面余额。具体做法是：将银行对账单与单位的银行存款日记账进行逐笔核对，找出未达账项；然后在银行存款余额调节表中将双方的余额各自加上对方已收而本方未收的款项，减去对方已付而本方未付的款项；最后验证调节后双方的余额是否相等。在没有记账错误的情况下，调节后双方的余额应当是相等的。

下面举例说明如何编制银行存款余额调节表对未达账项进行调整。

【例8-1】 兴云公司2017年10月1—31日银行存款日记账（见表8-2）账面记录与银行转来的10月份对账单（见表8-3）资料如下：

要求：编制兴云公司10月份的银行存款余额调节表。

解析：根据上述资料，兴云公司的会计人员将本单位2017年10月份的银行存款日记账与银行转来的对账单进行了逐笔核对（见表8-2和表8-3中的"√"），发现未达账项如下：

（1）银行已收单位未收的款项：14000元；

（2）银行已付单位未付的款项：12000元，3600元；

（3）单位已收银行未收的款项：3000元；

（4）单位已付银行未付的款项：12900元，9000元。

编制银行存款余额调节表，如表8-4所示。

表8-2 银行存款日记账

2017年		凭证号数	对方账户	摘要	收入（借方）金额							核对	付出（贷方）金额							核对	结存金额							
月	日				万	千	百	十	元	角	分		万	千	百	十	元	角	分		十	万	千	百	十	元	角	分
10	1			承前页																	1	1	2	0	0	0	0	0
	1	略		支付货款									1	8	7	0	0	0	0	√		9	3	3	0	0	0	0
	5			存入货款	3	5	1	0	0	0	0	√									1	2	8	4	0	0	0	0
	8	略		上缴税金										8	0	0	0	0	0	√	1	2	0	4	0	0	0	0
	11			收回欠款	2	6	8	0	0	0	0	√									1	4	7	2	0	0	0	0
	14			提取现金										5	0	0	0	0	0	√	1	4	2	2	0	0	0	0
	19			支付货款									1	2	9	0	0	0	0		1	2	9	3	0	0	0	0
	23			支付保险										9	0	0	0	0	0		1	2	0	3	0	0	0	0
	26			存入货款	1	2	8	0	0	0	0	√									1	3	3	1	0	0	0	0
	29			收回欠款		3	0	0	0	0	0										1	3	6	1	0	0	0	0

表8-3 中国工商银行广州市分行（　　）对账单

户名：兴云公司　　　　　账号：526244660588　　　　　　　　　　第×页

2017年		交易号码	操作页码	支票号	借（付）方	核对	贷（收）方	核对	余额
月	日								
10	1								112000
10	1				18700	√			93300
10	5						35100	√	128400
10	8				8000	√			120400
10	11	（略）	（略）	（略）			26800	√	147200
10	14				5000	√			142200
10	20				12000				130200
10	26						12800	√	143000
10	27						14000		157000
10	30				3600				153400

表8-4 银行存款余额调节表

2017年11月2日

项目	金额	项目	金额
银行存款日记账余额	136100	银行对账单余额	153400
加：银行已收单位未收款项	14000	加：单位已收银行未收款项	3000
减：银行已付单位未付款项	① 12000 ② 3600	减：单位已付银行未付款项	① 12900 ② 9000
调节后余额	134500	调节后余额	134500

任务二　掌握财产清查的方法

需要注意的是，编制银行存款余额调节表是为了核对、清查单位银行存款的实有数。单位银行存款的实有数，既不是本单位银行存款日记账的余额，也不是银行对账单的余额，而是银行存款余额调节表中经过调整后的余额。使单位银行存款日记账余额和银行对账单余额不相符的未达账项，单位无须进行账面调整，待结算凭证达到后方可进行账务处理，登记入账。银行存款余额调节表不能作为调节银行存款日记账余额的原始凭证。

问题三　如何进行存货的清查？

存货的清查是指对商品、原材料、在产品、低值易耗品、包装物等的清查。由于存货的种类繁多，形态各异，而且体积、重量、价值、存放方式也都不一样，因此存货的清查方法也不同。存货的清查方法通常有实地盘点法和技术推算法两种。

实地盘点法是对各项实物通过逐一清点，或用计量器具体确定其实存数量的方法。这种方法适用范围较广泛，大部分财产物资都采用这种方法进行清查。

技术推算法是通过量方、计尺等技术方法推算有关财产物资的实有数量。这种方法适用于大量、成堆、难以逐一清点的财产物资的清查，如堆存的煤或油罐中的油等。

存货清查应按下列步骤进行：

（1）要由清查人员协同材料物资保管人员在现场对材料物资采用上述相应的清查方法进行盘点，确定其实有数量，并同时检查其质量情况。

（2）对盘点的结果要如实地登记在盘存单上，并由盘点人员和实物保管人员签章，以明确经济责任。盘存单的一般格式如表8-5所示。它既是记录实物盘点结果的书面证明，又是反映材料物资实有数的原始凭证。

表8-5　盘存单

单位名称：　　　　　　　　　　　　　　　　　　　　　　　　　盘点时间：
财产类别：　　　　　　　　　　　　　　　　　　　　　　　　　存放地点：

编号	名称	规格	计量单位	盘点数量	单价	金额/元	备注

盘点人（签章）：　　　　　　　　　　　　　　　　　　　　　　保管员（签章）：

（3）根据盘存单和相应的材料物资账簿记录情况填制账存实存对比表。其一般格式如表8-6所示。账存实存对比表是一个重要的原始凭证，既是调整账簿记录的原始依据，也是因账存数和实存数发生差异而确定经济责任的原始证明材料。

表8-6 账存实存对比表

单位名称： 年 月 日

编号	名称	规格	计量单位	单价	实存		账存		盘盈		盘亏	
					数量	金额	数量	金额	数量	金额	数量	金额

盘点人（签章）： 会计（签章）：

问题四 如何进行固定资产的清查？

固定资产的清查通常采用实地盘点的方法，即将固定资产明细账上的记录情况与固定资产实物逐一进行盘点清查，包括明细账上所列固定资产的类别、名称、编号等。固定资产是单位开展经营活动的物质基础，在单位的资产总额中占有很大的比重，其清查每年至少应进行一次。固定资产清查应按下列步骤进行：

（1）应查明固定资产的实物是否与账面记录相符，严防固定资产丢失的情况出现；

（2）要查明固定资产在保管、维护保养及核算上存在的问题，保证单位固定资产核算的正确性；

（3）还要清查固定资产的使用情况，如发现长期闲置、封存或使用率不高、结构不合理、生产能力不均衡等情况，应及时反映给有关方面，做出处理，保证其合理、有效地使用。

如清查中发现固定资产盘亏或毁损情况，则还要查明该项固定资产的原值、已提折旧额等；如发现固定资产盘盈，则要对其估价，以确定盘盈固定资产的重置价值、估计折旧等，以便编制固定资产清查报告表。该报告表的格式、内容如表8-7所示。

表8-7 固定资产清查报告表

单位名称： 年 月 日

编号	名称	规格及型号	计量单位	盘盈			盘亏			毁损			原因
				数量	重置价值	估计折旧	数量	原价	已提折旧	数量	原价	已提折旧	
处理意见		使用保管部门			清查小组				审批部门				

盘点人（签章）： 实物保管人（签章）： 会计（签章）：

问题四 如何进行往来款项的清查？

往来款项包括应收款、应付款、暂收款等。往来款项的清查一般采用发函询证的方法进行核对。清查时，首先将各项应收、应付等往来款项正确、完整地登记入账。然后逐户编制一式两联的对账单，送交对方单位进行核对，如对方单位核对无误，则应在回单上盖章后退回；如对方发现数字不符，则应在回单上注明不符原因后退回，或者另抄对账单退回，作为进一步核对的依据。发出单位收到对方的回单后，对错误的账目应及时查明原因，并按规定的手续和方法加以更正。最后根据清查结果编制往来款项清查报告表，其一般格式如表8-8所示。

表8-8 往来款项清查报告表

单位名称：　　　　　　　　　　　年　月　日　　　　　　　　　　总账名称：

明细账		清查结果		不相符的原因				备注
户名	账面金额	核对相符金额	核对不相符金额	未达款项	拖付款项	争执款项	无法收回	其他

任务三 熟悉财产清查结果的处理

问题一 财产清查结果处理的要求有哪些？

财产清查工作结束后，应当始终以认真严肃的态度对待盘亏和盘盈的结果，遵循相关法律法规的规定，并按照一定的程序和步骤进行相应的处理。

财产清查结果处理的要求有：

（1）分析产生差异的原因和性质，提出处理建议。对于通过财产清查发现的资产盘盈、盘亏以及质量上的问题，相关人员应当认真严肃对待，仔细调查，分析发生差异的原因，必须根据国家的政策、法令和制度，明确相关人员的经济责任，据实提出处理意见。

（2）积极处理多余积压财产，清理往来款项。

（3）总结经验教训，建立、健全各项管理制度。对于清查过程中暴露出来的单位在经济管理和会计核算上存在的问题，应该及时总结经验教训，提出切实可行的改进措施，加

强单位的经济管理和会计核算工作。

（4）及时调整账簿记录，保证账实相符。对于清查中发现的各种差异，应当按照一定的法定程序和步骤，呈报有关领导部门审批处理，及时对发现的差异做出适当的账务处理，以保证账实相符。单位清查的各种财产的损溢，应于期末前查明原因，在期末结账前处理完毕。

问题二　财产清查结果处理的步骤是怎样的？

对财产清查结果的处理，必须遵循一定的程序和步骤。具体来说，可以分为审批之前的处理和审批之后的处理两种情况。

1. 审批之前的处理

对于财产清查的结果，在得到审批之前，应该先根据清查中填写的清查报告表、盘点报告表等已经查实的数据资料，编制记账凭证，计入有关账簿，使账簿记录与实际盘存数相符，同时，根据单位的管理权限，将处理建议报股东大会或董事会或经理（厂长）会议或类似机构批准。

2. 审批之后的处理

在得到审批之后，应当根据审批的意见，进行差异处理，并调整账项。

问题三　如何对财产清查的结果进行账务处理？

为了进行财产清查结果的账务处理，一般设置"待处理财产损溢"账户，用来核算和监督单位在财产清查过程中查明的各种财产盘盈、盘亏和毁损情况及其处理结果。

该账户属于双重性质的账户，其借方登记各种财产盘亏、毁损数及按规定程序批准的盘盈转销数；贷方登记各种财产的盘盈数及按规定程序批准的盘亏、毁损转销数；处理前的借方余额，反映单位尚未处理的各种财产的净损失；处理前的贷方余额，反映单位尚未处理的各种财产的净溢余；期末处理后，本账户应无余额。

在该账户下应设置"待处理固定资产损溢"和"待处理流动资产损溢"两个明细账户进行明细核算。

该账户的结构如表8-9所示。

表8-9

借方	待处理财产损溢	贷方
发生额： ①各种财产盘亏、毁损数 ②按规定程序批准的盘盈转销数		发生额： ①各种财产的盘盈数 ②按规定程序批准的盘亏、毁损转销数
期末余额：尚未处理的各种财产的净损失		期末余额：尚未处理的各种财产的净溢余

（一）货币资金清查结果的账务处理

货币资金主要包括库存现金和银行存款。前面已说明，银行存款的清查主要是采用单位的银行存款日记账同银行转来的对账单核对的方法。通过核对，如果发现单位日记账有错账、漏账，则应立即加以纠正；如果发现银行有错账、漏账，则应及时通知银行查明并更正。对于发现的未达账项，则通过编制银行存款余额调节表来调节，但无须对未达账项做账面调整，待结算凭证到达后再进行账务处理。所以，这里主要介绍对库存现金清查结果的账务处理。

库存现金清查中发现现金盘盈（长款）或盘亏（短款）时，要设法查明原因，并及时根据现金盘点报告表进行处理。

当库存现金盘盈（长款）时，借记"库存现金"账户，贷记"待处理财产损溢"账户。待查明原因后，再根据批准的处理意见，进行转账处理。如查明现金盈余的原因属于多收或少付有关单位或个人的款项，经批准，借记"待处理财产损溢"账户，贷记"其他应付款"账户。如无法查明现金盈余的原因，经批准，借记"待处理财产损溢"账户，贷记"营业外收入"账户。

【例8-2】 兴云公司进行库存现金清查时，发现实际库存现金比现金日记账余额多180元。

根据库存现金盘点报告表作会计分录如下：

借：库存现金　　　　　　　　　　　　　　　　　　　　180
　　贷：待处理财产损溢——待处理流动资产损溢　　　　　　180

经反复调查，未查明原因。经批准，当作营业外收入处理，根据审批单作会计分录如下：

借：待处理财产损溢——待处理流动资产损溢　　　　　　180
　　贷：营业外收入　　　　　　　　　　　　　　　　　　180

当库存现金盘亏（短款）时，借记"待处理财产损溢"账户，贷记"库存现金"账户。待查明原因后，再根据批准的处理意见，进行转账处理。如查明现金短缺的原因属于少收或多付有关单位或个人的款项，以及应由责任人赔偿的部分，经批准，借记"其他应收款"账户，贷记"待处理财产损溢"账户。如无法查明现金短缺的原因，经批准，借记"管理费用"账户，贷记"待处理财产损溢"账户。

【例8-3】 兴云公司进行库存现金清查时，发现实际库存现金比现金日记账余额少120元。

根据"库存现金盘点报告表"作会计分录如下：

借：待处理财产损溢——待处理流动资产损溢　　　　　　120
　　贷：库存现金　　　　　　　　　　　　　　　　　　　120

经查，属于出纳人员责任，应由其赔偿，根据审批单作会计分录如下：

借：其他应收款——××（出纳人员）　　　　　　　　　120
　　贷：待处理财产损溢——待处理流动资产损溢　　　　　120

当出纳人员赔偿时,作会计分录如下:

借:库存现金　　　　　　　　　　　　　　　　　　　　　　　　120
　　贷:其他应收款——××(出纳人员)　　　　　　　　　　　　　120

(二)存货清查结果的账务处理

1. 存货盘盈的账务处理

存货进行盘点后,发生存货盘盈时,应及时办理盘盈存货的入账手续,调整存货账面记录,借记有关存货账户,贷记"待处理财产损溢"账户。查明原因,经有关部门批准后,借记"待处理财产损溢"账户,贷记有关账户。

【例8-4】 兴云公司在财产清查过程中盘盈一批材料,价值1600元;盘盈一批已加工完成的产品,价值1500元。

在批准前,根据实存账存对比表所载明的盘盈数,作会计分录如下:

借:原材料　　　　　　　　　　　　　　　　　　　　　　　　1600
　　库存商品　　　　　　　　　　　　　　　　　　　　　　　　1500
　　贷:待处理财产损溢——待处理流动资产损溢　　　　　　　　3100

经查,存货盘盈是由计量上的差错引起的。经批准,冲减当期的管理费用,根据审批单作会计分录如下:

借:待处理财产损溢——待处理流动资产损溢　　　　　　　　　3100
　　贷:管理费用　　　　　　　　　　　　　　　　　　　　　　3100

2. 存货盘亏或毁损的账务处理

存货进行盘点后,发生存货盘亏或毁损时,应及时调整盘亏或毁损存货的账面记录,借记"待处理财产损溢"账户,贷记有关存货账户。待查明原因,经批准,根据不同情况,分别进行处理:

(1)属于定额内的自然损耗,按规定转作管理费用。

(2)属于超定额损耗及存货毁损,能确定过失人的,应由过失人赔偿;属保险责任范围的,应由保险公司理赔。扣除过失人或保险公司赔偿和残值后,计入管理费用。

(3)属于自然灾害造成的存货损失,扣除保险公司赔款和残值后,计入营业外支出。

【例8-5】 兴云公司在财产清查中发现乙材料盘亏500元、丙材料盘亏3000元(不考虑增值税)。

在批准前,根据实存账存对比表所载明的盘亏数,作会计分录如下:

借:待处理财产损溢——待处理流动资产损溢　　　　　　　　　3500
　　贷:原材料——乙材料　　　　　　　　　　　　　　　　　　500
　　　　　　——丙材料　　　　　　　　　　　　　　　　　　3000

经查,乙材料盘亏中定额损耗350元,由管理人员过失造成150元损失;丙材料的毁损是由自然灾害造成的,经整理,收回残料价值200元,已入库,可以从保险公司取得赔款

1800元。根据盘亏、毁损的原因及审批意见，乙材料的盘亏定额内部分计入"管理费用"账户，管理人员过失造成的损失应由相应的责任人赔偿，计入"其他应收款"账户；丙材料的盘亏扣除残料价值和保险赔偿款后的净损失，计入"营业外支出"账户，作会计分录如下：

借：管理费用　　　　　　　　　　　　　　　　　　　　　　350
　　其他应收款——××　　　　　　　　　　　　　　　　　150
　　贷：待处理财产损溢——待处理流动资产损溢　　　　　　　　500
借：原材料　　　　　　　　　　　　　　　　　　　　　　　200
　　其他应收款——保险赔款　　　　　　　　　　　　　　　1800
　　营业外支出　　　　　　　　　　　　　　　　　　　　　1000
　　贷：待处理财产损溢——待处理流动资产损溢　　　　　　　　3000

（三）固定资产清查结果的账务处理

1. 固定资产盘盈的账务处理

单位在财产清查中发现盘盈的固定资产，经查，确实属于本单位所有，则应根据固定资产清查报告表补办有关固定资产交接手续，经有关人员签章后送交会计部门，填写固定资产卡片。按照2006年的《企业会计准则》，发现盘盈的固定资产，不通过"待处理财产损溢"账户核算，而应作为前期差错通过"以前年度损益调整"账户进行核算，即按盘盈固定资产的重置价值减去估计损耗价值（估计折旧）后的余额，借记"固定资产"账户，贷记"以前年度损益调整"账户。按规定程序审批之后，按盘盈固定资产的净值，借记"以前年度损益调整"账户，按应调整增加的所得税费用，贷记"应交税费——应交所得税"账户，按其差额，贷记"利润分配——未分配利润"账户。

【例8-6】　兴云公司在财产清查中发现账外小型设备1台，其重置价值为5000元，估计磨损价值1000元。

发现盘盈时，根据固定资产清查报告表作会计分录如下：

借：固定资产　　　　　　　　　　　　　　　　　　　　　4000
　　贷：以前年度损益调整　　　　　　　　　　　　　　　　　4000

经批准，此项固定资产盘盈应调整增加的所得税费用4000×25%＝1000，其差额，转入"利润分配——未分配利润"账户，根据审批单作会计分录如下：

借：以前年度损益调整　　　　　　　　　　　　　　　　　4000
　　贷：应交税费——应交所得税　　　　　　　　　　　　　　1000
　　　　利润分配——未分配利润　　　　　　　　　　　　　　3000

2. 固定资产盘亏或毁损的账务处理

财产清查中，如发现固定资产盘亏或毁损，则单位应及时办理固定资产注销手续，按盘亏固定资产净值，借记"待处理财产损溢"账户，按已提折旧额，借记"累计折旧"账户，按原值贷记"固定资产"账户。按规定程序报批后，按盘亏固定资产的原值扣除累计折旧和过失人及保险公司赔款后的差额，借记"营业外支出"账户，同时按过失人及保险公司的应赔偿款，借记"其他应收款"账户，按盘亏固定资产的净损失，贷记"待处理财产损溢"账户。

【例8-7】 兴云公司在财产清查中发现盘亏管理部门的专用设备一台，原价3000元，已提取折旧1200元（不考虑增值税）。

在批准前，根据"固定资产清查报告表"作会计分录如下：

借：待处理财产损溢——待处理固定资产损溢　　　　　　　　　　1800
　　累计折旧　　　　　　　　　　　　　　　　　　　　　　　　1200
　　贷：固定资产　　　　　　　　　　　　　　　　　　　　　　3000

上述盘亏固定资产按规定程序报经批准后转销，根据审批单作会计分录如下：

借：营业外支出——财产盘亏损失　　　　　　　　　　　　　　　1800
　　贷：待处理财产损溢——待处理固定资产损溢　　　　　　　　1800

仍以【例8-7】为例，如果经查明是由于过失人造成的毁损，则应由过失人赔偿1000元，根据审批单作会计分录如下：

借：其他应收款——××　　　　　　　　　　　　　　　　　　　1000
　　营业外支出——财产盘亏损失　　　　　　　　　　　　　　　 800
　　贷：待处理财产损溢——待处理固定资产损溢　　　　　　　　1800

（四）往来款项清查结果的账务处理

在财产清查中查明确实无法收回的应收款项和无法支付的应付款项，不通过"待处理财产损溢"账户进行核算，而是在原来账面记录的基础上，按规定程序报经批准后，直接转账冲销。对于确实无法收回的应收款项，确认为坏账损失，按现行会计法规制度，冲减应收款项，借记"坏账准备"账户，贷记相关应收款项账户。对于确实无法支付的应付款项，应转作营业外收入处理，借记相关应付款项账户，贷记"营业外收入"账户。

【例8-8】 兴云公司在财产清查中发现一笔应收账款已超过规定年限，按规定转为坏账处理，金额为6000元。

根据有关凭证及审批手续，作会计分录如下：

借：坏账准备　　　　　　　　　　　　　　　　　　　　　　　　6000
　　贷：应收账款——××客户　　　　　　　　　　　　　　　　6000

【例8-9】 兴云公司在财产清查中发现一笔应付账款因债权单位已不存在，无法支付，按规定应予核销，金额为3000元。

根据有关凭证及审批手续，作会计分录如下：

借：应付账款——××客户　　　　　　　　　　　　　　　　　　3000
　　贷：营业外收入　　　　　　　　　　　　　　　　　　　　　3000

综上所述，财产清查结果的账务处理分盘盈、盘亏两种情况的处理：

任务三　熟悉财产清查结果的处理

1. 财产盘盈的账务处理

借记盘盈的"原材料""库存现金"等账户，贷记"待处理财产损溢"账户。报经批准后，对于"原材料"等存货盘盈，则借记"待处理财产损溢"账户，贷记"管理费用"等账户；对于现金盘盈，则借记"待处理财产损溢"账户，贷记"营业外收入"账户。

固定资产盘盈，按照2006年的《企业会计准则》，不通过"待处理财产损溢"账户核算，而应作为前期差错通过"以前年度损益调整"账户进行核算。

2. 财产盘亏的账务处理

借记"待处理财产损溢"账户和"累计折旧"账户，贷记盘亏的"原材料""库存商品""固定资产"等账户。盘亏财产报经批准后，对于流动资产的盘亏，应当将其残料价值、可以收回的保险赔偿和过失人赔偿，借记"原材料""其他应收款"等账户；剩余净损失中，属于非常损失的部分，借记"营业外支出"账户，贷记"待处理财产损溢"账户；属于一般经营损失的部分，借记"管理费用"账户，贷记"待处理财产损溢"账户。对于固定资产的盘亏，借记"营业外支出"账户，贷记"待处理财产损溢"账户。

在财产清查中查明确实无法收回的应收款项和无法支付的应付款项，不通过"待处理财产损溢"账户进行核算，而是在原来账面记录的基础上，按规定程序报经批准后，直接转账冲销。

项目小结

财产清查是指通过对货币资金、实物资产和往来款项的实地盘点或核对，确定其实存数，查明账面数和实存数是否相符的一种专门的会计核算方法。加强财产清查，对于加强单位财产物资的管理、充分发挥会计的监督作用具有重要意义。财产清查按照其清查的范围不同，可分为全面清查和局部清查；按其清查的时间不同，可分为定期清查和不定期清查。财产清查是一项复杂、细致、具有较强技术性的工作，而且涉及面广、工作量也比较大，因此，为了使财产清查有效、顺利地进行，必须进行认真组织，并遵循一定的清查程序。

财产清查的具体方法，根据清查对象的特点确定：库存现金的清查采用实地盘点法；存货、固定资产等实物资产的清查也是采用实地盘点，但要根据实物的不同特点采用不同的方法，如实地盘点法、技术推算法等；银行存款、往来款项的清查则是采用与对方单位核对账目的方法。

财产清查工作结束后，对清查中发现的问题，既要进行管理方面的处理，也要进行账务处理。财产清查结果的账务处理一般分两步进行：首先，根据各种清查报告表编制记账凭证，调整相关财产物资账簿记录，使其账实相符；然后，根据审批意见，结转有关账户。其账务处理主要是通过设置"待处理财产损溢"账户进行的。

项目八　财产清查

阅读资料

永续盘存制和实地盘存制

财产清查的重要环节是盘点财产物资的实有数,为使盘点工作顺利进行,应建立一定的盘存制度。一般来说,财产物资的盘存制度有两种,即永续盘存制和实地盘存制。

一、永续盘存制

永续盘存制亦称账面盘存制。采用这种方法时,平时对各项财产物资的增加数和减少数都要根据会计凭证连续计入有关账簿,并且随时结出账面余额,即

账面期末余额＝账面期初余额＋本期增加额－本期减少额

这种盘存制度要求财产物资的进出都有严密的手续,便于加强会计监督。在有关账簿中对财产物资的进出进行连续登记,且随时结出账面结存数,便于随时掌握财产物资的占用情况及其动态,有利于加强对财产物资的管理。其不足之处在于:账簿中记录的财产物资增加、减少及其结存情况都是根据有关会计凭证登记的,可能发生账实不符的情况。因此,采用永续盘存制,需要对各项财产物资定期进行财产清查,以查明账实是否相符以及不相符的原因。

二、实地盘存制

采用这种方法时,平时只根据会计凭证在账簿中登记财产物资的增加数,不登记减少数,到月末,对各项财产物资进行盘点,根据实地盘点所确定的实存数,倒挤出本月各项财产物资的减少数,再计入有关账簿,即

本期减少额＝账面期初余额＋本期增加额－期末实际结存数

所以每月末,对各项财产物资进行实地盘点的结果,是计算、确定本月财产物资减少数的依据。此制度,工作简单、工作量小,但是各项财产物资的减少数没有明细记录,不利于实施会计监督,倒挤出的各项财产物资的减少数成分复杂,除了正常耗用外,可能还有毁损和丢失,所以非特殊原因,一般情况下不宜采用实地盘存制。

项目九 编制财务报告

项目导入

学生学习情况的好坏可以通过成绩单反映出来,那么,一个企业经营的好坏情况通过什么反映呢?财务报告可以反映企业某一特定日期的财务状况,可以反映企业某一会计期间的盈利或亏损情况等。那么什么是财务报告?如何编制财务报告?本项目将帮助我们认知财务报告,并教我们一些财务报告的编制方法。

学习目标

1. 认知财务报告;
2. 掌握资产负债表的编制方法;
3. 掌握利润表的编制方法;
4. 认知财务报表附注。

任务一 认知财务报告

问题一 什么是财务报告?

财务报告是指企业对外提供的反映企业某一特定日期的财务状况和某一会计期间的经营成果、现金流量等会计信息的文件。财务报告包括财务报表和其他应当在财务报告中披露的相关信息和资料。它是企业根据日常的会计核算资料归集、加工和汇总后而形成的,是企业会计核算的最终成果。

项目九 编制财务报告

在日常的会计核算中，企业通过填制和审核会计凭证，登记会计账簿，把各项经济业务完整、连续、分类地登记在会计账簿中，虽然比会计凭证反映的信息更加条理化、系统化，但就某一会计期间的经济活动的整体而言，其所能提供的仍是分散的、部分的信息，不能通过其内在联系，集中揭示和反映该会计期间经营活动和财务收支的全貌。因此，每个会计期末，必须根据账簿上记录的资料，按照规定的报表格式、内容和编制方法，做进一步的归集、加工和汇总，编制成相应的财务报表，全面、综合地反映企业的财务状况、经营成果和现金流动情况，为有关各方提供全面的信息。

问题二 财务报告的目标是什么？

财务报告的目标是向财务报告使用者提供与企业财务状况、经营成果、现金流量等有关的会计信息，反映企业管理层受托责任的履行情况，有助于财务报告使用者做经济决策。财务报告使用者通常包括投资者、债权人、政府及其有关部门、企业管理人员、职工和社会公众等。

不同的财务报告使用者对财务报告所提供信息的要求各有侧重：投资者（股东）主要关注投资的内在风险和投资报酬；债权人主要关注的是其所提供给企业的资金是否安全，自己的债权能否按期如数收回；政府及相关机构最关注的是国家资源的分配和运用情况，需要了解与经济政策（如税收政策）的制定、国民收入的统计等有关方面的信息；企业管理人员最关注的是企业财务状况的好坏、经营业绩的大小以及现金的流动情况；企业职工最关注的是企业为其所提供的就业机会及其稳定性、劳动报酬高低和职工福利好坏等方面的资料，而上述情况又与企业的资本机构及其盈利能力等情况密切相关；社会公众主要关注企业的兴衰及其发展情况。

问题三 财务报告由哪些部分构成？

财务报告包括财务报表和其他应当在财务报告中披露的相关信息和资料。财务报表是财务报告的主要组成部分，它们分别从不同的角度反映了企业的财务状况、经营成果和现金流量情况。一套完整的财务报表至少应当包括"四表一注"，即资产负债表、利润表、现金流量表、所有者权益（或股东权益）变动表以及附注。资产负债表是反映企业某一特定日期的财务状况的会计报表；利润表是反映企业在一定期间的经营成果的会计报表；现金流量表是反映企业在一定期间的现金及现金等价物流入和流出的会计报表；所有者权益变动表是反映构成所有者权益的各组成部分当期增减变动情况的会计报表；附注是财务报表不可或缺的组成部分，是对资产负债表、利润表、现金流量表和所有者权益变动表等报表中列示项目的文字描述或明细资料以及未能在这些报表中列示项目的说明等。

资产负债表、利润表和现金流量表分别从不同角度反映企业的财务状况、经营成果和现金流量,这三张报表从静态和动态的角度来看,资产负债表反映的是企业一定时点上关于财务状况的静态信息,是一种静态报表;利润表和现金流量表则反映的是企业在一定期间关于经营成果的动态信息,是一种动态报表。这三种报表反映了企业财务和经营状况的核心信息,构成了企业对外报送的三大基本财务报表。

企业现金的流转情况在很大程度上影响着企业的生存和发展,因此,现金流量表越来越受到关注。在企业的中期财务报告中,要求至少报送资产负债表、利润表和现金流量表。现金流量表是指反映企业在一定会计期间现金和现金等价物流入和流出的报表。从编制原则上看,现金流量表按照收付实现制原则编制,将权责发生制下的盈利信息调整为收付实现制下的现金流量信息,便于信息使用者了解企业净利润的质量。从内容上看,现金流量表被划分为经营活动、投资活动和筹资活动三个部分,每类活动又分为各具体项目,这些项目从不同角度反映企业业务活动的现金流入与流出,弥补了资产负债表和利润表提供信息的不足。通过现金流量表,报表使用者能够了解现金流量的影响因素,评价企业的支付能力、偿债能力和周转能力,预测企业未来现金流量,为其决策提供有力依据。

企业财务报告分为年度和中期财务报告。其中,中期财务报告是指以中期为基础编制的财务报告,中期是指短于一个完整的会计年度的报告期间,如半年度、季度和月度。半年度、季度和月度财务报告统称为中期财务报告。

月报要求简明扼要、及时反映;年报要求揭示完整、反映全面;季报和半年报在会计信息的详细程度方面,介于两者之间。

中期财务报告至少应当包括资产负债表、利润表、现金流量表和附注。

根据《企业会计准则第30号——财务报表列报》的规定,财务报表至少应当包括资产负债表、利润表、现金流量表、所有者权益(股东)变动表以及附注。也就是说,在新会计准则体系中,随着对所有者权益关注的提高以及报表附注格式地位的提高,以前一直以资产负债表附表形式出现的所有者权益变动表成为必须与资产负债表、利润表和现金流量表并列披露的第四张财务报表。财务报表由延续多年的三大报表变为四大报表。所有者权益变动表是反映构成所有者权益的各组成部分当期的增减变动情况的报表。其不仅包括所有者权益总量的增减变动,还包括所有者权益增减变动的重要结构性信息,特别是要反映直接计入所有者权益的利得和损失,让报表使用者准确理解所有者权益增减变动的根源。

各期间财务报告编制的时间要求和基本内容是:

(1)月度财务报告。在每月终了时编制,应于月份终了后6日内报出,至少应当包括资产负债表和利润表。会计制度规定需要编制财务报表附注的,从其规定。

(2)季度财务报告。在每季度终了时编制,应于季度终了后的15日内报出,包括的内容与月度财务报告基本相同。

（3）半年度财务报告。在每半年度终了时编制，应于年度中期结束后60天内报出，一般包括基本财务报表、利润分配表等附表以及财务情况说明书。

（4）年度财务报告。在每年度终了时编制，应于年度终了后4个月内对外提供，包括财务报告的全部内容。

另外，我国《小企业会计制度》规定，小企业的年度财务报告包括资产负债表、利润表和财务报表附注，小企业可以根据需要选择是否编制现金流量表。

我国《企业财务会计报告条例》规定，年度结账日为公历年度每年的12月31日；半年度、季度、月度结账日分别为公历年度每半年、每季、每月的最后一天。

问题四　财务报告的编制要求有哪些？

为了使财务报告能够最大限度地满足各方面使用者的需要，实现编制财务报告的基本目的，充分发挥财务报告的作用，企业在编制财务报告时应当根据真实的交易、事项以及按完整、准确的账簿记录等资料，严格遵循国家会计制度规定的编制基础、编制依据、编制原则和编制方法。其编制的财务报告应当真实可靠、相关可比、全面完整、编报及时、便于理解，符合国家统一的会计制度和会计准则的有关规定。其基本要求如下：

（1）真实可靠。财务报表各项目的数据必须建立在真实可靠的基础上，使企业财务报表能够如实地反映企业的财务状况、经营成果和现金流动情况。因此，财务报表必须根据核实无误的账簿及相关资料编制，不得以任何方式弄虚作假。如果财务报表所提供的资料不真实或者可靠性很差，则不仅不能发挥财务报表的应有作用，而且会由于错误的信息，导致财务报表使用者对企业的财务状况、经营成果和现金流动情况做出错误的评价与判断，致使报表使用者做出错误的决策。企业会计准则规定，会计核算应当以实际发生的交易或事项为依据，如实反映企业的财务状况、经营成果和现金流量。

（2）相关可比。企业财务报表所提供的财务会计信息必须与报表使用者的决策需要相关，满足报表使用者的需要，并且财务报表各项目的数据应当口径一致、相互可比，便于报表使用者在不同企业之间及同一企业前后各期之间进行比较。只有提供相关且可比的信息，才能使报表使用者分析企业在整个社会特别是同行业中的地位，了解、判断企业过去、现在的情况，预测企业未来的发展趋势，进而为报表使用者的决策服务。

（3）全面完整。财务报表应当全面地披露企业的财务状况、经营成果和现金流量情况，完整地反映企业财务活动过程和结果，以满足各有关方面对财务会计信息资料的需要。为了保证报表的全面完整，企业在编制财务报表时，应当按照企业会计准则规定的格式和内容填报。特别对某些重要事项，应当按照要求在财务报表附注中进行说明，不得漏报。

（4）编报及时。企业财务报表所提供的信息资料，具有很强的时效性。只有及时编制和报送财务报表，才能为使用者提供决策所需的信息资料。否则，即使财务报表的编制非常真实可靠、全面完整且具有可比性，但由于编报不及时，也可能失去其应有的价值，成为相关性较低甚至不相关的信息。随着市场经济和信息技术的迅速发展，财务报表的及时性要求将变得日益重要。

（5）便于理解。可理解性是指财务报表提供的信息可以为使用者理解。企业对外提供的财务报表是为广大财务报表使用者提供企业过去、现在和未来的有关资料，为企业目前或潜在的投资者和债权人提供决策所需的会计信息，因此，编制的财务报表应当清晰明了，便于理解和利用。如果提供的财务报表晦涩难懂，不可理解，使用者就不能据以做准确判断，所提供的财务报表的作用也会大大减少。当然，财务报表的这一要求是建立在财务报表使用者具有一定的财务报表阅读能力的基础上的。

我国《企业财务会计报告条例》规定，企业对外提供的财务报告应当依次编订页数，加具封面，装订成册，加盖公章。封面上应当注明企业名称、企业统一代码、组织形式、地址、报表所属年度或者月份、报出日期，并由企业负责人和主管会计工作的负责人、会计机构负责人（会计主管人员）签名并盖章；设置总会计师的企业，还应当由总会计师签名并盖章。

问题五　编制财务报告前应做好哪些准备工作？

为确保财务报告的质量，在编制财务报告前，必须做好充分的准备工作。一般来说，编制财务报告前应做的准备工作有：

（1）对账。要保证财务报告真实可靠，就必须确保账簿记录的真实完整。为此，在编制财务报告之前要做好对账工作，主要包括账证核对、账账核对和账实核对，以保证账证相符、账账相符和账实相符。

（2）调账。企业的某些交易或事项，有时会影响到几个会计期间的经营成果，为了正确计算出各期的盈亏，期末，应根据权责发生制的要求对有关账项进行调整，合理确定本期应计的收入和应计的费用，如计提坏账准备、计提固定资产折旧、摊销各项无形资产等。

（3）结账。期末，企业应按照规定的结账日进行结账，结清所有损益类账户，即分别将企业各损益类账户的余额结转到"本年利润"账户，并结算出各资产、负债和所有者权益账户的本期发生额和期末余额。

任务二　掌握资产负债表的编制方法

问题一　什么是资产负债表？

资产负债表是指反映企业在某一特定日期（如月末、季末、年末等）财务状况的报表，是企业经营活动的静态体现。资产负债表是根据"资产＝负债＋所有者权益"这一会计等式，依照一定的分类标准和一定的次序，将某一特定日期的资产、负债和所有者权益的具体项目进行适当分类、汇总、排列后编制而成的。资产负债表是企业基本财务报表之一，是所有独立核算的企业单位都必须对外报送的财务报表。

资产负债表的内容主要反映以下三个方面：

（1）资产。资产负债表中的资产反映由过去交易、事项形成并由企业在某一特定日期所拥有或控制的、预期会给企业带来经济利益的资源。资产分流动资产和非流动资产。

流动资产是指可以在一年（含一年）或者超过一年的一个营业周期内变现或耗用的资产。流动资产项目通常包括：货币资金、以公允价值计量且其变动计入当期损益的金融资产、应收票据、应收账款、预付账款、应收利息、应收股利、其他应收款、存货、持有待售的非流动资产或持有待售的处置组中的资产、一年内到期的非流动资产等。

非流动资产项目通常包括：以摊余成本计量的金融资产、以公允价值计量且其变动计入其他综合收益的金融资产、长期应收款、长期股权投资、投资性房地产、固定资产、在建工程、工程物资、固定资产清理、生产性生物资产、无形资产、开发支出、商誉、长期待摊费用、递延所得税资产及其他非流动资产等。

（2）负债。资产负债表中的负债反映企业在某一特定日期企业所承担的、预期会导致经济利益流出企业的现时义务。负债一般分为流动负债和长期负债。

流动负债是指将在一年（含一年）或超过一年的一个营业周期内偿还的债务。流动负债项目包括：短期借款、以公允价值计量且其变动计入当期损益的金额负债、应付票据、应付账款、预收账款、应付职工薪酬、应交税费、应付利息、应付股利、其他应付款、持有待售的处置组中的负债、一年内到期的非流动负债等。

长期负债是指偿还期在一年或者超过一年的一个营业周期以上的负债。长期负债项目包括：长期借款、应付债券、长期应付款、专项应付款、预计负债、递延收益、递延所得税负债和其他非流动负债等。

（3）所有者权益。在股份有限公司，所有者权益也称为股东权益。资产负债表中的所有者权益反映企业在某一特定日期股东（投资者）拥有的净资产的总额，它一般按照实收资本（或股本）、资本公积、其他综合收益、盈余公积和未分配利润分项列示。

问题二　编制资产负债表有何意义？

资产负债表可以反映企业资产、负债和所有者权益的全貌。

资产负债表可以反映企业资产的构成及其状况，从而有利于分析企业在某一日期所拥有的经济资源及其分布情况；可以反映企业某一日期的负债总额及其结构，从而有利于分析企业目前与未来需要支付的债务数额；可以反映企业所有者权益的情况，从而有利于了解企业现有的投资者在企业资产总额中所占的份额。资产负债表可以反映企业在某一特定日期所拥有或控制的经济资源，所承担的义务和所有者对净资产的要求权，帮助财务报表使用者全面了解企业的财务状况、分析企业的偿债能力等情况，从而为其做出经济决策提供依据。例如，通过资产负债表可以计算流动比率、速动比率，了解企业的短期偿债能力；又如，通过资产负债表可以计算资产负债率，了解企业偿付到期长期债务的能力。

问题三　资产负债表的结构如何？

资产负债表由表头、表身和表尾等部分组成。表头部分应列明报表名称、编制单位名称、编制日期和金额计量单位；表身部分反映资产、负债和所有者权益的内容；表尾部分为补充说明。其中，表身部分是资产负债表的主体和核心。

资产负债表的格式主要有账户式和报告式两种。我国企业的资产负债表采用账户式结构，其基本格式如表9-1所示。

表9-1　资产负债表

会企01表
单位：元

编制单位：　　　　　　　　　　　　　年　月　日

资产	期末余额	年初余额	负债和所有者权益（或股东权益）	期末余额	年初余额
流动资产：			流动负债：		
货币资金			短期借款		
以公允价值计量且其变动计入当期损益的金融资产			以公允价值计量且其变动计入当期损益的金融负债		
应收票据			应付票据		
应收账款			应付账款		
预付款项			预收款项		
应收利息			应付职工薪酬		

续表

资产	期末余额	年初余额	负债和所有者权益（或股东权益）	期末余额	年初余额
应收股利			应交税费		
其他应收款			应付利息		
存货			应付股利		
持有待售的非流动资产或持有待售的处置组中的资产			其他应付款		
一年内到期的非流动资产			持有待售的处置组中的负债		
其他流动资产			一年内到期的非流动负债		
流动资产合计			其他流动负债		
非流动资产：			流动负债合计		
以摊余成本计量的金融资产			非流动负债：		
以公允价值计量且其变动计入其他综合收益的金融资产			长期借款		
长期应收款			应付债券		
长期股权投资			长期应付款		
投资性房地产			专项应付款		
固定资产			预计负债		
在建工程			递延收益		
工程物资			递延所得税负债		
固定资产清理			其他非流动负债		
生产性生物资产			非流动负债合计		
油气资产			负债合计		
无形资产			所有者权益（或股东权益）：		
开发支出			实收资本（或股本）		
商誉			资本公积		
长期待摊费用			减：库存股		
递延所得税资产			其他综合收益		
其他非流动资产			盈余公积		
非流动资产合计			未分配利润		
			所有者权益（或股东权益）合计		
资产总计			负债和所有者权益（或股东权益）总计		

单位负责人： 　　　　财务负责人： 　　　　复核： 　　　　制表：

注：以人民币以外的货币作为记账本位币的企业，可以在"所有者权益（或股东权益）合计"项目前增设"外币报表折算差额"项目。

账户式资产负债表分左、右两方，左方为资产项目，按资产的流动性大小排列：流动性大的资产（如"货币资金""以公允价值计量且其变动计入当期损益的金融资产"等）排在前面，流动性小的资产（如"长期股权投资""固定资产""无形资产"等）排在后面；右方为负债及所有者权益项目，一般按求偿权先后顺序排列："短期借款""应付票据""应付职工薪酬"等需要在一年以内或者长于一年的一个营业周期内偿还的流动负债排在前面，"长期借款""应付债券"等在一年以上或者长于一年的一个营业周期以上才需偿还的长期负债排在中间，在企业清算之前不需要偿还的所有者权益项目排在后面。

账户式资产负债表中的资产各项目的合计等于负债和所有者权益各项目的合计，即资产负债表左方和右方平衡。因此，通过账户式资产负债表，可以反映资产、负债、所有者权益之间的内在关系，即"资产＝负债＋所有者权益"。

问题四 如何编制资产负债表？

（一）资产负债表项目的填列方法

资产负债表的各项目均需填列"年初余额"和"期末余额"两栏。

资产负债表的"年初余额"栏内各项数字，应根据上年年末资产负债表的"期末余额"栏内所列数字填列。如果本年度资产负债表规定的各项目的名称和内容与上年不一致，则应对上年年末资产负债表各项目的名称和数字按照本年度的规定进行调整，填入本年资产负债表的"年初余额"栏。

资产负债表的"期末余额"栏则根据财务报表编报时间，可为月末、季末或年末的数字。"期末余额"主要是通过对本会计期间的会计核算记录的数据加以归集、整理而成，其填列方法有以下几种：

1. 根据总账科目余额填列

资产负债表中，有些项目，可直接根据有关总账科目的期末余额填列。例如，"以公允价值计量且其变动计入当期损益的金融资产""工程物资""固定资产清理""短期借款""应付票据""资本公积"等项目，根据"以公允价值计量且其变动计入当期损益的金融资产""工程物资""固定资产清理""短期借款""应付票据""资本公积"各总账科目的期末余额直接填列；有些项目，则需根据几个总账科目的期末余额计算填列。例如，"货币资金"项目，需根据"库存现金""银行存款""其他货币资金"三个总账科目的期末余额的合计数填列；"未分配利润"项目，则需根据"本年利润"和"利润分配"两个总账科目的期末余额的合计数填列等。

2. 根据明细账科目余额计算填列

资产负债表中，有些项目不能根据总账科目的期末余额或几个总账科目的期末余额计算填列，需要根据有关科目所属的相关明细账科目的期末余额来计算填列。如"应收账款"项目，需要根据"应收账款"和"预收账款"两个科目分别所属的相关明细科目的期末借方余额减去与"应收账款"有关的坏账准备贷方余额计算填列；"预收账款"项目，则需要根据"应收账款"和"预收账款"两个科目分别所属的相关明细科目的期末贷方余额计算填列。

"预付账款"项目，需要根据"应付账款"和"预付账款"两个科目所属的相关明细科目的期末借方余额减去与"预付账款"有关的坏账准备贷方余额计算填列；"应付账款"项目，则需要根据"应付账款"和"预付账款"两个科目分别所属的相关明细科目的期末贷方余额计算填列。"开发支出"项目，需要根据"研发支出"科目中所属的"资本化支出"明细科目期末余额计算填列；"一年内到期的非流动资产"和"一年内到期的非流动负债"项目，需要根据有关非流动资产和非流动负债项目的明细科目余额计算填列。

【例9-1】 某企业2017年12月31日结账后有关账户的期末余额如表9-2所示。

表9-2 有关账户余额

账户名称	总账科目余额/元		明细账科目余额/元	
	借方	贷方	借方	贷方
应收账款	400000			
—A公司			500000	
—B公司				100000
预收账款		1490000		
—甲公司			110000	
—乙公司				1600000

该企业2017年12月31日资产负债表中，

"应收账款"项目应填列的金额为：500000＋110000＝610000（元）；

"预收账款"项目应填列的金额为：100000＋1600000＝1700000（元）。

3. 根据总账科目和明细账科目余额分析计算填列

资产负债表的许多项目，不能根据有关总账科目的期末余额直接或计算填列，也不能根据有关科目所属相关明细科目的期末余额计算填列，需要依据总账科目和明细分类科目两者的余额分析计算填列。如"长期借款"项目，需要根据"长期借款"总账科目余额扣除"长期借款"科目所属的明细科目中将在一年内到期的长期借款部分后，分析计算填列。"其他非流动资产"项目，应根据有关科目的期末余额减去将于一年内（含一年）收回数后的金额计算填列；"其他非流动负债"项目，应根据有关科目的期末余额减去将于一年内（含一年）到期偿还数后的金额计算填列。

【例9-2】 某企业2017年12月31日结账后长期借款明细情况如表9-3所示。

表9-3 长期借款明细情况

借款起始日期	借款期限/年	金额/元
2017年7月1日	2	250000
2016年1月16日	3	300000
2015年4月1日	3	400000
合　计	—	950000

该企业2017年12月31日资产负债表中，"长期借款"项目应填列的金额为：950000－400000＝550000（元）；2015年4月1日借款400000元，因于2018年3月31日到期，应填列在"一年内到期的非流动负债"项目中。

4. 根据科目余额减去其备抵项目后的净额填列

如资产负债表中的"长期股权投资"项目，应根据"长期股权投资"科目的期末余额，减去"长期股权投资减值准备"科目的期末余额后以净额填列；"固定资产"项目，应根据"固定资产"科目的期末余额减去"累计折旧""固定资产减值准备"科目期末余额后的净额填列；又如，"无形资产"项目，根据"无形资产"科目的期末余额，减去"累计摊销"和"无形资产减值准备"科目余额后的净额填列。我国企业会计准则规定，需要计提的资产减值准备包括坏账准备、存货跌价准备、长期股权投资减值准备、固定资产减值准备、无形资产减值准备、在建工程减值准备、投资性房地产减值准备、商誉减值准备、生产性生物资产减值准备等。

5. 综合运用上述方法分析填列

如资产负债表中的"存货"项目，需要根据"原材料""库存商品""委托加工物资""周转材料""材料采购""在途物资""发出商品""材料成本差异"等总账科目期末余额的分析汇总数，减去"存货跌价准备"科目余额后的净额填列。

（二）资产负债表各项目的填列说明

根据企业会计准则及其讲解，资产负债表中主要项目的填列说明如下：

1. 资产项目的填列说明

（1）"货币资金"项目反映企业库存现金、银行结算户存款、外埠存款、银行汇票存款、银行本票存款、信用卡存款、信用证保证金存款等的合计数。本项目应根据"库存现金""银行存款""其他货币资金"科目期末余额的合计数填列。

【例9-3】 2017年12月31日，甲公司"库存现金"科目余额为0.1万元，"银行存款"科目余额为100.9万元，"其他货币资金"科目余额为99万元，则2017年12月31日，甲公司资产负债表中"货币资金"项目"期末余额"的列报金额＝0.1＋100.9＋99＝200（万元）。

（2）"以公允价值计量且其变动计入当期损益的金融资产"项目反映企业持有的以公允价值计量且其变动计入当期损益为交易目的所持有的债券投资、股票投资、基金投资、权证投资等金融资产。本项目应当根据"交易性金融资产"科目和在初始确认时指定为以公允价值计量且其变动计入"当期损益的金融资产"科目的期末余额填列。

（3）"应收票据"项目反映企业因销售商品、提供劳务等而收到的商业汇票，包括银行承兑汇票和商业承兑汇票。本项目应根据"应收票据"科目的期末余额，减去"坏账准备"科目中有关应收票据计提的坏账准备期末余额后的净额填列。

【例9-4】 2017年12月31日，甲公司"应收票据"科目的余额如下所示：银行承兑汇票余额为700万元，不存在商业承兑汇票；"坏账准备"科目中有关应收票据计提的坏账准备余额为35万元,则2017年12月31日,甲公司资产负债表中"应收票据"项目"期末余额"的列报金额＝700－35＝665(万元)。

(4)"应收账款"项目反映企业因销售商品、提供劳务等经营活动应收取的款项。本项目应根据"应收账款"和"预收账款"科目所属各明细科目的期末借方余额合计数,减去"坏账准备"科目中有关应收账款计提的坏账准备期末贷方余额后的净额填列。如"应收账款"科目所属明细科目期末有贷方余额的,应在资产负债表"预收款项"项目内填列。

【例9-5】 2017年12月31日,甲公司"应收账款"科目借方余额为400万元,其中,"应收A公司账款"明细科目借方余额为350万元,"应收B公司账款"明细科目借方余额为50万元;"预收账款"科目贷方余额为300万元,其中,"预收C工厂账款"明细科目贷方余额为500万元,"预收D工厂账款"明细科目借方余额为200万元;与应收账款有关的"坏账准备"明细科目贷方余额为10万元。

甲公司期末资产负债表中"应收账款"项目应根据"应收账款"和"预收账款"科目所属明细科目的期末借方余额合计数,减去"坏账准备"科目中有关应收账款计提的坏账准备期末余额后的净额填列,即2017年12月31日,甲公司资产负债表中"应收账款"项目"期末余额"的列报金额＝(350＋50)＋200－10＝590(万元)。

(5)"预付款项"项目反映企业按照购货合同规定预付给供应单位的款项等。本项目应根据"预付账款"和"应付账款"科目所属各明细科目的期末借方余额合计数,减去"坏账准备"科目中有关预付款项计提的坏账准备期末余额后的净额填列。如"预付账款"科目所属各明细科目期末有贷方余额的,应在资产负债表"应付账款"项目内填列。

(6)"应收利息"项目反映企业应收取的债券投资等的利息。本项目应根据"应收利息"科目的期末余额,减去"坏账准备"科目中有关应收利息计提的坏账准备期末余额后的净额填列。

(7)"应收股利"项目反映企业应收取的现金股利和应收取其他单位分配的利润。本项目应根据"应收股利"科目的期末余额,减去"坏账准备"科目中有关应收股利计提的坏账准备期末余额后的净额填列。

(8)"其他应收款"项目反映企业除应收票据、应收账款、预付账款、应收股利、应收利息等经营活动以外的其他各种应收、暂付的款项。本项目应根据"其他应收款"科目的期末余额,减去"坏账准备"科目中有关其他应收款计提的坏账准备期末余额后的净额填列。

(9)"存货"项目反映企业期末在库、在途和在加工中的各种存货的可变现净值。本项目应根据"在途物资"(或"材料采购")"原材料""低值易耗品""库存商品""周转材料""委托加工物资""委托代销商品""生产成本""受托代销商品"等科目的期末余额合计数,减去"委托代销商品款""存货跌价准备"科目期末余额后的净额填列。材料采用计划成本核算以及库存商品采用计划成本核算或售价核算的企业,还应按加减材料成本差异、商品进销差价后的净额填列。

【例9-6】 2017年12月31日，甲公司有关科目余额如下："工程物资"科目的借方余额为90万元，"发出商品"科目借方余额为800万元，"生产成本"科目借方余额为300万元，"原材料"科目借方余额为100万元，"委托加工物资"科目借方余额为200万元，"材料成本差异"科目的贷方余额为25万元，"存货跌价准备"科目贷方余额为100万元，"受托代销商品"科目借方余额为400万元，"受托代销商品款"科目贷方余额为400万元，则2017年12月31日，甲公司资产负债表中"存货"项目"期末余额"的列报金额＝800＋300＋100＋200－25－100＋400－400＝1275（万元）。

（10）"持有待售的非流动资产或持有待售的处置组中的资产"项目反映企业主要通过出售（包括具有商业实质的非货币性资产交换）而非持续使用收回其账面价值的一项非流动资产或处置组。企业应当在资产负债表中区别于其他资产单独列示持有待售的非流动资产或持有待售的处置组中的资产。

【例9-7】 甲公司计划出售一项固定资产，该固定资产于2017年12月31日被划分为持有待售固定资产，其账面价值为315万元，从划归为持有待售的下个月起停止计提折旧，不考虑其他因素，则2017年12月31日，甲公司资产负债表中"持有待售的非流动资产或持有待售的处置组中的资产"项目"期末余额"的列报金额为315万元。

（11）"一年内到期的非流动资产"项目反映企业将于一年内到期的非流动资产项目金额。本项目应根据有关科目所属明细科目的期末余额分析填列。

（12）"以摊余成本计量的金融资产"项目反映企业持有的以摊余成本计量的金融资产。本项目应根据有关科目的期末余额分析填列。

（13）"以公允价值计量且其变动计入其他综合收益的金融资产"项目，反映企业持有的以公允价值计量且其变动计入其他综合收益的金融资产。本项目应根据有关科目的期末余额分析填列。

（14）"长期应收款"项目反映企业融资租赁产生的应收款项和采用递延方式分期收款、实质上具有融资性质的销售商品和提供劳务等经营活动产生的应收款项。本项目应根据"长期应收款"科目的期末余额，减去相应的"未实现融资收益"科目和"坏账准备"科目所属相关明细科目期末余额后的净额填列。

（15）"长期股权投资"项目反映投资方对被投资单位实施控制、有重大影响的权益性投资，以及对其合营企业的权益性投资。本项目应根据"长期股权投资"科目的期末余额，减去"长期股权投资减值准备"科目的期末余额后的净额填列。

（16）"投资性房地产"项目反映为赚取租金或资本增值或两者兼有而持有的房地产，主要包括已出租的土地使用权、持有并准备增值后转让的土地使用权和已出租的建筑物。本项目应根据"投资性房地产"科目的期末余额，减去"投资性房地产累计折旧（摊销）"和"投资性房地产减值准备"科目期末余额后的净额填列。

（17）"固定资产"项目反映企业各种固定资产原价减去累计折旧和减值准备后的净值。本项目应根据"固定资产"科目的期末余额，减去"累计折旧"和"固定资产减值准备"科目期末余额后的净额填列。

【例9-8】 2017年12月31日，甲公司"固定资产"科目借方余额为5000万元，"累计折旧"科目贷方余额为2000万元，"固定资产减值准备"科目贷方余额为1000万元，则2017年12月31日，甲公司资产负债表中"固定资产"项目"期末余额"的列报金额＝5000－2000－1000＝2000（万元）。

（18）"在建工程"项目反映企业期末各项未完工程的实际支出，包括交付安装的设备价值、未完建筑安装工程已经耗用的材料、工资和费用支出等项目的可收回金额。本项目应根据"在建工程"科目的期末余额，减去"在建工程减值准备"科目期末余额后的净额填列。

（19）"工程物资"项目反映企业尚未使用的各项工程物资的实际成本。本项目应根据"工程物资"科目的期末余额填列。

（20）"固定资产清理"项目反映企业因出售、毁损、报废等原因转入清理但尚未清理完毕的固定资产的净值，以及固定资产清理过程中所发生的清理费用和变价收入等各项金额的差额。本项目应根据"固定资产清理"科目的期末借方余额填列，如"固定资产清理"科目期末为贷方余额，以"－"号填列。

（21）"无形资产"项目反映企业持有的专利权、非专利技术、商标权、著作权、土地使用权等无形资产的成本减去累计摊销和减值准备后的净值。本项目应根据"无形资产"的期末余额，减去"累计摊销"和"无形资产减值准备"科目期末余额后的净额填列。

【例9-9】 2017年12月31日，甲公司"无形资产"科目借方余额为800万元，"累计摊销"科目贷方余额为200万元，"无形资产减值准备"科目贷方余额为100万元，则2017年12月31日，甲公司资产负债表中"无形资产"项目"期末余额"的列报金额＝800－200－100＝500（万元）。

（22）"开发支出"项目反映企业开发无形资产过程中能够资本化形成无形资产成本的支出部分。本项目应当根据"研发支出"科目中所属的"资本化支出"明细科目期末余额填列。

（23）"长期待摊费用"项目反映企业已经发生但应由本期和以后各期负担的分摊期限在一年以上的各项费用。长期待摊费用中在一年内（含一年）摊销的部分，在资产负债表"一年内到期的非流动资产"项目填列。本项目应根据"长期待摊费用"科目的期末余额减去将于一年内（含一年）摊销的数额后的金额分析填列。

（24）"递延所得税资产"项目反映企业根据所得税准则确认的可抵扣暂时性差异产生的所得税资产，本项目应根据"递延所得税资产"科目的期末余额填列。

（25）"其他非流动资产"项目反映企业除上述非流动资产以外的其他非流动资产。

本项目应根据有关科目的期末余额填列。

2. 负债项目的填列说明

（1）"短期借款"项目反映企业向银行或其他金融机构等借入的期限在一年以下（含一年）的各种借款。本项目应根据"短期借款"科目的期末余额填列。

【例9-10】 2017年12月31日，甲公司"短期借款"科目的余额如下所示：银行质押借款10万元，信用借款40万元，则2017年12月31日，甲公司资产负债表中"短期借款"项目"期末余额"的列报金额＝10＋40＝50（万元）。

（2）"以公允价值计量且其变动计入当期损益的金融负债"项目反映企业持有的以公允价值计量且其变动计入当期损益的以交易为目的所发行的金融负债。本项目应当根据"交易性金融负债"科目和在初始确认时指定为以公允价值计量且其变动计入当期损益的金融负债科目的期末余额填列。

（3）"应付票据"项目反映企业因购买材料、商品和接受劳务供应等而开出、承兑的商业汇票，包括银行承兑汇票和商业承兑汇票。本项目应根据"应付票据"科目的期末余额填列。

【例9-11】 2017年12月31日，甲公司"应付票据"科目的余额如下所示：存在30万元的银行承兑汇票，5万元的商业承兑汇票，则2017年12月31日，甲公司资产负债表中"应付票据"项目"期末余额"的列报金额＝30＋5＝35（万元）。

（4）"应付账款"项目反映企业因购买材料、商品和接受劳务供应等经营活动应支付的款项。本项目应根据"应付账款"和"预付账款"科目所属各明细科目的期末贷方余额合计数填列。如"应付账款"科目所属各明细科目的期末为借方余额的，应在资产负债表"预付款项"项目内填列。

（5）"预收款项"项目反映企业按照购货合同规定预付给供应单位的款项。本项目应根据"预收账款"和"应收账款"科目所属各明细科目的期末贷方余额合计数填列。如"预收账款"科目所属各明细科目期末为借方余额的，应在资产负债表"应收账款"项目内填列。

（6）"应付职工薪酬"项目反映企业为获得职工提供的服务或解除劳动关系而给予的各种形式的报酬或补偿。企业提供给职工配偶、子女、受赡养人、已故员工遗属及其他受益人等的福利，也属于职工薪酬。职工薪酬主要包括短期薪酬、离职后福利、辞退福利和其他长期职工福利。本项目应根据"应付职工薪酬"科目所属各明细科目的期末贷方余额分析填列。外商投资企业按规定从净利润中提取的职工奖励及福利基金，也在本项目列示。

【例9-12】 2017年12月31日，甲公司"应付职工薪酬"科目显示，所欠的薪酬项目包括工资、奖金、津贴和补贴70万元；社会保险费（含医疗保险、工伤保险、生育保险）5万元；设定提存计划（含基本养老保险费）2.5万元；住房公积金2万元；工会经费和职工教育经费0.5万元,则2017年12月31日,甲公司资产负债表中"应付职工薪酬"项目"期末余额"的列报金额＝70＋5＋2.5＋2＋0.5＝80(万元)。

(7)"应交税费"项目反映企业按照税法规定计算应交的各种税费,包括增值税、消费税、城市维护建设税、教育费附加、企业所得税、资源税、土地增值税、房产税、城镇土地使用税、车船税、矿产资源补偿费等。企业代扣代交的个人所得税,也通过本项目列示。企业所交纳的税金不需要预计应交数的,如印花税、耕地占用税等,不在本项目列示。本项目应根据"应交税费"科目的期末贷方余额填列,如"应交税费"科目期末为借方余额,应以"－"号填列。

(8)"应付利息"项目反映企业按照规定应当支付的利息,包括分期付息到期还本的长期借款应支付的利息、企业发行的企业债券应支付的利息等。本项目应根据"应付利息"科目的期末余额填列。

(9)"应付股利"项目反映企业应付未付的现金股利或利润。企业分配的股票股利,不通过本项目列示。本项目应根据"应付股利"科目的期末余额填列。

(10)"其他应付款"项目反映企业除应付票据、应付账款、预收账款、应付职工薪酬、应交税费、应付利息、应付股利等经营活动以外的其他各项应付、暂收的款项。本项目应根据"其他应付款"科目的期末余额填列。

(11)"一年的到期的非流动负债"项目反映企业非流动负债中将于资产负债表日后一年内到期部分的金额,如将于一年内偿还的长期借款。本项目应根据有关科目的期末余额分析填列。

(12)"长期借款"项目反映企业向银行或其他金融机构借入的期限在一年以上(不含一年)的各项借款。本项目应根据"长期借款"科目的期末余额扣除"长期借款"科目所属的明细科目中将在资产负债表日起一年内到期且企业不能自主地将清偿义务展期的长期借款后的金额计算填列。

【例9-13】 2017年12月31日,甲公司"长期借款"科目余额为155万元,其中的乙银行借入的5万元借款将于一年内到期,甲公司不具有自主展期清偿的权利,则甲公司2017年12月31日资产负债表中"长期借款"项目"期末余额"的列报金额＝155－5＝150(万元),"一年内到期的非流动负债"项目"期末余额"的列报金额为5万元。

(13)"应付债券"项目反映企业为筹集长期资金而发行的债券本金(和利息)。本项目应根据"应付债券"科目的期末余额填列。

(14)"长期应付款"项目反映除了长期借款和应付债券以外的其他各种长期应付款。主要有应付补偿贸易引进设备款、采用分期付款方式购入固定资产和无形资产发生的应付账款、应付融资租入固定资产租赁费等。该项目应当根据"长期应付款"科目的期末余额,减去"未确认融资费用"科目的期末余额,再减去所属相关明细科目中将于一年内到期的部分后的金额进行填列。

（15）"专项应付款"项目反映企业接受国家作为企业所有者拨入的具有专门用途的款项所形成的不需要以资产或增加其他负债偿还的负债，是企业接受国家拨入的具有专门用途的拨款。本项目应根据"专项应付款"科目的期末余额填列。

（16）"预计负债"项目反映企业根据或有事项等相关准则确认的各项预计负债，包括对外提供担保、未决诉讼、产品质量保证、重组义务以及固定资产和矿区权益弃置义务等产生的预计负债。本项目应根据"预计负债"科目的期末余额填列。

（17）"递延收益"项目反映尚待确认的收入或收益。本项目核算包括企业根据政府补助准则确认的应在以后期间计入当期损益的政府补助金额、售后租回形成融资租赁的售价与资产账面价值差额等其他递延性收入。本项目应根据"递延收益"科目的期末余额填列。

（18）"递延所得税负债"项目反映企业根据所得税准则确认的应纳税暂时性差异产生的所得税负债。本项目应根据"递延所得税负债"科目的期末余额填列。

（19）"其他非流动负债"项目反映企业除上述非流动负债以外的其他非流动负债。本项目应根据有关科目的期末余额填列。其他非流动负债项目应根据有关科目期末余额减去将于一年内（含一年）到期偿还数后的余额分析填列。非流动负债各项目中将于一年内（含一年）到期的非流动负债，应在"一年内到期的非流动负债"项目内反映。

3. 所有者权益项目的填列说明

（1）"实收资本（或股本）"项目反映企业各投资者实际投入的资本（或股本）总额。本项目应根据"实收资本（或股本）"科目的期末余额填列。

【例9-14】甲公司是由A公司于2000年3月1日注册成立的有限责任公司，注册资本为人民币5000万元，A公司以货币资金人民币5000万元出资，占注册资本的100%，持有甲公司100%的权益。上述实收资本已于2000年3月1日经相关会计师事务所出具的验资报告验证。该资本投入自2000年以来至2017年年末从未发生过变动，则2017年12月31日，甲公司资产负债表中"实收资本"项目"期末余额"的列报金额为5000万元。

（2）"资本公积"项目反映企业收到投资者出资的超出其在注册资本或股本中所占的份额以及直接计入所有者权益的利得和损失等。本项目应根据"资本公积"科目的期末余额填列。

（3）"其他综合收益"项目反映企业其他综合收益的期末余额。本项目应根据"其他综合收益"科目的期末余额填列。

（4）"盈余公积"项目反映企业盈余公积的期末余额。本项目应根据"盈余公积"科目的期末余额填列。

（5）"未分配利润"项目反映企业尚未分配的利润。未分配的利润是指企业实现的净利润经过弥补亏损、提取盈余公积和向投资者分配利润后留存在企业的、历年结存的利润。本项目应根据"本年利润"科目和"利润分配"科目的余额计算填列。未弥补的亏损在本项目内以"－"号填列。

【例9-15】 中海公司有关资料如下：

1. 余额试算平衡表

2017年4月的余额试算平衡表如表9-4所示。

表9-4 余额试算平衡表

2017年4月30日

会计科目	期末余额	
	借方	贷方
库存现金	740	
银行存款	168300	
应收账款	85460	
坏账准备		6500
原材料	66500	
库存商品	101200	
存货跌价准备		1200
固定资产	468900	
累计折旧		3350
固定资产清理		5600
长期待摊费用	14500	
应付账款		93000
预收账款		10000
长期借款		250000
实收资本		500000
盈余公积		4500
利润分配		19300
本年利润		12150
合计	905600	905600

2. 补充资料

（1）应收账款有关明细账期末余额情况为：

　　应收账款——长城公司　借方余额　　　　　　　98000

　　应收账款——海天公司　贷方余额　　　　　　　12540

（2）长期待摊费用中包含将于一年内摊销的金额8000元。

（3）应付账款有关明细账期末余额情况为：

　　应付账款——白云公司　借方余额　　　　　　　5000

　　应付账款——文创公司　贷方余额　　　　　　　98000

（4）预收账款有关明细账期末余额情况为：

预收账款——方元公司　借方余额　　　　　　　　　　　　　　2000

预收账款——华裕公司　贷方余额　　　　　　　　　　　　　　12000

（5）长期借款期末余额中将于一年内到期归还的长期借款数为100000元。

要求：请代中海公司编制2017年4月30日资产负债表（期初数略）。

解析：中海公司2017年4月30日资产负债表（简表）如表9-5所示。

表9-5　资产负债表（简表）

编制单位：中海公司　　　　2017年4月30日　　　　　　　　　　　单位：元

资产	期末余额	年初余额	负债和所有者权益	期末余额	年初余额
流动资产：		（略）	流动负债：		（略）
货币资金	169040		应付账款	98000	
应收账款	93500		预收账款	24540	
预付账款	5000		一年内到期的非流动负债	100000	
存货	166500		流动负债合计	222540	
一年内到期的非流动资产	8000		非流动负债：		
流动资产合计	442040		长期借款	150000	
非流动资产：			非流动负债合计	150000	
固定资产	465550		负债合计	372540	
固定资产清理	−5600		所有者权益：		
长期待摊费用	6500		实收资本	500000	
			盈余公积	4500	
			未分配利润	31450	
非流动资产合计	466450		所有者权益合计	535950	
资产总计	908490		负债与所有者权益合计	908490	

任务三　掌握利润表的编制方法

问题一　什么是利润表？

利润表又称损益表，是反映企业在一定会计期间经营成果的财务报表。利润表是根据会计核算的配比原则，把一定时期内的收入与其相对应的成本费用配比，以"收入－费用＝利润"这一会计等式为依据，计算出企业一定时期的各项利润指标。由于利润既是企业经营业绩的综合体现，又是企业进行利润分配的主要依据，因此利润表也是企业基本财务报表之一，是所有独立核算的企业单位都必须对外报送的财务报表。

利润表包括的项目主要有营业收入、营业成本、税金及附加、销售费用、管理费用、财务费用、资产减值损失、公允价值变动收益、投资收益、其他收益、营业利润、营业外收入、营业外支出、利润总额、所得税费用、净利润、其他综合收益的税后净额、综合收益总额、每股收益等。

问题二　编制利润表有何意义？

通过利润表可以从总体上了解企业收入、成本和费用及净利润（或亏损）的实现及构成情况，帮助财务报告使用者全面了解企业的经营成果；通过利润表提供的不同时期的比较数字（本月数、本年累计数、上年数），可以分析企业的获利能力及利润的未来发展趋势，从而为其做出经济决策提供依据；通过利润表可以了解投资者投入资本的保值增值情况。

问题三　利润表的结构如何？

利润表由表头、表身和表尾等部分组成。表头部分应列明报表名称、编制单位名称、编制期间和金额计量单位；表身部分反映利润的构成内容；表尾部分为补充说明。其中，表身部分为利润表的主体和核心。

利润表的格式主要有多步式利润表和单步式利润表两种。按照我国企业会计准则的规定，我国企业的利润表采用多步式。

我国企业利润表的主要编制步骤和内容如下：

第一步，以营业收入为基础，减去营业成本、税金及附加、销售费用、管理费用、财务费用、资产减值损失，加上公允价值变动收益（减去公允价值变动损失）、投资收益（减去投资损失）和其他收益，计算出营业利润。

第二步，以营业利润为基础，加上营业外收入，减去营业外支出，计算出利润总额。

第三步，以利润总额为基础，减去所得税费用，计算出净利润（或净亏损）。

第四步，以净利润（或净亏损）为基础，计算出每股收益。

第五步，以净利润（或净亏损）和其他综合收益的税后净额为基础，计算出综合收益总额。

也可以用公式表示如下：

营业利润＝营业收入－营业成本－税金及附加－销售费用－管理费用－财务费用－
　　　　　资产减值损失＋公允价值变动收益＋投资收益＋其他收益

其中，

$$营业收入＝主营业务收入＋其他业务收入$$
$$营业成本＝主营业务成本＋其他业务成本$$
$$利润总额＝营业利润＋营业外收入－营业外支出$$
$$净利润＝利润总额－所得税费用$$
$$综合收益总额＝净利润＋其他综合收益的税后净额$$

因此，多步式利润表反映出了构成营业利润、利润总额、净利润、其他综合收益的税后净额、综合收益总额等各项要素的情况，有助于使用者从不同利润类别中了解企业经营成果的不同来源。

为了使财务报表使用者通过比较不同期间利润的实现情况，判断企业经营成果的未来发展趋势，企业需要提供比较利润表。为此，利润表还需就各项目再分为"本期金额"和"上期金额"两栏分布填列。一般地，我国企业利润表的格式如表9-6所示。

表9-6 利润表

会企02表

编制单位：　　　　　　　　　　　___年___月　　　　　　　　　　　单位：元

项目	本期金额	上期金额
一、营业收入		
减：营业成本		
税金及附加		
销售费用		
管理费用		
财务费用		
资产减值损失		
加：公允价值变动收益（损失"—"号填列）		
投资收益（损失以"—"号填列）		
其中：对联营企业和合营企业的投资收益		
其他收益		
二、营业利润（亏损以"—"号填列）		
加：营业外收入		
其中：非流动资产处置利得		
减：营业外支出		
其中：非流动资产处置损失		
三、利润总额（亏损总额以"—"号填列）		

续表

项目	本期金额	上期金额
减：所得税费用		
四、净利润（净亏损以"—"号填列）		
五、其他综合收益的税后净额		
〜〜〜〜〜〜〜〜〜〜〜〜〜〜〜〜		
六、综合收益总额		
七、每股收益		
（一）基本每股收益		
（二）稀释每股收益		

单位负责人：　　　　　　财务负责人：　　　　　　复核：　　　　　　制表：

注：在发生同一控制下吸收合并的当期利润表中，应在"净利润"项目下增设"被合并方在合并前实现的净利润"项目。

问题四　如何编制利润表？

（一）利润表项目的填列方法

利润表各项目均需填列"本期金额"和"上期金额"两栏。其中"上期金额"栏内各项数字，应根据上年该期利润表的"本期金额"栏内所列数字填列。"本期金额"栏内各期数字，除"基本每股收益"和"稀释每股收益"项目外，应当按照相关科目的发生额分析填列。如"营业收入"项目，根据"主营业务收入"和"其他业务收入"科目的发生额分析计算填列；"营业成本"项目，根据"主营业务成本"和"其他业务成本"科目的发生额分析计算填列。

（二）利润表项目的填列说明

（1）"营业收入"项目反映企业经营主要业务和其他业务所确认的收入总额。本项目应根据"主营业务收入"和"其他业务收入"科目的发生额分析填列。

【例9-16】　乙公司为热电企业，其经营范围包括电、热的生产和销信；发电、输变电工程的技术咨询；电力设备及相关产品的采购、开发、生产和销售等。乙公司2017年度"主营业务收入"科目发生额明细如下所示：电力销售收入合计8000万元，热力销售收入合计1400万元；"其他业务收入"科目发生额合计600万元，则乙公司2017年年度利润表中"营业收入"项目"本期金额"的列报金额＝8000＋1400＋600＝10000（万元）。

（2）"营业成本"项目反映企业经营主要业务和其他业务所发生的成本总额。本项目应根据"主营业务成本"和"其他业务成本"科目的发生额分析填列。

【例9-17】 乙公司2017年年度"主营业务成本"科目发生额合计7500万元,"其他业务成本"科目发生额合计500万元,则乙公司2017年年度利润表中"营业成本"项目"本期金额"的列报金额＝7500＋500＝8000(万元)。

(3)"税金及附加"项目反映企业经营业务应负担的消费税、城市维护建设税、教育费附加、资源税、土地增值税及房产税、车船税、城镇土地使用税、印花税等相关税费。本项应根据"税金及附加"科目的发生额分析填列。

【例9-18】 乙公司2017年度"应交税费——应交增值税"明细科目的发出额如下所示：增值税销项税额合计1700万元,进项税额合计700万元；"税金及附加"科目的发生额如下所示：城市维护建设税合计50万元,教育费附加合计30万元,房产税合计400万元,城镇土地使用税合计20万元,则乙公司2017年年度利润表中"税金及附加"项目"本期金额"的列报金额＝50＋30＋400＋20＝500(万元)。

(4)"销售费用"项目反映企业在销售商品过程中发生的包装费、广告费等费用和为销售本企业商品而专设的销售机构的职工薪酬、业务费等经营费用。本项目应根据"销售费用"科目的发生额分析填列。

(5)"管理费用"项目反映企业为组织和管理生产经营发生的管理费用。本项目应根据"管理费用"科目的发生额分析填列。

(6)"财务费用"项目反映企业为筹集生产经营所需资金等而发生的筹资费用。本项目应根据"财务费用"科目的发生额分析填列。

【例9-19】 乙公司2017年年度"财务费用"科目的发生额如下所示：银行长期借款利息支出合计1000万元,银行短期借款利息支出90万元,银行存款利息收入合计8万元,银行手续费支出合计18万元,则乙公司2017年年度利润表中"财务费用"项目"本期金额"的列报金额＝1000＋90－8＋18＝1100(万元)。

(7)"资产减值损失"项目反映企业各项资产发生的减值损失。本项目应根据"资产减值损失"科目的发生额分析填列。

【例9-20】 乙公司2017年年度"资产流值损失"科目的发生额如下所示：存货减值损失合计85万元,坏账损失合计15万元,固定资产减值损失合计174万元,无形资产减值损失合计26万元,则乙公司2017年年度利润表中"资产减值损失"项目"本期金额"的列报金额＝85＋15＋174＋26＝300(万元)。

(8)"公允价值变动收益"项目反映企业应当计入当期损益的资产或负债公允价值变动收益。本项目应根据"公允价值变动损益"科目的发生额分析填列,如为净损失,本项目以"－"号填列。

(9)"投资收益"项目反映企业以各种方式对外投资所取得的收益。本项目应根据

"投资收益"科目的发生额分析填列。如为投资损失，本项目以"－"号填列。

【例9-21】 乙公司2017年年度"投资收益"科目的发生额如下所示：按权益法核算的长期股权投资收益合计290万元，按成本法核算的长期股权投资收益合计200万元，处置长期股权投资取得的投资损失合计500万元，则乙公司2017年年度利润表中"投资收益"项目"本期金额"的列报金额＝290＋200-500＝－10（万元）。

（10）"其他收益"项目反映收到的与企业日常活动相关的计入当期收益的政府补助。本项目应根据"其他收益"科目的发生额分析填列。

（11）"营业利润"项目反映企业实现的营业利润。如为亏损，本项目以"－"号填列。

（12）"营业外收入"项目反映企业发生的与经营业务无直接关系的各项收入。本项目应根据"营业外收入"科目的发生额分析填列。

【例9-22】 乙公司2017年年度"营业外收入"科目的发生额如下所示：处置固定资产净收益合计50万元，处置无形资产净收益合计20万元，则乙公司2017年年度利润表"营业外收入"项目"本期金额"的列报金额＝50＋20＝70（万元）。

（13）"营业外支出"项目反映企业发生的与经营业务无直接关系的各项支出。本项目应根据"营业外支出"科目的发生额分析填列。

【例9-23】 乙公司2017年年度"营业外支出"科目的发生额如下所示：处置固定资产净损失合计14万元，罚没支出合计10万元，捐赠支出合计4万元，其他营业外支出2万元，则乙公司2017年年度利润表中"营业外支出"项目"本期金额"的列报金额＝14＋10＋4＋2＝30（万元）。

（14）"利润总额"项目反映企业实现的利润。如为亏损，本项目以"－"号填列。

（15）"所得税费用"项目反映企业应从当期利润总额中扣除的所得税费用。本项目应根据"所得税费用"科目的发生额分析填列。

【例9-24】 乙公司2017年年度"所得税费用"科目的发生额合计36万元，则乙公司2017年年度利润表中"所得税费用"项目"本期金额"的列报金额为36万元。

（16）"净利润"项目反映企业实现的净利润。如为亏损，本项目以"－"号填列。

（17）"其他综合收益的税后净额"项目，反映企业根据企业会计准则规定未在损益中确认的各项利得和损失扣除所得税影响后的净额。

（18）"综合收益总额"项目反映企业净利润与其他综合收益（税后净额）的合计金额。

（19）"每股收益"项目包括基本每股收益和稀释每股收益两项指标，反映普通股或潜在普通股已公开交易的企业以及正处在公开发行普通股或潜在普通股过程中的企业的每股收益信息。

【例9-25】 承【例9-16】～【例9-24】，乙公司编制的2017年年度利润表如表9-7所示。

任务三 掌握利润表的编制方法

表9-7 利润表

编制单位：乙公司　　　　　　2017 年　　　　　　　　　　会企02表　单位：元

项目	本期金额	上期金额
一、营业收入	100000000	
减：营业成本	80000000	
税金及附加	5000000	
销售费用		
管理费用		
财务费用	11000000	
资产减值损失	3000000	
加：公允价值变动收益（损失"—"号填列）		
投资收益（损失以"—"号填列）	−100000	
其中：对联营企业和合营企业的投资收益	2900000	
其他收益		
二、营业利润（亏损以"—"号填列）	900000	
加：营业外收入	700000	
其中：非流动资产处置利得	700000	
减：营业外支出	300000	
其中：非流动资产处置损失	140000	
三、利润总额（亏损总额以"—"号填列）	1300000	
减：所得税费用	360000	
四、净利润（净亏损以"—"号填列）	940000	
五、其他综合收益的税后净额		
～～～～～～～～～～～～～		
六、综合收益总额	940000	
七、每股收益		
（一）基本每股收益		
（二）稀释每股收益		

单位负责人：×××　　财务负责人：×××　　复核：×××　　制表：×××

做中学：

以项目二的案例资料为背景，在项目五和项目六的相关做中学的基础上，通过记账、对账、调账和结账后，编制兴云家具有限公司2017年12月31日的资产负债表（年初余额略）和2017年12月份的利润表（上期金额略）。

项目九　编制财务报告

任务四　认知财务报表附注

问题一　什么是财务报表附注？

财务报表附注是财务报表的重要组成部分，是对资产负债表、利润表、现金流量表和所有者权益变动表等报表列示项目的文字描述或明细资料以及未能在这些报表中列示的项目进行说明等。

由于财务报表格式和填写要求的限制，财务报表所能提供的信息也有一定限制，因此需要通过财务报表附注对财务报表的部分项目做更详细的补充说明。为便于财务报表使用者理解财务报表的内容，需要对财务报表的编制基础、编制依据、编制原则和方法及主要项目等做出解释。

财务报表中的数字是经过分类与汇总后的结果，是对企业发生的经济业务的高度简化和浓缩的数字，如果没有形成这些数字所使用的会计政策、理解这些数字所必须的披露，则财务报表不可能发挥作用。因此，附注相对于报表而言，同样具有重要性。

问题二　财务报表附注应披露哪些内容？

财务报表附注披露的信息应是定量、定性信息的结合，并且按照一定的结构进行系统合理的排列和分类，有顺序地披露信息。企业应当按照具体会计准则要求在附注中至少披露下列内容，但是，非重要项目除外。

（一）企业的基本情况

（1）企业注册地、组织形式和总部地址。
（2）企业的业务性质和主要经营活动。
（3）母公司以及集团最终母公司的名称。
（4）财务报告的批准报出者和财务报告的批准报出日。

（二）财务报表的编制基础

（1）会计计量所运用的计量基础。
（2）企业的可持续经营性。

（三）遵循企业会计准则的声明

企业应当明确说明编制的财务报表符合企业会计准则体系的要求，真实、公允地反映了企业的财务状况、经营成果和现金流量。

（四）重要会计政策和会计估计

企业应当披露重要的会计政策和会计估计，不具有重要性的会计政策和会计估计可以不披露。判断会计政策和会计估计是否重要，应当考虑与会计政策或会计估计相关项目的性质和金额。企业在披露会计政策和会计估计时，应当披露会计政策的确定依据，以及会计估计中所采用的关键假设和不确定因素的确定依据。

（五）会计政策和会计估计变更以及差错更正的说明

（1）会计政策变更的性质、内容和原因。

（2）当期和各个列报前期财务报表中受影响的项目名称和调整金额。

（3）会计政策变更无法进行追溯调整的事实和原因以及开始应用变更后的会计政策的时点、具体应用情况。

（4）会计估计变更的内容和原因。

（5）会计估计变更对当期和未来期间的影响金额。

（6）会计估计变更的影响数不能确定的事实和原因。

（7）前期差错的性质。

（8）各个列报前期财务报表中受影响的项目名称和更正金额；前期差错对当期财务报表也有影响的，还应披露当期财务报表中受影响的项目名称和金额。

（9）前期差错无法进行追溯重述的事实和原因以及对前期差错开始进行更正的时点、具体更正情况。

（六）重要报表项目的说明

企业应当尽可能以列表形式披露重要报表项目的构成或当期增减变动情况。对重要报表项目的明细说明，应当按照资产负债表、利润表、现金流量表、所有者权益变动表的顺序以及报表项目列示的顺序进行披露，应当以文字和数字描述相结合进行披露，并与报表项目相互参照。

资产减值准备明细表、分部报表、现金流量表补充资料应当在附注中单独披露，不作为报表附表。

（七）其他需要说明的重大事项

这主要包括承诺事项、资产负债表日后非调整事项、关联方关系及其交易等。

项目小结

本项目主要介绍了财务报告的基本知识以及资产负债表和利润表的编制方法。

财务报告是指企业对外提供的反映企业某一特定日期的财务状况和某一会计期间的经营成果、现金流量等会计信息的文件。其目标是向财务报告使用者提供与企业财务状况、经营成果、现金流量等有关的会计信息,反映企业管理层受托责任的履行情况,有助于财务报告使用者做出经济决策。财务报告使用者通常包括投资者、债权人、政府及其有关部门和社会公众等。财务报告分为年度和中期报告,包括财务报表及其附注等。一套完整的财务报告至少应当包括"四表一注",即资产负债表、利润表、现金流量表、所有者权益变动表以及附注。中期财务报告至少应当包括资产负债表、利润表、现金流量表和附注。小企业可以根据需要选择是否编制现金流量表。单位编制的财务报告应当真实可靠、相关可比、全面完整、编报及时、便于理解,符合国家统一的会计制度和会计准则的有关规定。

资产负债表是指反映企业在某一特定日期(如月末、季末、年末等)财务状况的财务报表。它是根据"资产=负债+所有者权益"这一会计等式,依照一定的分类标准和顺序,将企业在一定日期的全部资产、负债和所有者权益项目进行适当分类、汇总、排列后编制而成的。其格式主要有账户式和报告式两种,我国企业的资产负债表采用账户式结构。账户式资产负债表分左、右两方,左方为资产项目,按资产的流动性大小排列;右方为负债及所有者权益项目,一般按求偿权先后顺序排列。资产负债表是静态报表,表中的数字来自于有关账户的期末余额。

利润表是反映企业在一定会计期间经营成果的财务报表。它是根据"收入-费用=利润"这一会计等式,将收入与成本费用按照业务的类型分类,分层次计算出最终利润的。其格式主要有多步式利润表和单步式利润表两种,我国企业的利润表采用多步式。利润表是动态报表,表中各项目数字的形成基础是收入、成本和费用账户的本期发生额。

财务报表附注是财务报表的重要组成部分,是对资产负债表、利润表、现金流量表和所有者权益变动表等报表列示项目的文字描述或明细资料,以及未能在这些报表中列示的项目进行说明等。

阅读资料

会计考试制度

一、会计专业职务考试制度

在我国,企业、事业、机关单位会计实行专业职务制度。国家规定的会计专业技术职务名称有:高级会计师、会计师、助理会计师、会计员四种。其中,高级会计师为高级职务,会计师为中级职务,助理会计师和会计员为初级职务。

会计专业技术资格实行定期登记制度。资格证书每3年登记1次。持证者应按规定到当地人事、财政部门指定的办事机构办理登记手续。取得会计专业技术资格的人员,应当按照财政部的有关规定,接受相应级别会计人员的继续教育。

(一)各项专业职务的任职条件和基本职责

各企业、事业单位对会计专业职务一般实行聘任制。各项专业职务的任职条件和基本职责如下:

(1)会计员。会计员应初步掌握财务会计知识和技能;熟悉并遵照执行有关会计法规和财务会计制度;能担负一个岗位的财务会计工作;大学专科或中等专业学校毕业,在财务会计工作岗位上见习1年期满。会计员负责具体审核和办理财务收支,编制记账凭证、登记会计账簿、编制会计报表和办理其他会计事务。

(2)助理会计师。助理会计师的基本要求为:应掌握一般的财务会计基础理论和专业知识;熟悉并能正确执行有关方针、政策和财务会计法规、制度;能担负一个方面重要岗位的财务会计工作。具备规定的学历和专业工作经历:取得硕士学位或取得第二学位或研究生班结业证书,具备履行助理会计师职责的能力;大学本科毕业,在财务工作岗位上见习1年期满;大学专科毕业并担任会计员职务2年以上或中等专业学校毕业并担任会计员职务4年以上。助理会计师负责草拟一般的财务会计制度、规定、办法;解释、解答财务会计法规、制度中的一般规定;分析检查某一方面或某些项目的财务收支和预算的执行情况。

(3)会计师。会计师应较系统地掌握财务会计基础理论和专业知识;掌握并能正确贯彻有关的财经方针、政策和财务会计法规制度;具有一定会计工作经验,能担负一个单位或者管理一个地区、一个部门、一个系统某个方面的财务会计工作;掌握一门外语。具备规定的学历和专业工作经历:取得博士学位,并具有履行会计师职责的能力;取得硕士学位,并担任助理会计师职务2年左右;取得第二学位或研究生结业证书,并担任助理会计师职务2~3年;大学本科毕业或大学专科毕业并担任助理会计师职务4年以上。会计师负责草拟比较重要的财务会计制度、规定、办法;解释、解答财务会计法规、制度中的重要问题;分析检查财务收支计划和预算的执行情况;培养初级会计人员。

(4)高级会计师。高级会计师应较系统地掌握经济、财务会计理论和专业知识;具有较高的政策水平和丰富的财务会计工作经验;能担任一个地区、一个部门或一个系统的财务会计管理工作;较熟练地掌握一门外语。具备规定的学历和专业工作经历:获博士学位、取得会计师资格后,从事会计工作满1年以上;获硕士学位、取得会计师资格后,从事会计工作满4年;获本科学历、取得会计师资格后,从事会计工作满5年;获专科学历、取得会计师资格后,从事会计工作满7年。高级会计师负责草拟和解释、解答在一个地区、一个部门、一个系统或全国实行的财务会计法规、制度、办法;组织和指导一个地区或一个部门、一个系统的经济核算和财务会计工作;培养中级以上会计人才。

项目九　编制财务报告

聘任或任命的会计专业职务，应在通过全国会计专业技术考试，取得任职资格的会计人员中进行，经本人申请、单位推荐，确认符合相应的任职条件；不符合任职条件的，不得聘任或任命。

（二）会计专业技术资格考试制度

目前，会计专业技术资格实行考试和考核两种制度，对于初级技术资格（会计员、助理会计师）和中级技术资格（会计师）实行全国统一考试制度；对于高级技术资格（高级会计师）2005年以前，一般采取评审制度，从2005年开始，高级会计师任职资格采用考试与评审相结合的制度，参加全国统一组织的高级会计师资格考试并合格者，方可申报参加高级会计师任职资格评审。

全国会计专业技术考试从1992年开始实施，至今已有近400万人通过考试，并取得了相应级别的会计专业技术资格。财政部、人事部于1997年对会计专业技术资格考试的有关规定做了调整，调整后的全国会计专业技术资格考试设置初级资格考试和中级资格考试两个级别。

（1）初级资格。报考初级资格的人员应具备：高中毕业以上学历；考试科目为经济法基础、初级会计实务2个科目；考生必须在一个考试年度内，通过全部科目的考试。

（2）中级资格。报考中级资格的人员应具备：大专毕业，从事会计工作满5年；本科毕业，从事会计工作满4年；双学士学位或研究生毕业，从事会计工作满2年；硕士学位、从事会计工作满1年；博士学位。中级资格考试为财务管理、经济法、中级会计实务3个科目。考生在连续的两个考试年度内，全部科目考试成绩均合格，方可获得会计专业技术中级资格证书。

经全国统考取得经济、统计、审计专业技术中初级资格的人员，均可报名参加相应级别的会计专业技术资格考试。

通过考试合格取得初级资格的会计人员，可根据其具体情况按照人事部有关规定聘任为会计人员或助理会计师专业技术职务；通过考试合格取得中级资格的会计人员，可聘任为会计师专业技术职务。

（3）高级资格。高级会计师考试科目为高级会计实务。考试采取开卷笔答方式进行。主要考核应试者运用会计、财务、税收等的理论知识、政策法规，对所提供的有关背景资料进行分析、判断和处理业务的综合能力。对于考核合格人员，颁发高级会计师资格考试成绩合格证，在全国范围内3年有效。

值得注意的是，会计师、高级会计师与总会计师是不同的概念。会计师、高级会计师是会计专业技术职务（职称），是指通过考试、考核具备了会计师、高级会计师专业技术任职资格的人员，经所在企事业单位聘任而担任的一种专业技术职务。总会计师是一种行政职务，是单位的一个行政领导职位，它不是会计专业技术职务，是通过行政任命的。

二、注册会计师考试制度

注册会计师是依法取得注册会计师证书并接受委托从事审计和会计咨询、会计服务业务的执业人员，它是一种执业资格。注册会计师并不直接从事会计工作，它与律师、医生等相同，以向当事人提供专业性服务、收取报酬为止。

为了切实保证注册会计师的基本素质，我国实行注册会计师全国统一考试制度。凡具有高等专科以上学校毕业学历，或者具有会计或相关专业中级以上技术职称的中国公民，可以申请参加注册会计师全国统一考试。注册会计考试每年举行一次，分专业和综合两个阶段，科目实行"6+1"制。即专业阶段考试设"会计""审计""财务成本管理""公司战略与风险管理""经济法""税法"6个科目；综合阶段考试设综合测试1个科目。专业阶段考试的单科考试合格成绩5年内有效。综合阶段考试科目应在取得注册会计师全国统一考试专业阶段考试合格证书后5个年度考试中完成。参加注册会计师全国统一考试成绩合格，并从事审计业务工作2年以上的专业人员，在向省、自治区、直辖市注册会计师协会申请并办理注册手续后，可成为注册会计师。注册会计师要执行业务，应当加入会计师事务所。依据《中华人民共和国注册会计师法》的规定，取得注册会计师执业资格的人员，必须加入会计师事务所才能取得注册会计师执业许可证，从事相关职业活动。

注册会计师组成会计师事务所，对外营业。注册会计师从事的最基本业务为审计，更确切地说是外部审计。按照国际惯例：凡有对外筹资业务的企业，其年度财务报告必须请独立的注册会计师加以查核，并提出意见，说明企业财务报告的编制是否符合会计准则，是否真实公允地反映企业的财务状况、经营成果、现金流量等。

注册会计师执行业务时，必须遵循一定的工作规则，谨慎查核委托人所编制的财务报告以及相关证据，再以会计准则等为依据，在审计报告中出示专业性意见。注册会计师在执行查账工作时必须保持超然独立的地位，对委托人不得偏袒，只有这样，才能获得会计报表使用者的信任。

参考文献

[1] 中华人民共和国财政部．会计基础工作规范［M］．北京：经济科学出版社，1996．

[2] 中华人民共和国财政部会计司．会计基础工作规范培训教材［M］．北京：经济科学出版社，2002．

[3] 中华人民共和国财政部．企业会计准则［M］．北京：经济科学出版社，2006．

[4] 企业会计准则研究专家组．企业会计准则——应用指南［M］．北京：中国财政经济出版社，2006．

[5] 财政部会计资格评价中心．2018年度全国会计专业技术资格考试辅导教材——初级会计实务［M］．北京：经济科学出版社，2017．

[6] 财政部会计资格评价中心．2018年度全国会计专业技术资格考试辅导教材——经济法基础［M］．北京：经济科学出版社，2017．

[7] 缪启军．高等职业教育双证教材之会计专业系列——会计基础与实务［M］．上海：立信会计出版社，2007．

[8] 刘志娟．走向职业化高职高专"十一五"规划教材——会计基础［M］．北京：机械工业出版社，2011．

[9] 孟繁金，张华．财政部规划教材——基础会计［M］．北京：中国财政经济出版社，2007．

[10] 吴峥．中等职业教育会计专业规划教材——会计基础与实务［M］．北京：机械工业出版社，2008．

[11] 邱蕾．中等职业教育"十一五"规划教材——实用会计基础（修订版）［M］．北京：科学出版社，2009．

[12] 罗保国，冯家安．中等职业教育"十二五"规划教材——会计核算基本技术［M］．杭州：浙江大学出版社，2012．